세미오시스 학술총서 01

감정의 코드
감정의 해석

한국외국어대학교 출판부

✣ 국립중앙도서관 출판시도서목록(CIP) ✣

감정의 코드, 감정의 해석 / 지은이: 세미오시스 연구센터
. -- 서울 : 한국외국어대학교 출판부, 2013
p. ; cm. -- (세미오시스 학술총서 ; 01)

ISBN 978-89-7464-835-0 94170 : ₩15000
ISBN 978-89-7464-831-2(세트) 94080

기호학[記號學]
언어학[言語學]

701-KDC5
410-DDC21 CIP2013007099

이 도서의 국립중앙도서관 출판시도서목록(CIP)은 서지정보유통지원시스템 홈페이지(http://seoji.nl.go.kr)와 국가자료공동목록시스템(http://www.nl.go.kr/kolisnet)에서 이용하실 수 있습니다.(CIP제어번호 : CIP2013007099)

이 저서는 2010년도 정부(교육과학기술부)의 재원으로 한국연구재단의 지원을 받아 연구되었음(NRF-2010-361-A00013).

목차

제3부 감정과 문학

제4부 감정과 실천

머리말

1.

한국외국어대학교 인문한국(HK) 세미오시스 연구센터에서는 세계, 언어, 삶의 기호작용(semiosis)에 대한 학제적·융합적 탐구 결과물의 하나로 '세미오시스 학술총서'를 세상에 내놓게 되었다. 이 총서의 첫 번째 책『감정의 코드, 감정의 해석』은 감정과 기호의 문제를 다룬다. 감정은 인간의 정신적 삶에서 매우 중요한 부분을 차지하고 있음에도 그동안 학문적 연구대상으로서는 도외시되어 왔는데, 이 책에서는 감정의 기호작용을 기호학, 철학, 언어학, 문학, 인류학, 심리학, 병리학 등 여러 학문의 다양한 관점에서 재조명해 보려고 한다.

극히 주관적이고 은밀하고 포착하기 어려운 현상으로서 감정(emotion)은 전통적으로 이성과 반대되는 대척점에 있으면서 이성적인 판단과 행위에 장애가 되는 부정적인 요소로 강조되어 왔다. 그러나 감정은 이성의 적이 아니라 공조하는 동맹으로서 이성의 작용에 구성적 역할을 한다는 것이 최근의 신경과학 연구에서 밝혀지고 있다. 감정에 대한 학문적 관심은 계몽주의 시대에 잠시 있었지만 '감정으로의 전회(emotional turn)'라 할 만한 본격적인 학계의 변화는 1990년대부터 일게 된다. 감정의 문제는 이제 일부 심리학자들과 극소수의 인류학자들에만 국한된 주제가 아니라, 이 두 분야는 물론이고 신경과학, 인공지능학, 사회학, 역사학, 문학, 언어학, 기호학 등 학문 전반에서 뜨거운 이슈로 부상하고 있다.

감정은 몸/뇌, 정신, 사회/문화의 세 층위에서 관찰할 수 있는 현상이다. 인간의 정신은 감성과 이성을 동시에 고려해야만 이해될 수 있으며, 인간 사회도 합리적 선택과 사회경제적 계산에 의해서만 움직이는 것이 아니라, 규범, 가치, 믿음에 대한 감성적 몰두와 같은 비이성적인 요인들도 동기로 작용한다. 소통이 있는 곳에는 세미오시스가 있으며 의미가 발생한다. 이러한 의미는 인지적, 개념적 내용만으로 이루어지는 것이 아니라, 정서적인 감정적 의미까지 포괄한다. 곧, 단어와 문장으로 부호화되고 조직되는 상징적 의미만 의미인 것은 아니다. 감정적 의미는 표정, 몸짓, 시선, 억양, 웃음 등에 각인되어 체화되어 있을 뿐만 아니라, 색채, 소리, 냄새, 맛, 촉감 등과 같은 감각적 지각에 의해서도 촉발된다.

이 책에서는 기존의 여러 학문에서 대체로 주변적인 '교란' 요인으로 간주됨으로써 소홀히 다루어졌던 감정이 복권되는 양상을 표본적으로 살펴본다. 이로써 감정이 해당 분과학문의 중심 대상과 어떻게 상호교섭하고 인간이 개인적 및 사회적 존재로서 살아가는 데 어떤 중추적인 역할을 하는지를 가늠해 볼 수 있을 것이다.

2

이 책에 수록된 10개의 논문은 주제 영역과 관점에 따라 크게 네 부로 나뉜다. 제1부 '감정의 세미오시스'에는 감정에 대한 기호학적, 철학적 토대를 다루는 두 논문을 실었고, 제2부 '감정의 언어'에는 감정과 언어의 관계를 다루는 글 셋을 모았다. '감정과 문학'을 다루는 제3부에서는 삶의 텍스트 속에 반영된 감정 양상을 통해 인간의 내면을 성찰하는 두 논문을 소개한다. 제4부 '감정과 실천'의 세 논문은 감정 연구의 응용적 측면을 각각 기업의 감정 브랜딩, 언어병리, SNS 인터페이스의 사례를 통해 살펴본다.

제1부의 첫 논문 「C. S. 퍼스 기호학에 나타난 감정의 개념」에서 이윤희는 미국의 논리학자이자 철학자이며 기호학자인 찰즈 샌더즈 퍼스(Charles Sanders Peirce, 1839-1914)의 사유체계에서 나타나는 감정의 개념을 통해 추론과정에서 감정이 수행하는 역할에 대해 논의한다. 여기서 감정은 인간 내면세계의 세미오시스에서 물질적 자질을 갖는 사고-기호로 간주된다. 따라서 표상체로서 자신을 발현하는 감정기호는 해석체를 확정하는 과정이자 그것의 결과이자 그것의 효과로 작용한다. 이러한 감정의 세미오시스는 외부 사실에 대한 반응으로 나타나는 내부과정에 대한 관찰이자, 이러한 과정을 내면화하여 다시 외재화를 통해 외부의 현상을 지각하는 연속적인 과정으로 이해된다. 이처럼 내재화와 외재화의 과정을 통해 형성되는 기호적 자아인 실존적 인간은 지표적 상징으로 개인과 사회, 그리고 심리와 논리를 대화적 상호작용을 통해 연결하는 해석활동의 주체로서 기호해석 대행자가 된다. 이 같은 추론과정에서 감정이 하는 역할은 가설을 수립하는 창의적 정신을 기반으로 논리적 정서로 이어지며 우주적 차원에서 진화에 참여하는 미학적인 행동자의 심리적 실재로 작용한다.

두 번째 논문인 「인간과 언어, 이성과 감정」에서 박치완은 신수사학자 미셸 메이에르(Michel Meyer)를 통해 언어 및 인간에 대한 새로운 정의를 살펴보려고 한다. 메이에르에 따르면 인간은 '로고스, 파토스, 에토스의 종합'이다. 그가 제시한 이 기준에 따르자면, 결국 감정(감각, 정서, 기분 등 신체와 관련해 부상한 주제들)의 문제는 결코 언어 · 이성의 문제와 독립적이지 않으며, 더더욱 관습 · 윤리의 문제와도 독립적이지 않다. 그런데 우리는 주어진 물음을 하나의 물음으로 궁구하기보다는 답을 제시하려는 성급함 때문에 심지어는 인간의 감정에 관해서까지도 자연과학적이고 기계적인 접근을 하려는 범주 혼동을 범하곤 한다. 메이에르는 문제제기론(problématologie)이라는 새로운 방법론을 통해 바로 이 문제를 바로잡고자 한다. 요컨대 인간은 '자기-세계(물음)-타자'라는 3항을 동시에 연구할 때가 아니고서는 온전히 그 본질이 밝혀질 수 없다는 것이다. 파토스, 즉 감정에 대한 물음을 어떤 분과학 안에 가두어 기념비로 세워보려는 몸부림이 무용한 작업임을 역설하는 것이 메이에르의 경고다.

제2부 '감정의 언어'에서 **강병창**(「**감정의 언어적 소통과 비유**」)은 인지체계의 하나인 언어가 감정체계와 상호작용하는 측면을 인간의 정신을 이해하는 데 도외시할 수 없는 요소로 보면서 감정을 지칭하고 소통하는 언어적 수단으로서 비유 현상에 초점을 맞춘다. 여기서는 주관적인 체험 영역인 감정이 어휘화된 감정어의 제한된 범위를 넘어서 감정의 미세한 부분을 어떻게 의식하고 비유적으로 표현하는지를 그 동안 인지언어학 문헌에서 자주 논의되어 온 '분노'의 감정을 중심으로 한국어와 독일어 자료를 통해 다시 살펴보고 있다. 은유와 환유로 대변되는 비유 현상은 단순히 수사학적 언어 장식차원의 문제가 아니라, 세계에 대한 우리의 생각과 감정을 '신체화된 인지'에 기반하여 체험적으로 표현하는 인간 삶의 중요한 도구가 된다. 그 동안 감정 은유 연구에서 개념은유와 그 언어적 실현 양상에 대한 관찰에서 명확한 구분 없이 일괄적으로 적용된 대상영역을 좀 더 세분화하고 각 세부 영역의 특수성을 부각시키고 있다. 또한 은유 중심으로 논의가 이루어지면서 상대적으로 도외시된 감정 환유와 은환유의 문제도 함께 다루고 있다.

안미경의 「**감정어의 의미 확장과 변화**」에서는 인간의 기본 감정 가운데 특히 '공포'나 '두려움'을 나타내는 표현들이 시간의 흐름에 따라 어떤 의미양상을 띠게 되는지를 살펴보고 있다. 감정을 분류하는 기준은 언어·문화권 별로 상이하게 이루어지지만, 행복, 슬픔, 화, 공포, 놀람 등과 같은 인간의 기본적인 감정은 모든 언어에 나타난다. 이 같은 기본 감정에 속하는 '공포' 또는 '두려움'은 모든 언어와 문화에서 보편적으로 존재하는 감정이다. 여기서는 '공포'나 '두려움'을 나타내는 표현들 중 영어의 'terribly', 한국어의 '겁나게', 중국어 '恐怕'가 원래의 의미를 상실하고 다른 의미를 가진 부사로 어떻게 쓰이게 되었는지를 살펴보는데, 그 의미 변화과정을 은유, 환유, 주관화 현상과 같은 의미기제를 바탕으로 분석한다. 이러한 의미 변화 과정을 살펴봄으로써 개별 언어체계가 언어발달의 보편적인 원리와 어떻게 연관되는지 그리고 개별언어와 독립적으로 인간의 보편적인 인지 원리에 의해서 의미 변화가 어떻게 가능한지를 가늠할 수 있다.

안혁의 「민족적 특성으로서 한국어의 '정(情)'과 러시아어 상응형 연구」는 한국어의 '정'이라는 감정을 인지언어학적 관점에서 고찰하고 있다. 정은 다양한 은유와 환유 메커니즘을 통해 한국 문화 속에서 특정한 방식으로 개념화된다. 정이라는 감정이 다른 문화에 부재하는 것은 아니지만, 고유한 방식으로 개념화되고 이는 언어를 통해 표상된다. 러시아어 역시 이러한 복합적인 감정에 대해 자신만의 방식으로 개념화를 한다. 이 두 언어 자료를 비교함으로써 한국어의 정이라는 개념을 더 객관적인 방식으로 기술하는 것이 이 논문의 내용이다.

제3부 '감정과 문학'에서 김은정(「1930년대 중후반 소설에 나타난 불안의 양상과 극복의 방식」)은 박태원의 「소설가 구보씨의 일일」(『조선중앙일보』, 1934년 8월 1일부터 9월 19일까지 연재), 최명익의 「비오는 길」(『조광』, 1936.5-6), 유항림의 『마권』(『단층』, 1937.4) 등 일제 총동원기 체제 돌입 직전인 1934-1937년까지 창작된 소설을 대상으로 일제강점기 지식인들의 불안의식을 읽어내고 있다. 이 글에서는 인물들을 통해 불안 양상에서 인물들이 불안을 느낄 때 두통, 피로감, 신경증, 강박 등의 병리적인 현상이 함께 진행되고 있음과 이것이 회피의 의도에서 야기되고 있음을 살피고 있으며, 불안에서 파생된 것으로 보이는 자기 검열 양상을 통해 인물의 선택을 검토하고 있다. 그리고 불안의 원인이

'어떻게 살 것인가'와 '무엇을 할 것인가'에 대한 물음에 대한 회피와 존재의미에 대한 절망에서 야기되고 있음을 불안이라는 정서를 통해 밝힌다.

윤유석의 「역사이야기의 심리적 해석과 추체험의 문제」에서는 역사와 역사적 인물이 한 작가에 의해 어떻게 심리적으로 해석되고 새로운 이야기로 창작될 수 있는가를 인문학과 서사학을 바탕으로 고찰하고 있다. 여기서 역사적 인물은 자신이 경험한 한국근대사의 시간을 자서전 『백범일지』로 기록해 남긴 김구이다. 약 2세대가 흘러 소설가 김별아는 『백범』이라는 소설로 김구의 한국근대사 이야기를 새롭게 창작해 낸다. 자서전 『백범일지』와 소설 『백범』의 가장 큰 차이는 전자는 김구 자신의 경험을 서술한 것이고, 후자는 그것을 읽으면서 당대인의 삶을 추체험하고 이를 주관적으로 해석한 작가 김별아의 서술이라는 점이다. 김별아는 자신이 느낀 '슬픔'이라는 감정을 주제로 김구의 한국근대사 이야기를 재구성하면서 역사적 사건들에 대한 인간의 내면과 본성을 성찰하고 있다.

마지막 제4부 '감정과 실천'에서 먼저 고경난은 「취향의 기호」를 다룬다. 이 논문은 현재 기업들 사이에서 유행하고 있는 감정 브랜딩의 실천을 인류학적으로 고찰한다. 저자는 감정브랜딩을 '감정에 대한 (메타) 담론으로 인해 존재하고 생성되는 문화'로 보면서 하와이 소재의 한 기업이 '러브마크(lovemark)'라는 문화 기호를 생산하는 과정을 분석한다. 러브마크 만들기는 미래의 브랜드 수신자에 대한 조사로 시작하였고, 그 수신자들의 취향에 대한 예측에 의거하여 브랜드 속성을 결정하는 것으로 이어졌으며, 또 그렇게 예변적(proleptic)으로 결정된 브랜드속성을 기준으로 브랜드 형태를 구상하고 결정하는 해석체에 대한 상상과 예기의 작업이었다. 이와 같은 민족지적 관찰 결과를 통해 저자는 (경영학에서 제시하는 의견과는 달리) 러브마크란 소비자에게 사랑이라는 감정을 일깨우는 기호라기보다는 소비자가 '싫어하는' 아이디어들을 내세우지 않고 대신 '사랑할 것이라고 예상되는' 기호들을 사용하는 브랜드라는 의견을 제시한다.

언어병리 현상을 다루는 김강애는「언어와 정서」에서 정서가 언어로 상징되고 표현되며 때로 언어가 정서를 유발하기도 하는 점에 주목한다. 이 글에서는 정서가 인지적 개념을 보유하고 있다고 주장한 심리학자 로버트 플루칙(Robert Plutchik)의 관점을 빌어 정서와 언어의 관계를 살펴본 뒤, 언어병리현상을 통하여 언어에 손상이 있을 경우 정서는 어떻게 영향을 받는가 하는 측면에서 둘 사이의 관계를 조명하고 있다. 단순 언어장애 아동은 정서어휘 습득에서 결함을 보이는데, 언어적 결함이 기계적으로 언어능력의 손실로 그치는 것이 아니라 사회 정서적 문제로 연결되기도 하여 언어와 정서 간에 깊은 연관이 있음을 확인할 수 있게 한다. 언어장애를 갖고 있을 경우 정서조절에도 부정적 영향을 받을 수 있음을 알 수 있는데, 정서장애와 언어장애의 높은 공존률이 이를 뒷받침한다. 정서적 정보는 눈빛, 표정, 어조와 같은 비언어적 의사소통을 통해 주고받게 된다. 자폐 범주성 장애에서의 비언어적 의사소통의 제약에 관한 연구들을 살펴본 결과, 비언어적 의사소통의 손상이 사회·정서적 손상과 일치한다는 사실을 확인할 수 있다.

끝으로 한광희 외 다수 저자의「사회 관계형 서비스 개발을 위한 연령별 색채 이미지 선호와 심미성」연구는 대체로 컴퓨터 사용을 기피하는 고령자 층을 위해 커뮤니케이션 확대의 장점을 갖춘 사회관계형 서비스(SNS)에 거부감을 갖지 않도록 긍정적 감성을 유발하는 인터페이스 요인을 다룬다. 그 중 색채는 인터페이스에 대한 첫인상을 결정짓는 중요한 요소이기 때문에 이 연구는 색채 이미지 분류의 두 축인 '따뜻한-시원한', '부드러운-딱딱한'을 변인으로 하여 색채 이미지에 대한 선호와 심미성 평가에 있어서 연령차가 있는지 관찰하고(실험 1) 이를 커뮤니티 인터페이스에 적용하였을 때 커뮤니티에 대한 인상에 차이가 나타나는지 검증한다(실험 2). 전체적으로 선호와 심미성 평가가 유사한 패턴을 보이는데 실험 1에서는 젊은 층의 경우 색채 이미지의 '따뜻한-시원한' 축에 대해서 선호와 심미성 평가가 크게 달라졌으나 고령자 층은 '부드러운-딱딱한'축에 대해서 평가가 크게 달라졌다. 그러나 실험 2에서는 '따뜻한-시원한' 차원과 연령과의 상호 작용만이 관찰되었고 '부드러운-딱딱한' 차원과 연령과의 상호 작용은 관찰되지 않았다. 이 연구는 고령자 층 대상의 사회 관계형 서비스의 인터페이스를 디자인 할 때 효과적인 색채 계획을 세우는 데 이용될 수 있음을 보여 준다.

3

이 책에 소개된 열 편의 논문은 감정 연구의 모든 주제를 다 보여 줄 수 없지만 기호로서의 감정, 언어와 텍스트를 통해 서술되거나 표출되는 감정의 양상, 인지-언어-감정의 상호작용, 감정의 실천·응용적 측면 등 중요한 문제 영역을 예시적으로 보임으로써 후속 연구와 담론의 출발점이 되어 줄 수 있을 것으로 믿는다. 인간의 정신은 분류와 추론을 하는 차가운 이성이 우위에 서서 작동하는 것이 아니라, 대상에 대한 평가와 결정을 매개하고 타자와의 관계와 상황에 대한 해석에 중요한 영향을 미치는 감정이 균형추를 이룰 때 비로소 온전히 작동하는 것임을 이 책을 통해 보일 수 있기를 기대한다. 이 책이 나올 수 있기까지 애를 쓴 필자들과 세미오시스 연구센터의 일원들, 그리고 총서 출판을 흔쾌히 맡아준 한국외국어대학교 출판부에 심심한 감사를 표한다.

I

감정의 세미오시스

1

C. S. 퍼스 기호학에 나타난 감정의 개념

이 윤 희

"프로타고라스 (...) 지식에 대한 당신의 견해는 어떤 것입니까? (...) 사람들은 흔히 지식에는 강한 힘이나 다스리고 지도하는 능력이 없는 것으로 알고 있습니다. (...) 사람을 지배하는 것은 흔히 지식이 아닌 다른 것, 즉 격정이라든가 쾌락이라든가 또는 사랑의 정열이라든가 공포 같은 것이라 생각합니다"(플라톤 2008: 330).

1. 감정은 무엇인가

본 논문은 C. S. 퍼스의 기호학에 나타나는 감정의 개념을 고찰함으로써 감정이 인지작용에서 수행하는 기능을 살펴보는 데 있다. 특히 감정이 사고와 맺는 관계를 이분법적인 관점이 아니라 연속체의 개념으로 이해한다는 점을 논하는 데 목적을 두고 있다. 따라서 미국의 논리학자이자 철학자이며, 기호학자인 찰즈 샌더즈 퍼스(C. S. Peirce, 1839-1914)

의 연속성의 개념을 기반으로 감정을 살펴 볼 것이다. 연속성이라는 개념적 토대는 기호의 중재를 통해 사물에 반응하는 심리적 주체를 내부의 감정과 외부의 행동으로 연결함으로써, 주체의 정신활동을 객관적으로 고찰할 수 있도록 한다. 이러한 전제 아래서 감정은 두 차원, 즉 비언어적 층위와 언어적 층위에서 고찰된다. 특히 사랑의 개념이 논리적 정서(logical sentiment)로서 여러 다양한 감정을 통합하는 자기절제(self-control)의 방법으로 설명된다는 점은 기존의 감정과 이성의 이분법적 관점을 벗어날 수 있는 중요한 시작점이 된다. 이러한 맥락에서 본 논문은, 방법으로서의 사랑이 차가운 형식의 논리가 아닌, 따듯한 감정의 '정서적 논리'로 기능하며 따라서 감정과 이성을 화합하는 방법이 된다는 것을 제시한다. 그러므로 심리적 실재로서 감정(emotion), 의지(volition), 인지(cognition)는 심리적이며 생물학적인 몸을 가진 정신의 형이상학적 고찰을 통해 기호활동(semeiosis)의 연속성의 관점에서 논의된다.

2. 감정 연구에 관한 사회·역사적 맥락

감정은 기호학, 심리학, 생리학, 뇌신경학 등 다양한 영역에서 연구될 수 있을 것이다. 본 논문은 기호학과 심리학의 영역에 국한하여 감정의 개념을 다루며, 이를 사회·역사적 맥락에서 고찰한다. 퍼스의 기호학에서 다루어진 감정 연구를 살펴보자. 감정에 대한 연구는 퍼스의 다른 주제와 비교하여 체계적으로 이루어지지 않았다. 한편으로 이는 감정에 관한 퍼스의 글이 파편적으로 여러 곳에 흩어져있다는 점과 무관하지 않다. 하지만 퍼스 연구가인 사번(D. Savan)은 흩어져 있는 퍼스의 글들을 정리하며 감정에 관한 일관적인 사고의 틀을 마련하였다.[1]) 이러한 점에서, 사번의 작업은 감정을 연구하는 후대의 퍼스 학자들에게 길잡이 역할을 하고 있다.

다른 하나의 이유는, 감정이 단순히 주목할 만한 연구대상이 아니라 오히려 토대적 연구에 비견될 수 있기 때문이라고 유추해 볼 수 있다. 하지만 퍼스의 후기 사고에서 논리학을 포함하는 포괄적인 성격의 기호학이 다루어진 점을 기억한다면, 기호학적 관점에서 감정이 차지하는 자리는 논리적 추론 과정을 통해 드러난다. 즉, 이는 퍼스의 후기사고가 상징과 더불어 도상과 지표에 관심을 집중했다는 사실과 맥을 같이 한다. 이러한 측면에서 퍼스 사유를 전기와 후기로 구별하는 것은 상징의 해석과정을 현상학적, 심리적 영역을 통해 설명한다는 점에서 유의미하다. 이는 감정이, 추론의 과정 중에서 가설을 세우는 데 중요한 역할을 한다는 점을 시사할 뿐만 아니라, 창의적인 사고발전의 단초가 되는 가설로서의 가추법의 강조를 함축한다. 결론적으로 추론에서 감정이 차지하는 역할과 기능이 유의미해졌다는 의미로 해석된다.

과학자, 논리학자, 수학자, 기호학자로 알려진 찰즈 샌더즈 퍼스는 윌리암 제임즈, 존 듀이 등과 함께 미국의 프래그마티즘(pragmatism) 철학 형성에 커다란 영향을 미쳤다. 1859년에 하버드를 졸업한 후, 1863년에 로렌스 과학학교에서 화학으로 학사학위를 받았다. 미국 해양 측지 조사국에서 일하면서, 화학, 천문학, 측지학, 도량형학의 영역에서 자연과학자로서 경력을 쌓기 시작하던 퍼스는 『종의 기원』(1859)의 출간을 시점으로 철학에 집중하게 되었다. 이 점은 퍼스의 사유가 당시의 역사, 사회, 문화적 맥락과 무관하지 않다는 점을 시사한다. 결과적으로 퍼스의 관심은 과학과 종교, 인간과 자연 등 외관상으로는 분리된 두 영역의

1) 퍼스의 기호학에 나타난 감정에 대한 사번의 연구로는 다음의 논문을 참고. Savan, David. "Peirce's Semiotic Theory of Emotion", Kenneth L. Ketner et al. (eds.), *Proceedings of the Charles S. Peirce Bicentennial International Congress*. Lubbock: Texas Tech Press, pp. 319-333. 1981.

화합에 대한 연구로 확장된다.

퍼스가 생존했던 19세기 미국 사회는 다윈의 진화론 이후 새로운 과학과 종교의 관계를 재정립해야 하는 시대적 상황에 놓여 있었다. 즉 자연신학을 토대로 하는 뉴턴의 과학과 종교의 평화로운 관계가 무너지면서, 어떤 면에서 철학자들이 새로운 과학과 옛 교리들을 화해시키는 일을 해야 했다. 어떤 사람은 새로운 과학의 발견에 새롭게 해석을 내리면서, 또 어떤 사람은 종교적인 교리들을 재조직하면서, 또 어떤 사람은 종교 자체를 외면하면서 화해를 이루어냈다. 다윈의 진화론에 대한 다양한 반응이 일어났고 그의 기계적 해석은 무신론으로 사람들을 이끌며, 사회적 진화론, 실증주의, 행동주의 심리학 등 다양한 반응으로 나타났다. 하지만 진화를 다른 방식으로 이해할 수 있을 것이라 생각한 사람들이 있었다. 바로 메타피지컬 클럽[2]의 주요 구성원들이 그들이다. 그들은 도전을 통해 다른 '실용적'인 철학을 형성했다. 혹자는 이것은 새로운 과학과 새로운 종교를 화해시키는 새로운 방법이라 말한다.

한편 다윈의 진화론이 나오면서 과학에 대한 관심과 함께 계몽주의적 사고가 도래했고 신보다 인간 개인에 집중하도록 방향을 전회하였다. 즉 자연의 질서는 무너지고 인간의 능력이 강조되면서 개인의 직감, 감정을 더 중요하게 여기게 된 것이다. 그 결과 낭만주의 또는 선험주의 관점에서 미국 철학자들의 사고가 형성되었다. 19세기에는 이러한 배경을 바탕으로 미국 철학의 전통이라고도 할 수 있는 프래그마티즘이 태동하게 된다. 윌리암 제임즈, 존 듀이와 함께 퍼스가 '프래그마티스트'(pragmatist)로서 불리고 있다. 하지만 프래그마티스트라고 불리는 세 사람은 각각 차이를 보인다. 특히 퍼스와 제임즈와의 차이는 실재론과 유명론의 관점을 통해서 논의된다.[3]

---

2) 메타피지컬 클럽의 사회, 역사적 맥락에 대한 자세한 내용은 루이스 메넌드의 『메타피지컬 클럽』(정주연 옮김, 민음사, 2006) 참고.

당시의 사회적 맥락을 종교와 과학의 화해라는 방식으로 해결한 것과 같이, 퍼스 역시 내부의 심리적 실재인 감정과 사고의 문제를 둘의 화합으로 설명한 것으로 유추해 볼 수 있다. 다른 말로 하면, 퍼스의 기호학적 실천은 종교를 과학적으로 탐구하는 한편, 동시에 과학을 종교적인 측면에서 탐구하려고 한 시도로 이해되며, 이에 상응한 구조로 감정을 인지작용 속에서 고찰하고, 동시에 이성을 감정의 측면에서 다루며, 둘의 화합을 기호학적으로 설명하려 한 것으로 해석할 수 있다. 데카르트가 과학의 방법론으로 이성에 기초한 의심을 택한 것에 반해, 퍼스는 믿음을 기초로 추론과 해석을 통해 믿음과 의심의 변증법적 과정에서 감정의 문제를 논의한 것으로 볼 수 있다.

감정과 관련된 퍼스의 글들은 세 영역에서 논의된다. 첫째, 인지 심리학[4] 영역에서는 감정이 기호적 관점에서 고찰되며, 본능, 감각, 논리적 정서, 느낌 등을 포함한다. 둘째, 프래그마티즘 철학[5] 영역에서 나타난 감정은 과학적 방법론으로 추론의 과정을 통해 논의된다. 셋째, 형이상학[6] 영역에서는 보편성의 성질을 띄는 창조적이고 진화적인 성격의 사

---

3) 퍼스와 제임즈의 실재론(realism)과 유명론(nominalism)의 관점의 차이는 감정의 개념에 대한 차이와 상응한다. 즉 퍼스의 실재론에서는 삼성이 물실적 성실을 갖는 기호로써 정신과 연결되지만, 개인주의적 유명론에 근거한 제임즈의 감정의 개념은 데카르트의 육체와 정신의 이분법적 구조에 기반을 두고 있다. 따라서 제임즈는 본능적 감각과 연관된 육체의 물질적 성향에 따른 감정을 하등의 감정으로, 느낌과 상상력 등 내재적 속성을 갖는 감정을 고등의 감정으로 구분한다.

4) 퍼스의 인지시리즈 논문들에서 기호의 물질적 성질을 갖는 감정이 논의된다. "인간에 대해 주장된 특정 능력들에 대한 물음"(Questions concerning certain faculties claimed for man,1868)과 "네 가지 무능력의 귀결들"(Some consequences of four incapacities,1868) 등의 논문을 포함한다.

5) 감정과 연관하여 가장 잘 알려진 퍼스의 프래그마티즘 논문들로는 "믿음의 고정"(The fixation of belief, 1877)과 "관념을 명석하게 하는 방법"(How to make our ideas clear, 1878) 등이 있다.

6) 형이상학과 우주론을 다룬 논문은 "정신의 법칙"(The Law of mind, 1892)과 "진화적 사랑"(Evolutionary love, 1893)등을 포함한다.

랑이 우주론의 논의를 통해 다루어진다.

퍼스의 기호학에서 감정이 이성과의 연속성에서 다루어졌다면 심리학의 영역에서는 감정이 어떻게 정의되는가? 일반적으로 심리적 주체의 행동에서 드러난 감정이 어떻게 설명되는지, 감정과 이성의 관계를 다룬 텔레비전 시트콤의 에피소드를 통해 살펴보자. 에피소드에서는 판단력이라는 문제에서 이성의 중요성을 주장해오던 캐릭터가 실제로 자신이 숲 속에서 길을 잃었을 때, 두려움에 사로잡혀 어떤 이성적 판단도 할 수 없었던 상황이 묘사된다. 이 같은 내용은, 이성에 비교되는 감정의 강렬함, 현장성, 일회성 등의 경험적 성격을 부각시킨다. 즉 감정은 절제되지 않는 성질을 갖고, 육체, 즉 자연에 속해 있으며, 따라서 고상하고 절제된 교육받은 감정과는 대비되어 기술된다. 그러므로 이 같은 감정적 실재의 현상적 기술은, 감정이 이성과 비교하여 열등한 가치를 지닌 것으로 인식하도록 하는 기능을 한다.

그렇다면 우리의 인식 속에 그 같은 열등한 가치는 어디에서 비롯된 것인가? 그리고 이와 연관하여 하등한 감정과 고등한 감정, 혹은 감정과 이성과의 이분법적 사고는 무엇을 재현하는가? 이 같은 물음은 사회, 역사적 고찰을 통한 감정연구와 밀접하게 연관된다. 즉 고등과 하등의 이분법적 인식이 사회, 역사, 문화적 맥락에서 습관적으로 형성된 사고라는 점이다. 따라서 본 논문은 데카르트의 이분법적 인식이 감정과 이성의 이분법적 사고 형성에 영향을 미쳤다는 점에 주목한다. 이런 측면에서, 감정은 하등한 것이요, 정신은 고등한 심리작용이라는 이분법적 태도는, 한편으로는 유물론적 관점으로 표출되고, 다른 한편으로는 행동주의 관점으로 표출된다. 그러므로 유물론적 심리학의 입장에서 감정은 진화과정 중, 동물적 속성의 잔여물로서 사라져야 할 요소라 여겨진다. 반면 행동주의적 심리학의 입장에서 감정은 육체를 통해 나타난 행동에 의해 지배적이 된다고 본다(비고츠키 1987: 325-326). 즉 사고와는 무관하게 존재한다.

이러한 관점에 반박하며 러시아 심리학자, 비고츠키(1987:328)는 제임즈-랑게(James-Lange)의 이론을 언급하며, 감정에 관한 심리학 연구의 지형도에 새로운 변화가 일어났다고 지적한다. 다른 말로 하면, 이성과 사고에 대한 연구와 비교하여 무시되어 왔던 감정 연구가 관심의 대상으로 부상하게 되었다는 점이다. 그러나 비고츠키가 예리하게 지적하듯이, 제임즈-랑게의 이론이 여전히 이분법적 접근을 토대로 감정을 하등과 고등의 감정으로 구분하고 있으며, 이는 궁극적으로 감정과 사고를 구별하게 만든다. 따라서 감정은 외부의 자극을 통해 느끼는 것이며[7], 이 때 외부의 자극이 없는 경우, 내부에서 일어나는 감정은 지적인 감정으로 이성적인 것으로 구별해야 한다는 것이다.

비고츠키에 의하면, (1987: 334) 감정에 대한 심리학적 연구는 지속적으로 발전하여 뷜러(Buhler)의 연구에 이르면, 감정이 세 층위로 세분화되어 기술된다. 첫째, 본능적 단계로 배고파서 먹은 후 느끼는 감정과 같이 감정을 결과로 이해한다. 둘째, 과정적 단계로 행위 과정 자체에서 느끼는 감정으로 이는 감정적 경험이 될 것이다. 셋째, 효과 단계로 문제 해결을 한 후에 느끼는 감정의 상태가 될 것이다. 결과적으로 효과 단계에서 감정은 인지작용의 효과로서 일반적 느낌을 생산한다.

지금까지 살펴 본 감정 연구에 대한 역사적인 고찰은 감정이 인간의

---

7) 제임즈-랑게의 이론에서는 두렵다는 감정이 도망가고 있기 때문에 일어나는 것이라고 설명되지만, 브루너는 두려운 감정을 느끼는 것은 "문화적"으로 정의되는 위험한 상황을 인식하기 때문이라고 지적한다(브루너 1986:116). 이는 '문화적'으로 재현된 규범적인 정서로서의 감정과 '개인적' 차원에서 생물학적 감정의 비교로 생각해 볼 수 있다. 그러므로 전자는 감정의 인지작용으로, 후자는 외부의 대상에 반응하는 신체의 물리적인 속성에 의해 발생되는 것으로 해석할 수 있다. 따라서 감정은 현상적으로 개인적이며 문화적인 두 측면으로 나타나며, 이를 객관적 대상으로 분석하고 연구하는 기호학적 접근을 통해 둘의 관계가 규명될 수 있다. 이러한 관계는 심리적 주체의 자발적인 행위, 즉 추론과 해석을 통해 드러날 수 있다.

정신활동에서 주변에 머물러 있는 것으로, 따라서 심리학적 진화론에서 사라져 버릴 동물적인 요소가 아니라, 오히려 감정이란 대상을 인지작용과 연관하여 새롭게 인식하고 이해해야 한다는 점을 시사한다.

퍼스의 기호학적 관점과 연관하여 주목할 만한 감정의 연구는 클라파레드(Claparède)의 연구[8])이다. 이 연구는 관념론적 성향의 감정이론과 행동주의 심리학에서 유물론적 관점을 동시에 비판하면서, "감정"과 "느낌"을 구별한다. 즉 "외관적으로는 비슷해 보이는 감정과 느낌이 정신활동의 과정에서 서로 다른 역할을 한다"는 점에 주목한다(비고츠키 1987:335).

퍼스의 기호학에서 감정과 느낌의 구별은 유사한 방식으로 감정과 정서를 구별한다. 후에 자세히 살펴보겠지만, 이러한 구분은 심리학적 실재의 현상적 범주에 근거한다. 따라서 감정과 느낌은 다른 기능과 효과, 혹은 결과로 나타나는 기호이며, 그러한 기호를 유추하고 해석하는 과정은 감정을 경험하는 과정이 된다.

비고츠키는 감정과 느낌을 구분하는 인지과정을 통해 감정이 설명될 수 있다고 보았다. 즉 비고츠키는 신체에 반응을 통한 생물학적 감정에서 일반적 성질이 추출되고, 이를 기반으로 이미지의 연상 작용에 의한 의지적 행위가 상상적 활동을 가능하게 한다고 설명한다(1987: 335-337). 따라서 성질로서의 "느낌"과 그러한 성질의 이미지를 연결하는 의지적 행위로서 정신활동인 "상상력"은 감정에 기반을 둔 지각작용과 이성에 의한 개념작용의 인터페이스를 가능하게 하는 주요한 연결고리가 된다. 더 나아가 이러한 점은 감정을 기호로 해석하는 과정을 통해 인지작용이 가능하다는 점을 내포한다. 이 같은 입장은 감정에 대한 퍼스의 기호학

8) 그의 따르면, 동물이 겁먹어서 달리면 이것은 감정(emotion)이고, 달릴 수가 없어서 겁이 나면 이는 전혀 다른 질적인 과정으로 느낌(feeling)이라고 설명한다(335). 즉 느낌은 생물학적 감정과는 다른 과정으로 행동에 파국적인 효과를 갖으며 어떤 상황에 대해 생물학적으로 적절한 반응을 할 수 없을 경우에 일어난다.

적 접근과 유사하다(비고츠키 1987:339-358). 그러므로 퍼스 기호학에서 살펴보게 될 감정기호는, 감정의 특정한 성질(quality)이 갖는 느낌이 논리적 해석체를 생산하기 위한 전제조건으로 기능하며, 감정의 성질 자체는 단일한 느낌으로 외부에 반응하는 경험의 과정이며, 그러한 감정을 해석하는 일은 인지작용의 결과로 이해한다. 이 같은 과정으로서의 감정의 경험, 결과, 효과를 기반으로 맥락적인 감정의 경험과 연합하여 상상력의 의지적 행위를 통해 추출된 일반적 느낌은 하나의 사고를 구성한다.

결론적으로 지금까지 살펴 본 기호학적, 심리학적 관점에서 본 감정에 관한 연구가 주는 시사점은 첫째, 물리적 현상으로 육체에서 움직이는 감정은 '인지작용'의 과정을 통해 변용되어 사고를 구성한다. 둘째, 감정 기호는 연상 작용을 통해 창조적 상상력의 활동을 보여준다. 이러한 점은 감정이 논리와 이성의 합리적 사고와 연결될 수 있다는 점을 함의한다. 특히 느낌의 특질과 상상력은 퍼스의 도상성과 연관되어 있으며, 이러한 성질은 가설적 명제 혹은 가추법을 통해 발현된다. 따라서 가추법은 상상력과 개인의 감정에 토대를 둔 정신영역에서 추론의 한 형태로 나타난다. 비고츠키에 의하면 외부의 대상에 반응하는 물리적 반응으로서의 감정과 사고는 내부적인 연상 작용인 상상력과 연합되는데, 특히 후자의 상상력은 자폐적인 사고와 유사한 사유구조를 갖는다고 설명한다(1987:337). 이러한 두 사고의 형태는 퍼스에게서 내부의 정신활동인 도상적 관념과 외부와의 반응을 통한 정신활동인 지표적 관념으로 설명된다.

3. 감정과 사고

감정의 인지적 측면을 살펴보는 것은 감정과 사고의 연속성과 둘 사이의 대화 작용에 관한 고찰을 의미한다. 즉 감정과 느낌은 추론과 해석의 과정을 통해 개념화가 이루어져 의미가 명료해지고, 반면 사고는 감정을 통해 재현됨으로써 일반화가 이루어진다. 이는 마치 몸이 욕망에 의해서 움직이듯이 정신은 사고에 의해 흐르며 감정과 사고의 관계는 몸과 정신을 연결하며 정신활동을 통해 대화 작용을 하는 것으로 이해할 수 있다. 감정이 인간의 몸을 통해 구현되는 것이라면, 사고는 인간의 정신을 통해 구현된다. 따라서 인간의 몸과 정신은 감정과 사고를 중재하는 도구이며, 몸을 통해 재현되는 기호와 정신을 통해 재현되는 기호를 해석하는 일은 기호로서의 인간을 총체적으로 이해하는 것이 된다. 결론적으로 감정은 의미가 비결정적이라는 점에서 모호하고 다의적이며 가변적이지만 사고와의 대화적 관계를 통하여 자신을 표상체(감정이라는 기호)로 표현하며, 사유의 대상(감정의 대상), 사유의 효과(감정의 해석체)와 함께 사유의 조건(기호적 조건)을 형성한다.

3.1. 인간은 기호이다

퍼스에게 인간은 상징이며 말(word)이다. 즉 기호로 정의된다. 한편, 인간은 언어와 달리 의식을 가진 생물체로서 감정을 재현하는 표상체로서의 인간을 포함한다. 이런 점에 비추어 볼 때 의식을 지니는 유기체로서의 인간은 두 가지 특성, 즉 물질적 속성과 정신적 속성을 지닌 이성적인 동물이다.

감정은 의식의 흐름 속에 존재하며, 의식은 이행적(transitive)이다. "인간이 상징이다"라는 퍼스의 명제는 다음과 같이 설명된다. "모든 의식의 상태는 유추(inference)이며, 따라서 삶은 사고의 흐름이라는 일련의 추론 과정이다. 그러면 매순간 인간은 하나의 사고이며 사고가 상징이라는 종(species)에 속하기에 인간이 무엇이냐는 질문에 대한 일반적인 대답은 인간은 상징이다 라는 것이 될 것이다"(퍼스 CP[9] 7.583).

다른 말로 표현하면, 인간의 의식은 말, 즉 언어에 외재화된 것으로, 언어의 구조는 정신의 구조와 상응한다. 따라서 언어는 심리학적 실재를 재현하는 것이다. 이 때 언어는 사고를 표현하는 수단만이 아니라 감정을 표현하는 기능도 한다. 추론하는 인간은 내재화 과정의 결과인 내부의 심리학적 실재와 외재화 과정의 결과인 발화적 실재로 구성된다. 전자는 항상성(constancy)을 통해 감정과 사고를 지닌 인격체(personality)가 되고, 후자는 언어적으로 구성되는 발화적 주체(subjectivity)가 된다. 이 때 발화적 주체는 언어적 사고를 통해 다시 내재화되는 과정을 기호활동을 통해 경험한다.

언어의 자의성(arbitrariness), 원격성(remoteness)을 포함한 언어의 격문법(case grammar)[10]은 이러한 정신활동을 객관적으로 고찰할 수 있게 한다. 특히 주어와 서술어를 분리하여 생각하는 것(prescision)에 대한 인식은 주어가 대상(목적어)을 추구하는 행동을 이행적으로 재현하는 것으로 볼 수 있다. 이러한 재현과정을 기호학적으로 기술하면, 외부의 대상과 직접적으로 연관된 지표기호인 주어(subject)가 도상기호의 특성을 갖는 서술어(predicate)에 의해 재현된다. 이러한 맥락에서 명제기호에 체현된(embodied) 정신활동은 물리적, 정신적 성격을 숭재하는 유추의 과정이라고 할 수 있다.

그렇다면 명제기호에서 감정은 어떤 기능을 하는가? 피상적으로 생각할 때, 우리는 감정은 육체의 운동 혹은 물질성과 연관되어 있는 반면 이성은 정신과 연관되어 있다고 여긴다. 하지만 둘은 분리되지 않고 연속성의 개념으로 대화적인 관계로 설명된다. 즉 감정 자체는 인식의 대

---

9) 퍼스의 전집(Collected Papers)은 CP로 표기한다.

10) 언어의 세 가지 특성에 관한 자세한 설명은 부르너(2002) 참고(Jerome Bruner, *Making Stories: Law, Literature, Life*. (Cambridge, Mass.: Harvard University Press, pp.96-97)).

상이 되기 어렵지만, 이러한 감정이 일종의 패턴을 통해 느낌으로 재현되거나 따라서 해석될 때 인지적 대상이 된다. 어떤 감정이 주는 느낌은 감정의 해석체로서 일반성을 가진다. 그리고 감정이 재현하는 대상을 유추하는 추론과정이 그러한 감정을 경험하는 것이라 볼 수 있다. 다른 말로 하면, 인간의 정신(mind)은 물리적인 것과 정신적인 것을 연결하는 중재자의 역할을 한다.

이런 맥락에서 '인간이 무엇인가' 라는 물음에 대한 퍼스의 대답은 인간은 기호적 자아(the semiotic self)로 구성되는 상징기호가 된다. 퍼스는 기호학적 인간관을 다룬 논문 중, "네 가지 무능력의 귀결들"(1868)에서, 인간이 기호적 자아로 구성되어 있다는 점을 피력한다. 퍼스에 따르면, 네 가지 무능력이란, 첫째 인간은 내성의 힘이 없다. 따라서 내부의 모든 지식은 외부사실의 지식을 통한 가설적 추론에 의해서 얻어진다. 둘째, 인간은 직관의 힘이 없으며, 모든 인지는 이전의 인지에 의해 결정된다. 셋째, 인간은 기호 없이는 사고할 능력이 없다. 넷째, 절대적으로 추론하지 못할 개념은 존재하지 않는다(퍼스 CP 5. 266). 그러므로 기호적 자아로서 인간은 내부와 외부로 재현되는 기호학적 인간관에 의해 기술된다. 이런 점에서 인간은 지속적인 추론의 과정, 즉 기호 활동을 통해 존재한다. 경험적 주체인 인간은 내부적으로는 감정을 통해 운동하는 자기(ego)를 느끼며, 외부적으로는 타자를 의식함으로써 정신의 활동을 통해 구성되는 기호적 자아를 구성한다. 그러므로 기호학적 인간은 내부의 자기(ego)의 느낌과 외부의 비자기(non-ego) 즉 타자의 느낌을 통일시킴으로써 이 둘이 이분법적으로 분리되거나 혹은 하나로 합일된 것이 아니라 논리라는 제 삼의 요소를 통해 대화하며 통합되는, 연속성으로 결합되어 있다는 점을 드러낸다.

3.2. 인간은 상징이다

"인간이 상징이다"라는 표현을 개념적 은유로 이해하면 인간을 이해하는 방법은 상징을 통해서만 가능하다. 퍼스의 상징은 앞에서 언급한 것처럼 명제의 형태로 명시적으로 나타난다. 이 때, 명제는 주어를 통해 재현된 지표와 서술어를 통해 재현된 도상의 결합을 통해 구현된다. 따라서 진정한 상징은 도상과 지표에 의해 재현된 감정적, 물리적 요소가 결합되어 논증을 위한 추론과 해석을 가능하게 하는 상징기호가 된다.

이 점을 구체적으로 기술하면, 명제(상징기호)에서 감정은 서술어에 재현되며 주어를 재현한다. 퍼스에 따르면(퍼스 CP 1.549), 가설적 명제를 수립하는 과정은 정신의 세 분리의 양태를 필요로 한다. 분리(dissociation), 분리하여 생각하기(prescision), 구별(discrimination)이 그것이다. 간단히 설명하면, 첫째 분리하여 생각하기는 주어와 서술어를 분리하는 의식이다. 둘째, 분리는 서술어의 관념이 통일성을 갖는 성질로 분리되어 표출된 의식이다. 셋째, 구별은 주어와 서술어 각각을 외부의 대상과 비교하여 식별하는 언어적 의식이다.

이러한 세 형태의 분리의식을 기반으로 명제기호의 상징화과정은 다음과 같이 기술된다. 우선 감정의 연속성에 의해 어떤 느낌이 추출되며 서술어로 상징화된다. 한편 서술어와 전혀 다른 영역에서 감정의 대상인 주어의 상징화는 서술어와 관계하여, 서술어의 관념에 의해 재현된다. 따라서 그것이 재현하는 내용은 명제적 단언(propositional assertion)이 된다. 다시 말하면 그것은 주어가 서술어의 관념으로 재현되는 가설적 명제형태의 단언으로, 논증기호가 된다.

예를 들면, 서술어 '슬프다'(sad)는 감정의 느낌으로, 그것의 성질인 '슬픔'(sadness)을 재현하는 언어 상징기호, '슬프다' 로 재현된 것이다. 하지만 이는 주어가 존재하지 않는 불완전한 가설적 명제로 단순히 단어의 형태로 존재한다. 이 때 감정의 대상인 주어는 슬픔이라는 느낌의 성질로 재현되는 주체가 된다. 즉 '나는 슬프다' 라는 명제기호는 '나'라는 주어가 서술어에 의해 재현된 기호이며, 이는 '나'와 '슬프다'를 각각 언어적 의식을 통해 명제를 이해한 중재된 의식으로, 다음의 두 가지 특성을 갖는다. 첫째, 슬픔이라는 감정의 측면에서 볼 때, 내가 처한 현실적 상황에 의해 슬픔의 성질이 제한되며 슬픔이 이해 가능한 것이 된다. 즉 나에 의해 슬픔의 의미가 개념화된다. 둘째, '나'의 측면에서 볼 때, 나의 상황은 슬픔이라는 느낌으로 재현되며, 주어를 다른 개념을 통해 확장하여 이해하는 효과가 있다. 그러므로 서술어인 '슬프다'는 내부의 상상력과 연관된 중재적인 관념으로 도상기호인 반면, 주어인 '나'는 외부의 현실적 대상과 연결되는 직접적인 지표기호가 된다. 결론적으로 감정은 이러한 상징기호(언어)를 통한 해석과 유추의 인지작용을 통해 그 의미가 드러난다.

기호학적 관점에서, 감정은 기호자신인 표상체, 감정의 대상, 감정의 해석체로 구성된다. 감정의 해석체를 심리적, 논리적 영역에서 살펴보는 것은 감정과 사고의 상관관계를 개인적과 사회적 영역에서 살펴 볼 수 있는 조건을 마련한다. 즉 감정을 해석하는 활동을 공간적 인지를 통해 고찰한다는 것을 의미한다. 따라서 정신적 공간은 개인적 영역인 내부가 도상-지표기호로 재현되며, 사회적 영역인 외부는 상징으로 재현된다는 것을 시사한다(그림 1 참고).

이런 맥락에서 안과 밖으로 재현되는 기호적 인간을 이해하는 일은 우선 내부적으로 재현된 자아를 이해하는 것이 필요하다. 즉 자기(ego)를 해석하는 심리적 요소인 감각, 감정, 느낌을 이해하는 것이다. 이와 상응하는 심리적 주체와 연관된 퍼스의 해석체는 감정적, 활력적, 논리적 해석체이다. 더 세분하면 논리적 해석체는 개인의 논리적 영역에서 상징기호, 즉 단어, 명제, 논증 기호의 형태를 통해 기능한다. 논리적 영역에서 해석체는 동일한 방식으로 직접적, 역동적, 최종적 해석체로 발전되어 설명된다(그림 1 참고).

이 때, 주목할 것은 축의 중앙에 위치한 지표적 상징(indexical symbol)의 기능이다. 이 점에서 두 축이 교차하여 네 영역이 만난다. 즉 세로축을 기준으로 개인과 사회적 영역, 가로축을 기준으로 심리적과 논리적 영역이 구별된다. 따라서 심리/개인영역, 심리/사회영역, 논리/개인영역, 논리/사회영역의 네 부분으로 구별된다. 중심축의 지표적-상징은 인간-기호 (man-sign)를 나타낸다. [그림 1]에 나타난 도식은 인간 기호는 개인적, 사회적 영역의 대화적 관계를 통한 추론과 해석에 의해 심리적 영역에서 논리적 영역으로 발전한다는 것을 재현한 것이다.

[그림 1] 정신적 공간(mental space)(사보 (외)에서 차용, 2011: 46)

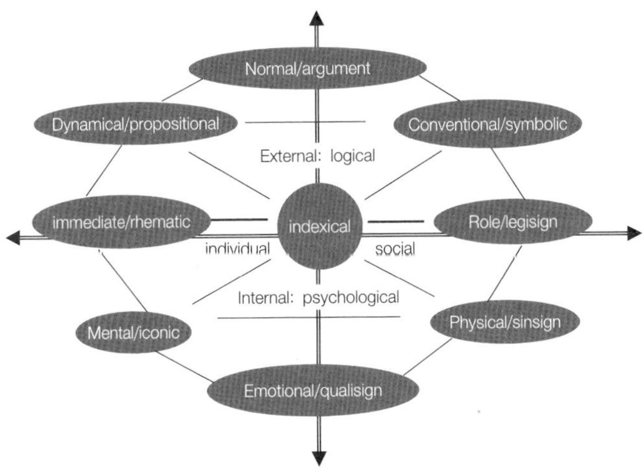

중심에 놓인 지표적 상징은(indexical symbol)은 궁극적으로 가장 아래에 위치한 성질기호인 감정적 해석체(emotional / qualisign)와 맨 위에 위치한 논증기호인 규범적 해석체를(normal / argument) 중재하는 기능을

한다. 이러한 기호적 중재과정은 다음과 같이 기술된다. 즉 가장 아래 위치한 성질기호인 감정적 해석체가 상위 단계에서 개인적 영역의 도상기호의 정신적 (mental / iconic) 성격과 사회적 영역의 개별기호의 물리적(physical / sinsign) 성격과의 관계를 통해 지표적 상징으로 발현되며, 이는 레마적인 논리적 해석체를 생산한다(immediate / rhematic). 지표적 상징은 다시 법칙 기호의 규칙(rule / legisign)과의 관계를 통하여 사회적 영역과 연관된다. 하지만 개인적 영역에서 논리적 층위로 기호가 발전하면, 지표적 상징은 명제의 기능을 하는 역동적인 해석체로 나타난다. (dynamical / propositional) 그리고 이는 다시 사회적 영역에서 논리적 층위인 상징적 관습기호(conventional / symbolic)와의 관계를 통해 논증기호인 규범적 해석체(normal / argument)를 생산한다. 이는 추론과정을 통해 얻어진 최종적인 해석체가 된다. 그러므로 [그림 1]의 정신적 공간은 개인이 사회와의 관계를 통하여 심리적인 요소가 논리적으로 발전하는 감정기호의 사회적 성격을 재현한다.

위의 도식에서 주목할 만 한 점은, 심리적 영역의 감정적 요소(emotional / qualisign)와 논리적 영역의 이성적 요소(normal / argument)를 중재하는 지표적 상징이, 기호적 자아의 추론과정을 통해 이루어진다는 것이다. 아울러 기호적 자아는 이러한 추론과정에서 자율적이고 윤리적인 자발적 행동의 주체가 된다. 결국 감정, 의지적 행동, 인지는 시스템 속에서 연결되어 있으며, 이는 퍼스의 시네키즘을 실현한 것으로 볼 수 있다.

결론적으로 상징으로서의 인간은 이성적 영역에서 지식을 증가하는 객관적 논리의 세계만으로 구성되는 것이 아니라, 내부적으로 재현된 느낌의 세계에서 논리를 포함한다는 것을 시사한다. 따라서 위에서 언급한 것처럼 직접적으로 재현된 대상을 해석하는 심리적 요소를 포함하는 해석체가 존재하고, 동시에 외부의 지식과 정보를 사고과정을 통해 간접적으로 해석하는 이성적 영역에서의 해석체가 존재한다. 다음 절에서는 이러한 두 해석체 영역이 어떻게 상호작용하고 있는지를 살펴볼 것이다. 특히 추론의 과정에서 믿음과 의심의 감정이 어떠한 기능을 하는지가 논의의 초점이 될 것이다.

3.3. 감정과 추론

프래그마티즘의 개념을 설명하고 있는 "믿음의 고정"(퍼스 CP 5.358-5.387)이라는 논문에서 퍼스는 믿음이 의심과의 대화적 관계를 통해 탐구의 동기를 유발한다고 설명한다. 즉 믿음을 전제로 의심이 발생한다는 것이다. 구체적으로 말하면, 믿음은 이전의 인지를 통해 추론된 개인의 믿음 시스템이며, 이러한 시스템이 전제되지 않으면 인지과정이 구현되지 않는다. 왜냐하면 믿음과 대비되는 의심과의 관계를 통해서 인지가 촉발되기 때문이다. 기쁨과 슬픔, 쾌락과 불쾌, 행복과 고통의 대비 형태를 이루는 감정들로 동일한 방식으로 상관관계를 통해 의미가 발생한다. 이 때 한 개념은 다른 개념의 부정(negation)을 전제로 주의집중(attention)된다. 이는 인접성에 근거한 지표적 사고와 연관되어 있다. 대상에 대한 놀라운 사실을 관찰하는 의시적 행동도 이전의 인지를 토대로 한 경험적 차원을 전제한다.

이러한 맥락에서 대비구조에 근거한 믿음과 의심의 감정이론은 경험적 차원에 해당하는 감정의 개념으로 생각해 볼 수 있다. 퍼스에 따르면 "감각자체는 그것이 줄 수 있는 정보를 제외하면, 현재 사고에 매우 커다란 영향을 미치는 사고는 아니다. 한편, 감정은 사고발달에서 훨씬 뒤에 나타난다.—감정의 대상을 인지하는 시작점에서 멀리 있다는 의미에서 그렇다"(퍼스 CP 5. 293). "그러므로, 단순한 사고(an incomplex thought)는 합리적 성격을 갖지 못한 감각이나 감정일 수 있다"(퍼스 CP

5. 294). 감정의 반응을 촉발하는, 예를 들면 쾌와 불쾌, 즐거움과 고통 등의 대비구조는 스피노자와 데카르트의 인식론에서도 나타난다. 하지만 이러한 대비구조는 스피노자에서 일원론적 관점으로, 데카르트에서는 이원론적 관점으로 다루어진 반면, 퍼스는 변증법적 관점에서 감정의 개념화 과정으로 설명한다.

그렇다면 대비구조 이전의 상태에서 존재하는 최초의 믿음은 어떻게 생성되는가? 스피노자에게 믿음은 감정과 연관되어 있다(자레트 2007: 118). 퍼스는 감정이 경험적 차원에서 강조와 주의집중(attention)을 통해 기억에 영향을 미치고, 또한 "주의집중이 강해질수록 연결이 가까워지고, 사고의 논리적 연속성이 보다 정확해진다" 고 말한다(퍼스 CP 5.295). 이는 감정과 주의집중, 합리적 사고로 이어지는 인지작용을 기술하고 있다. 예를 들면, 일회적 사건으로서의 감정의 경험이 주의집중을 통해 패턴을 형성하게 되고, 그러한 패턴에서 발생하는 느낌은 하나의 성질로 직접적인 사고의 대상이 된다. 그러므로 외부의 대상에 대한 감정은 도상적 관념의 형태나 지표적 반응으로 나타난다. 이 때 도상적 관념인 감정은 사고로서의 느낌과 대응한다. 이러한 과정을 통해 감정의 개념화가 이루어지며, 개념은 일반화에 의해 믿음 시스템을 구성한다. 그러므로 믿음이라는 감정은 '감정적 해석체'(emotional interpretant)와 상응하며, 일반적 느낌의 사고라고 볼 수 있다.

논리적 추론과정의 시발점도 결국에는 이러한 믿음 시스템이 외부적 자극에 반응하여 발생된 불안정한 느낌을 안정된 상태로 다시 회복하려는 심리적 기제에 기반 한다(CP 5.374-5.375). 이는 뷜러의 실험에서 나타난 감정의 효과단계와 상응한다. 한편 '의심'이라는 감정은 '활력적 해석체'(energetic interpretant)로 기능하며, 실제적으로 문제를 풀려는 자발적이고 의지적인 행동으로 나타난다. 이렇듯 믿음과 의심은 짝을 이루어 대화적 관계를 통해 논리적 해석체를 생산한다. 즉, 논리적 해석체는 느낌에 기초하여 추정하거나, 자발적 행동으로 옮기거나, 행동을 습관화한다(CP 5. 480; 5.491; 5.494).

심리적 요소와 연관된 세 해석체인 감정적, 활력적, 논리적 해석체의 성격을 설명하면 다음과 같다. 예를 들어, '웃는 얼굴'을 해석하는 경우, 즉각적으로 느끼는 단순한 감정이라면 감정적 해석체가 될 것이고, 주변의 맥락적 상황을 고려하여 웃는 얼굴로 화답하거나, 무슨 좋은 일이 있느냐고 말을 건네는 것 등, 물리적 혹은 정신적으로 그 표정에 반응하는 것이라면 활력적 해석체가 될 것이다. 그리고 문화적으로 정의된 상황에서 웃는 얼굴에 나타난 감정에 대한 해석을 하는 것은 논리적 해석체가 될 것이다.

구체적으로 설명하자면, 가령 장례의례에서 우는 행위의 기호를 생각해 보자. 우는 행위를 슬프기 때문에 나타난 결과로 해석(기의 우위적 해석)하거나, 반대로 우는 행위로 인해 슬픔을 느끼게 되는 것이라는 해석(기표 우위적 해석)이 있을 수 있다. 하지만 우는 행위를 개인적 차원이 아닌 사회, 문화적 맥락에서 해석하는 경우를 생각 해 볼 수 있다. 이 경우는 우는 행위의 맥락적 상황에서 분리되는 논리적 해석체에 해당된다. 따라서 앞의 두 유형은 감정을 각각 관념론(내용적)과 유물론(신체적)의 입장에서 해석한 것이 될 것이고, 마지막 유형은 일반적 느낌의 사고와 연결하는 개념화 과정으로 이해할 수 있을 것이다. 따라서 논리적 해석체는 이러한 감정의 개념화 과정을 통해 우는 행동이 습관화된 행위로 나타난다고 설명하는 해석이다. 그러나 여기서 기억해야 할 것은 논리적 해석체가 관념론과 유물론의 두 관점을 포용하며 변증법적인 해석과정을 통해 감정을 합리적으로 발전시킨다는 점이다.

3.4. 논리적 정서: 사랑과 논리[11)]

“삶의 행위에서 중요한 사적인 사고”(퍼스 1982: 4-9)라는 논문에서 퍼스는 인간의 영혼에서 사랑, 믿음, 희망이라는 감정의 영역이 어떻게 복잡한 사고 구조 속에서 합리적이고 이성적 삶에 토대를 이루는지 보여 준다. 아래의 표는 그의 복잡한 생각을 다이어그램이라는 형태로 보여 준다(그림 2).

[그림 2] 원형적 범주: 자아(I) 타자(THOU), 대상(IT) (퍼스 1982:4)

능력/욕구	영혼							
능력		자아	이성	선 믿음	질서에 대한 사랑	통일성	현실	영원성
	영혼	타자	감정	미 사랑	인간에 대한 사랑	전체성	제한	인과성
욕구		대상	감각	진리 희망	세계에 대한 사랑	복수성	부정	공동체

퍼스에게 믿음, 소망, 사랑은 비논리적이거나 비합리적인 것처럼 보이는 개인적 욕구를 넘어서 사회적 관점에서 본 자아에 바탕을 둔 정서의 차원이기 때문에 우리의 의심을 없애고 행동으로 나아가게 하는 논리적 과정을 통해 합리적 이성으로 변화한다. 이런 의미에서 개인이 가지고 있는 사회적 의식은 사적인 의식만큼이나 중요하다.

앞에서도 언급했듯이 퍼스에게 정서는 중요한 개념이다. 그에 따르면, 정서는 하나의 원리로서 지각, 분별이 있는 마음(sensible heart)에 생기는 자연스런 판단을 중요하게 생각하라는 것이다(퍼스 CP 6.292). 인

11) 이 부분은 이 윤희(2008) “퍼스 기호학에 나타난 사랑의 개념: 사랑과 논리”(『기호학 연구』 23, pp. 547-569)에 기반한 것이다.

간의 감정과 과학적 탐구 사이에서 퍼스가 제시하는 것은 공동체 안에서의 개인의 사회적 의식이다. 내가 아닌 '우리' 라는 인식이다.

> 인간은 개별적이기에 전체적이지 않다. 그러므로 인간은 필수적으로 사회의 가능한 구성원이 된다. 특히 한 사람의 경험이 홀로 존재하는 것이라면 그것은 아무것도 아니다. 그 사람이 다른 사람이 [원칙적으로] 볼 수 없는 것을 본다면 우리는 이를 환각이라 부른다. '나'의 경험이 아닌 '우리'의 경험을 생각해야 하는 것이다. 그러므로 '우리'라는 것은 무한한 가능성을 지니고 있다(퍼스 CP 5.402 n.2).

그러므로 정신의 이론은 '우리'라는 개념을 무엇보다 잘 설명한다. 그 이유는 자아가 개인성을 잃지 않으면서 서로 하나가 될 수 있기 때문이다. 여기서 '우리'라는 인식은 공동체 개념으로 해석될 수 있다. 개인이 가지고 있는 느낌이나 감정은 사회적 의식이 되었을 때 소통이 가능하다. 달리 표현하면, 우리의 사고는 개인의 정신에서 발생되는 것이 아니고 사회적 사고에 참여함으로써 이루어진다. 퍼스는 이러한 점을 "내가 어제 가지고 있는 빨간색의 느낌을 오늘 기억하는 것은 다른 사람의 느낌을 아는 것과 근본적으로 다르지 않다"고 본다(퍼스 CP 1.337). 그는 내 정신에 접근하는 것과 타인의 정신에 접근하는 것을 같은 입장에서 보았다.

위의 예를 통해 언급하고 싶은 것은, 감정의 영역에 있는 부분들이 인간의 기본적 욕구와 연결되어 비합리적인 측면을 가지고 있지만 개인의 관심이 타자와 사회의 공동체로 향할 때, 논리적 감정을 거치면서 인지적 확신을 통해 합리적 이성으로 성장하게 된다는 점이다. 이런 점으로 인해서 퍼스에게 사랑은 진화적 성격을 통해 정의된다고 생각한다. 이 점에서 사랑은 논리적 정서로 해석되며 또한 이는 퍼스의 사고 체계에서는 자연적으로 사회적 정서로 연관된다. 예를 들면 퍼스는 "우연성의 원리"에서 논리의 필수적인 세 가지의 사회적 정서를 제시한다. 사회적 정서란 무한적인 공동체에서 갖는 관심과 '사랑'이며, 이러한 관심이 최상이 될 것이라는 가능성에 대한 인식과 '믿음' 그리고 지적 활동이 지속적으로 이루어지리라는 '희망'이다(퍼스 1992: 150). 이러한 정서는 인간의 감정적 영역인 마음에서 토대를 두지만 타자와 사회를 향한다는 점에서 논리를 요구한다.

퍼스의 사랑의 개념에 대한 사번의 해석에서 사랑, 즉 아가페가 논리적 정서의 가장 훌륭한 예라고 설명한다.(사번 1981: 333) 사번은 또한 감정과 정서는 구별되어야 한다고 역설한다. 감정은 본능적이고 감각적인 대상에 대한 외부적 힘에 의해 자극받는 일회적이거나, 경험적인 사건에 의한 반응이므로, 일관적이지 않고 특수한, 개별적인 다양한 형태의 감정들이 존재한다. 사번은 마음에서 일어나는 이 같은 복잡하고 서로 상충된 감정을 사랑이란 논리적 정서가 통합하는 것이라고 본다. 이는 마치 퍼스가 모든 사상을 믿음의 고정이란 방식을 통해 진리를 추구한 것과 같이 사랑이란 논리적 정서로 그러한 진리에 이를 수 있다는 것을 주장한다.

> 20세기는 감정(emotion)과 정서(sentiment)의 구분에 대한 감각을 거의 상실했다. 정서는 감정의 불변적이고 체계화된 시스템으로 사람이나 기관에 연관되었거나 또는 퍼스의 경우는, 방법이다. 사랑은 정서의 가장 훌륭한 예이다. 사랑하는 사람은 기쁘기도 하지만 슬프고, 성내고, 질투하고 또한 두렵고, 무관심하다. 하지만 기쁨과 슬픔, 질투와 무관심, 화냄과 두려움은 모두 사랑이라는 하나의 정서에 함께 속해 있다. 마치 퍼스가 믿음을 고정시키는 방법으로 말했듯이, 논리적 정서는 감정들을 고정시키는 방법이다(사번 1981: 331).

특히 인지와 연관된 정서라는 개념에 대한 사번의 설명은 퍼스의 개연성과 귀납적 방법을 통한 탐구 과정에서 의심을 동반하는 믿음이 어떻게 확고한 믿음으로 고정될 수 있는지에 관한 문제에 관하여 정서의 역할의 중요성을 인식하도록 하는데 기여한다. 이 점에 관하여 후크웨이는 정서와 그에 따른 감정으로 유지되는 인지적인 확신이 필요하다고 강조한다. 덧붙여서 후크웨이는 "항상성의 목표가 우리의 감정을 비판하고, 합리적으로 만들고, 통제하는 규범으로 전환한다고 역설하면서, 퍼스의 사고에서 논리적 정서의 목적은 우리 삶과 믿음에 있는 진정한 항상성이다"(후크웨이 2002: 141)라는 사번의 설명에 동의한다.

사번을 인용하면서 후크웨이는 정서의 역할을 합리적 이성으로 전환되어 자기 절제로 나아가는 인지적 영역인 합리성과의 상관관계 속에서 밝히려 했다. 그는 사회적이며 논리적인 정서의 개념을 통해 사랑이 정신의 시스템이며 동시에 타자성을 향한다는 정신의 법칙을 명확하게 설명한다. 이 점에서 정신은 공동체의 개념을 다시 환기시키고 객관 정신으로 자연스럽게 이어진다. 퍼스의 글 여러 곳에서 공동체의 개념이 강조되어 나타난다(퍼스 CP 2.654; CP 5.378; 퍼스 1992: 149-151; 52). 그 기저에는 사회적 의식[12]이 놓여 있다. 후크웨이가 지적하듯이, 타자성과 논리적 정서는 사랑, 또는 아가페라고 불리는 기본적인 논리적 정서를 암시한다. 우리 자신이 이러한 사랑을 공동체(우주)의 선과 일치시키지 않는다면 믿음, 추론, 탐구에 대한 우리의 감정적 반응을 조절할 수 있는 능력에 요구되는 자신감을 가질 수 없게 된다(후크웨이 2002: 141). 사회적 의식은 단순히 다른 사람의 입장에서 생각해 보는 개인적 차원뿐 아니라 공동체적(우주적) 차원에서 매우 복잡하고 형식화된 기호적 시스템 안의 개인의 정신이 관계적인 일반성 속에서 서로 연결이 되어 있는 '연속성'의 원리에 의해 설명될 수 있다.

12) 사회적 개념으로서의 자아는 "'우리'(we)는 사회적 유기체의 세포들일 뿐이다"(CP 1.647; 1.773)라고 하는 퍼스의 단언에서 잘 드러난다.

4. 맥락적 관찰과 경험, 그리고 추론

지금까지 살펴 본 감정기호를 기호 자신, 기호의 대상, 기호의 해석체로 정리하여 기술하면 다음과 같다. 우선 감정기호 자신은 감각(성질기호) 감정(개별기호) 느낌(법칙기호)으로 구분된다. 또한 기호는 재현하는 대상과의 관계에서 세 가지 방식으로 연결되어 대상을 환기시킨다. 즉 도상적으로, 지표적으로, 상징적으로 대상을 환기시킨다. 가령, 감각기호에서 감각과 그것이 재현하는 대상과의 관계는 도상적으로 연결된다. 즉 기호가 재현하는 대상을 불러일으키는 방식은 이전의 기억 혹은 이전의 인지의 매개로 가능하다. 예를 들면, 어떤 특정한 향이 어린 시절의 기억을 떠 올리는 경우, 현재의 향이 재현하는 성질과 예전에 느꼈던 향의 성질의 유사성으로 현재의 후각의 감각적 정보는 지각의 대상이 된다. 따라서 감각기호는 기억을 통한 도상기호이다. 한편 지표적으로 연결되어 있는 경우, 외부적 자극에 의한 직접적인 반응으로 나타나는 감정기호로 설명될 수 있다. 즉 원인과 결과의 관계의 두 사고의 관계를 통해 재현된 대상을 인지하는 감정의 경험적 측면이라고 볼 수 있다. 예를 들면, "그가 거짓말을 했다" 그래서 "나는 화난다" 의 두 사고에서, "나는 화난다"의 사고는 그것을 야기한 대상으로 "그가 거짓말을 했다"의 사고가 원인이 되어 결과로 발생하는 개별적인 지표기호가 된다. 마지막으로 상징적으로 연결되어 있는 경우, 감정이 패턴을 통해, 대상과 연결되어 있다. 따라서 감정은 그러한 패턴을 통해 일반적인 느낌으로 사고된다. 예를 들면, 붉은 색을 보면 위험이 느껴지는 경우에 이러한 느낌은 문화적 관습과 연관되어 있으며, 따라서 일반성을 갖는 관습적인 느낌의 상징기호라고 볼 수 있다.

그렇다면 감정을 해석한다는 것은 어떤 의미인가? 앞에서 언급한 바와 같이 감정기호의 해석은 단지 느낌으로 해석하는 경우에 이전의 인지를 매개로 유사한 성질을 발견하는 감정적 해석체가 있으며, 정신적, 물리적 두 측면에서 일어나는 외부에 대한 반응인 활력적 해석체, 그리고 감정적 느낌에서 일종의 일관적인 규칙을 발견하는 논리적 해석체가 존재한다.

하지만 위의 기술한 것처럼, 기호가 기호, 대상, 해석체로 분리되지 않고, 감정의 지각, 경험, 해석의 차원이 삼원적인 관계 속에서 작용한다. 아울러 감정의 성질기호나 법칙기호는 추상적인 것으로 개별기호, 즉 경험적인 사건이나 행동을 통해 발현된다. 다시 말하면 기호로서의 인간은, 시간적 공간적으로 유일한 생물체로서 개별기호이자, 외부의 현실세계와 내부의 정신세계를 연결하는 지표기호로, 그러한 관계를 가설적 명제기호로 재현하는 상징이 된다. 따라서 상징기호인 인간은 필수적인 조건으로 추론과정인 해석체와 연관된다. 달리 표현하면, 외부적 측면에서 지식의 생산과 연관된 중재의 성격을 갖는 해석과, 내부적 측면에서 즉각적인 성격을 갖는 해석의 두 측면이, 감정이 창조적인 사고로 이어지게 하는 토대가 된다. 결과적으로 기호적 자아로 구성되는 인간은 맥락적 관찰과 경험을 통하여 진, 선, 미의 목적론적인 기호 활동의 경험적 주체로서 미학적 행위자인 것이다. 이러한 미학적 행위자의 예로 콜로라도 대학 교수인 템플 그랜딘(Temple Grandin)을 소개하면서 결론을 대신하고자 한다.

자폐인이자 동물학자인 템플 그랜딘은, 비고츠키가 지적하듯이 자폐적인 사고, 즉 이성보다는 감정이 지배적이며, 언어가 아닌 시각적 이미지와 상징으로 사고하는 전형적인 예를 보여준다. 내적영역에서 느낌의 세계에 충실한 템플은 사회적 영역에서 주변사람들과의 관계에 몹시 어려움을 겪는다. 그러나 템플은 개인의 내면세계에서 사유하는 방식, 즉 모든 사물을 주의 깊게 관찰하는 습관과 상상력을 통한 사고로, 자신의 내면세계를 해석하고 분석한다. 여기서 주목할 것은 템플의 개인의 내면세계가 감정적이고 자발적인 행위를 통해 추론과 탐구로 이어지는 기호 활동의 주체라는 점이다. 이 같은 맥락에서 템플 그랜딘의 예가 시사하는 것은 맥락적 관찰의 감정적이고 의지적 행동에 의해 개인적 영역의 감정적인 사유방식과 사회적 영역의 논리적이고 객관적인 사유방식과의 거리가 좁혀질 수 있다는 것이다. 이러한 사고활동은 실제적인 결과물을 생산한다. 즉 템플의 관찰과 추론에 의한 사고는 가축도축장의 도축기구의 발명으로 구체화되었고, 이러한 결과물이 공동체에 끼친 공헌은 템플 자신에게 정서적인 보상을 하는 효과로 나타난다. 템플의 예는 감정이 논리적 이성과의 화합을 통해, 개인적 영역에서 소모되는 에너지가 아니라 사고의 발전의 에너지 역할, 더 나아가 우주의 진화를 위한 에너지의 원천이 될 수 있다는 가능성을 보여준다.

가설을 구축하는 논리적 정서는, 감정은 추론과정의 대상이라는 기호적 관점에 기초한다. 따라서 감정은 비합리적이고, 동물적인 육체적 차원에 존재하는 것이 아니라 의식의 흐름을 관찰하고 추론하는 정신 활동을 통해 그 의미가 드러난다. 감정은 이성의 대립적인 개념이 아니다. 오히려 감정은 자발적인 행동으로 인지작용을 촉발하는 요소로 사고와 연관되어 있다. 더욱 중요한 것은 이러한 관계를 재현하는 기호적 자아는 미학적 행위자로서 인간이며, 이 점이 바로 우리가 주목해야 할 부분이다.

참고문헌

C. S. 루이스, 『네 가지 사랑』, 원광연 옮김, 생명의 출판사, 1983.
루이스 메넌드, 『메타피지컬 클럽』, 정주연 옮김, 민음사, 2006.
플라톤, 『소크라테스의 변명: 피아톤, 크리톤, 향연, 프로타고라스』, 최현 옮김, 집문당, 2008.

피에르 그리말, 『그리스 로마 신화 사전』, 최애리 (외) 옮김, 열린 책들, 2003.

템플 그랜딘, 『나는 그림으로 생각한다: 자폐인의 내면세계에 관한 모든 것』, 홍한별 옮김, 양철북, 2005.

Bateson, M. C., "Daddy, Can a Scientist be Wise?" *The American Journal of Semiotics*, 19(1-4), 3-15.

Beeson, R. J., *Peirce on the Passions: the Role of Instinct, Emotion, and Sentiment in Inquiry and Action,* University of South Florida, Doctorate Dissertation, 2008.

Bruner, J., *Actual Minds, Possible Worlds,* Cambridge, MA; London, England: Harvard University Press, 1986.

______, *Making Stories: Law, Literature, Life,* Cambridge, Mass.: Harvard University Press, 2002.

Colapietro, V. M., *Peirce's Approach to the Self: A Semiotic Perspective on Human Subjectivity,* Suny series in philosophy. Albany: State University of New York Press, 1989.

De Waal, C., *On Peirce,* Australia, Canada, UK, US: Wadsworth, 2001.

Esposito, J. L., "Synechism: the Keystone of Peirce's Metaphysics." http://www.digitalpeirce.fee.unicamp.br/p-synesp.htm

Hookway, C., *Truth, Rationality and Pragmatism: Themes from Peirce,* Oxford: Clarendon Press, 2002.

Jarrett, C., *Spinoza: A Guide for the Perplexed,* Continuum, 2007.

Peirce, C. S., *Collected Papers of Charles Sanders Peirce,* Cambridge, Mass.: Belknap Press of Harvard University Press, C. Hartshorne & P. Weiss (eds., vols. 1-6); A. W. Burks (ed., vols. 7-8), 1931-1958.

______, *Writings of Charles S. Peirce: A Chronological Edition,* (vols. 1-2.), Max H. Fisch et al. (eds.), Bloomington: Indiana University Press,

1982(vol. 1); 1984 (vol. 2).

______, *The Essential Peirce: Selected Philosophical Writings,* (vol. 1). N. Houser and C. J. W. Kloesel (eds.), Bloomington: Indiana University Press, 1992.

Petrilli, S. and A. Ponzio, *Semiotics Unbounded: Interpretive Routes through the Open Network of Signs,* Toronto: University of Toronto Press, 2005.

Sarbo, J. J., J. l. Farkas, A. J.J. van Breemen, *Knowledge in Formation: a Computational Theory of Interpretation,* Springer, 2011.

Savan, D., "Questions Concerning Certain Classifications Claimed for Sings", *Semiotica,* 19:3/4, 179-195.

______, "Peirce's Semiotic Theory of Emotion", Kenneth L. Ketner et al. (eds.), *Proceedings of the Charles S. Peirce Bicentennial International Congress,* Lubbock: Texas Tech Press, 319-33, 1981.

Sǿrensen, B., S. Brier, T. Thellefsen, "Cosmos and Creativity: Man in an Evolving Universe as a Creative, Eesthetical Agent-Some Peircean Remarks" *Semiotica* 187-1/4, 213-227.

Vygotsky, L. S., *The Collected Works of L. S. Vygotsky: Problems of General Psychology,* vol. 1. R.W. Rieber and A. S. Carton (eds.), Marie J. Hall (Trans.), New York and London: Plenum Press, 1987.

______, 'The Teaching about Emotions: Historial-Psychological Studies', *The Collected Works of L. S. Vygotsky: Scientific Legacy* vol. 6., Marie J. Hall (Trans.), New York and London: Plenum Press, 1999.

2

인간과 언어, 이성과 감정
- M. Meyer의 새로운 언어관과 인간관을 중심으로

박 치 완

1. 로고스, 파토스, 에토스의 종합으로서 인간 존재

언어의 문제가 철학 영역에서 세론(細論)되기 시작한 것은 아마도 '언어적 전회(lingustic turn)'로 대표되는 비트겐슈타인 이후가 아닌가 생각된다.[1] 소쉬르 이후 데리다에 이르는 구조주의-탈구조주의의 변천과정에 있어서도 언어(기호)의 문제는 늘 논쟁의 중심에 있고, 현대해석학 역시 텍스트에 기술된 내용과 독법의 문제로 갑론을박은 지속되고 있다.[2] 페렐만 이후 설득과 논증의 문제를 집중적으로 연구하고 있는 신수사학 분야에서도 역시 언어가 화두다.

이렇게 현대에 이르러서까지도 언어에 대한 연구 관심이 끊이지 않고

1) 남경희, 『비트겐슈타인과 현대철학의 언어적 전회』, 이화여자대학교출판부, 2005 참조.

2) Umberto Eco, *The Role of the Reader: Explorations in the Semiotics of Texts*, Indiana University Press, 1979; Umberto Eco, Richard Rorty, Jonathan Culler and Christine Brooke-Rose, *Interpretation and Overinterpretation*, Cambridge University Press, 1992 참조.

있는 것은 결국 언어 또는 기호가 인간과 사회를 이해하고 분석하는 요체라는 것을 시사한다. 급하게 정의해, 인간은 '언어적 동물', '기호적 동물'이다. 물론 이러한 다소 안이(安易)해 보일 수도 있는 인간에 관한 정의가 전문가들 사이의 이론적 쟁투(爭鬪)의 깊이를 들여다보는 것과는 거리가 있지만, 인간에 관한 포괄적인 정의라는 점에 있어서는 이론(異論)의 여지가 없을 것이다.

'유희의 세기', '파열의 세기'로 평가되곤 하는 현대는 '차이'가 극화(劇化)된 세기다. 차이는 이미 동일성의 단순한 대(對)에 그치는 수준에 머물지 않으며, 동일성의 논리 자체를 대체하려는 의도로 '테제화'되고 있는 경향이 짙다. 시뮬라크르가 이데아를 대체하고, 무의미가 의미를 대체하는가 하면(G. Deleuze), 가상세계가 현실세계를 대체하고, 심지어는 신(神)마저도 시뮬라크르에 불과하다는 주장이 제기되고 있는 실정이다(J. Baudrillard). 데리다의 '해체적 전환(deconstructive turn)' 역시 기호에서의 시니피앙의 지위를 시니피에보다 우위에 두고 있다. 그에 따르면 의미는 인간이 생산·창조하는 것이 아니며, 시니피앙들 간의 관계에서 파생된다. 단적으로 말해 '데리다현상' 이후[3] '사고의 질서'며 '의미'를 언어/기호적 유희가 전유(專有)하고 있다고 해도 과언이 아니다. 이렇듯 프랑스의 니체주의자들이 보여주는 철학적 행보는 학문적 중도를 벗어나 있다.[4]

이렇게 학문적 중도를 벗어난 주장들이 득세하고 이성이 유연성을 망각할 때 '차이의 수사학'은 마치 자신이 세력을 형성한 것으로 착각하기 쉽다. 하지만 그럴수록 결국 그에 비례하여 인간은 소외되고, 이성은 기

---

3) Jean-Pierre Dupuy, "Le phénomène Derrida", *L'Express*, le 1er mars 1994 참조.

4) Colin Davis, *Critical Excess: Overreading in Derrida, Deleuze, Levinas, Zizek and Cavell*, Stanford University Press, 2010 참조. 이런 다소 상괘(常卦)를 벗어나 보이는 주장들이 마치 "언어/기호가 인간 위에 군림해야 한다"는 명제로 둔갑하여 무비판적으로 수용되고 있는 점 또한 우리가 학문적으로 극복해야 할 현안이 아닌가 싶다.

계적으로 작동된다는 점을 망각해선 안 된다. 빌렘 플루서가 컴퓨터의 좌판기를 두드리는 '손가락'에 인간의 미래를 의탁(依託)했던 것도 같은 배경이라고 생각된다.

이렇듯 소위 전문가들의 언삼어사(言三語四)는 우리 앞에 놓인 근원적 물음인 언어/기호의 문제를 새롭게 규명하며 독자의 관심을 사는데 있지 않고 오히려 역으로 무관심한 상태가 되게 부채질 한다. 그들의 '이기적인 파토스'가 사고의 고유한 역할과 임무를 무색하게 만드는 것이다. 역설적으로 말하자면, 바로 이런 이유 때문에 인간과 언어, 사회와 문화에 대한 보다 상식적이고 포괄적인 논의가 필요한지 모른다.

본고에서 우리는 이러한 관점에서 미셸 메이에르(M. Meyer, 1950~현재)의 새로운 언어관과 인간관을 소개해볼까 한다.[5] 그의 문제제기론의로서 수사학은 최근 들어 철학의 영역에서는 물론이고 미학, 언어이론, 문예비평, 광고 및 담론 분석, 의사소통이론, 심리학 등 인문학계 전반에서 널리 차용되고 있다. 그 이유는 그만큼 그의 통찰력이 차이와 무의미에 대한 극단적 수사, 비합리적이고 무정부주의적인 사고 경향을 치유하는 '종합의 정신'을 발휘해 기본적으로 사고가 나아가야 할 '총체적 전망'을 제시하고 있기 때문일 것이다. 그는 이렇게 인간과 언어, 이성과 감정을 분리하거나 둘 중 하나를 극단화시키지 않고 늘 통합적으로 심찰(深察)하면서 21세기가 요구하는 철학의 이정표를 제시하는 데 심혈

5) 이글은 다른 학회지에 게재된 바 있는 다음 두 편의 논문을 중심으로 재구성한 것이다: 「미셸 메이에르의 철학적 수사학」, 『철학탐구』, 중앙대학교 철학연구소, 2009; 「미셸 메이에르의 파토스의 수사학」, 『수사학』, 2010. 그리고 본 논문에서 자주 인용하게 될 메이에르의 저서들을 다음과 같이 약칭하기로 한다 : *De la problématologie. Philosophie, science et langage*, P. Mardaga, 1986(DP); *Questions de rhétorique. Langage, raison et séduction*, Librairie Générale de Française, coll. 《Le Livre de Poche》, 1993(QR); *Qu'est-ce que la philosophie?*, Librairie Générale Française, coll. 《Le livre de Poche》1997(QP); *Petite métaphysique de la différence. Religion, art et société*, Librairie Générale de Française, coll. 《Le Livre de Poche》, 2000(PMD).

을 기울이고 있다.

급하게 정리하자면, 메이에르에게 있어서 인간은 〈로고스, 파토스, 에토스의 종합〉이다. 즉 이성(로고스)과 감정(파토스) 및 관습·윤리(에토스)라는 3항이 동시에 조화롭게 작용하고 있는 것이 인간의 본성이라는 것이다. 그에 따르면 결국 이 3항 모두가 인간의 본질을 구성한다. 인간으로 구성된 사회공동체도 당연 규율적이고 이성적인 로고스적 요소뿐만 아니라 이에 맞서 저항하면서 늘 새로운 변화를 꾀하는 파토스적 요소 그리고 이 두 요소가 구현되는 장소요 무대라 할 에토스적 요소 또한 함께 작동된다는 것이 우리가 본고에서 지목하는 부분이다.

2. 물음과 언어

전통적으로 언어/기호는 대상 연관적으로 이해되었다. 푸코의 저서명이기도 한 『말과 사물』이 잘 암시하듯 말(언어표현)과 사물(지칭대상)이 일치할 때 우리는 이를 일러 진리(진실)라고 말해왔다. 하지만 주지하듯 언어/기호는 단일적(單一的)적 의미로 한정되지 않는 예가 많다. 사물의 경우도 마찬가지로 관찰자의 의도나 상황에 따라 그 의미가 서로 판이하게 다를 수 있다. 예를 들어, 가뭄에 쏟아지는 단비를 바라보는 농부와 애인과 막 이별을 고한 사람에게 퍼붓는 비는 동일한 비이지만 의미가 같을 수는 없다.

이런 점에서 대상 연관적 언어/기호가 이론적 객관성을 유지하려고 하면 할수록 예외, 즉 동일 대상에 대한 의미차는 그에 비례하여 늘어날 수밖에 없다. 메이에르가 논리학, 언어학, 기호학, 의미론, 과학 분야에서의 언어/기호에서는 대개 언어/기호를 자신의 연구 영역 내에서 특수한 용도로 사용하고 있지만, 그것이 언어 / 기호의 일반성(généralité de langage)에서 벗어난다고 본 것도 이런 까닭에서다. 그리고 그가 언어 / 기호에 대한 보다 근원적인 물음을 제기하면서 로고스(Logos)가 모든 물음의 지평과 근간이 되어야 한다고 강조한 이유가 여기에 있다. 즉 〈로고스(언어 / 기호) = 물음〉이라는 정식이 메이에르 신수사학의 출발점이자 그의 문제제기론의 핵심 내용이다. 언어 / 기호에 대해 (계속해서) 묻고 또 물으라는 것, 그것이 메이에르에게 곧 철학함의 시발이기도 하다.

> "철학은 오래 전부터 근본적인 질문하기(questionnement radical)이다. 때문에 오늘날 우리는, 현재까지 그러한 시도를 전혀 하지 않았기 때문에, 그러한 질문하기에 대해 질문하는 것(questionner le questionnement)이 중요하다."[6]

이렇듯 메이에르는 로고스, 언어 / 기호가 분과학문에 갇히는 것을 거부하면서 언어 / 기호에 대한 묻고(questionner) 또 그 물음까지도 재차 묻는 것(questionner le questionnement)이 중요하다고 역설한다.[7] 요인즉 어떤 하나의 그럴싸한 대답에 만족해 물음을 멈추지 말라는 것이다. 이러한 끝없는 '물음의 과정'을 거쳐 물론 사고는 진척된다. 하지만 여기서 우리가 간과해서는 안 되는 것이 있다. 그것은 바로 사고를 진척시키면서 미리 기성의 어떤 원리나 사고의 목표를 전제해서는 안 된다. 왜냐하면 메이에르는 기본적으로 이렇게 전제된 원리나 목표가 곧 사고 자체를 폐문(閉門)시키는 원인이라고 보았기 때문이다.[8]

그렇다면 그의 요청대로 어떻게 하면 사고 자체를 미리 전제된 대답

6) QP, 18쪽.
7) DP, 230-232쪽 참조.
8) 이것이 바로 메이에르의 문제제기론의 핵심 내용이다; 박치완, 「문제제기론으로써 철학하기」, 『우리 학문과 학문 방법론』(신승환 外), 지식산업사, 2009 참조.

속에 폐문시키지 않고 계속된 물음의 과정으로 개방시켜 놓을 수 있을까? 그의 제안인즉, 우선 먼저 〈언어를 사고하라〉는 것이다.

> "언어를 사고하는 것(penser le langage)은 우선 먼저 사고를 자신의 고유한 언어에 개방시키는 것을 의미한다."[9)]

이는 결국 분과학문마다 고유한 언어/기호가 있다는 뜻이다. 즉 수학이나 물리학에서 사용되는 언어/기호와 형이상학이나 윤리학에서 사용하는 언어/기호가 지향하는 바는 각기 다르다. 현실 속에 실재하는 대상을 지칭할 때와 관념적 대상을 유비적으로 해명할 때 사용되는 언어/기호는 같은 언어/기호일 수 없다. 마찬가지로 시를 짓는데 사용된 언어/기호가 건축물을 설계하는데 사용되는 언어/기호와 같을 수 없다.

메이에르가 〈언어를 사고하라〉고 우리에게 주문한 것은 바로 이런 맥락에서다. 직접적으로 이야기하자면, 그동안 과학의 언어가 철학의 언어를 대신해온 것에 대한 경고다. 뿐만 아니라 데카르트의 코기토 논증에서와 같이 사유 주체가 자신이 표현하고자 하는 대상을 위해 임의로 언어/기호를 전유한다는 착각도 버려야 한다. 언어/기호는 결코 사유 주체의 노리개가 아니다. 이것이 바로 그의 문제제기론(problématologie)의 대의이며, 그 방법(론)은 '물음을 묻고 대답하는 과정(processus de questionnement)'으로 요약된다.

굳이 강조할 필요도 없이 물음을 묻고 대답하는 과정에서 언어/기호는 물론 대상을 주체와 연결시키는가 하면 주체를 다른 주체와 연결시키기도 한다. 특히 후자의 문제가 신수사학의 중심 화두이다. 신수사학의 관점에서 언어/기호는 나(자기 자신, 저자, 발신자, 발화자)와 타인(타자, 독자, 수신자, 발화상대자) '사이'에 존재한다. 그런데 중요한 것

9) DP, 232쪽.

은 바로 그 '사이'를 언어/기호가 매개한다는 점이다. 여기서 언어/기호는 보편성이나 객관성을 대변하는 도구(무기)가 아니라 늘 '물음의 상태'에 처해있다. 게다가 그 물음의 상태가 〈나-(물음)-타자〉의 관계로 이동하면 관계항이 추가되었으므로 상황은 더욱 복잡해진다.

이런 상황에서 우리는 동일성의 논리며 차이의 수사학이 진리(진실)의 대변자가 될 수 없다는 것을 확인하기는 어렵지 않다. 이것들 모두는 '물음'의 자리에 단안이나 확언을 위치시킴으로써 〈나와 타자〉 '사이'를 폐쇄시킬 뿐이다. 상대를 설득하거나 주어진 물음을 논증하지 않고 자신의 단안이나 확언을 상대가 수용하기를 강요한다고나 할까.

맥락은 조금 벗어나지만, 월러스틴이 서구가 오랜 기간 동안 동일성의 논리에 준해 주창해온 '보편주의적 가치', 예를 들어 16세기의 자연법과 기독교, 19세기의 문명화의 사명, 20세기 후반과 21세기의 인권과 민주주의를 '유럽'이라는 특정한 세계체제의 조건 하에서 만들어진 사회·문화적 산물에 불과하다며 유럽중심적 보편주의의 위계질서는 이제 그 인식론적 토대를 의심할 때가 되었다고 주장한 것도 같은 맥락에서 이해할 필요가 있다.[10]

여기서 우리는 언어/기호를 사물과 연관시켜 단일적 의미 찾기에만 매두몰신(埋頭沒身)하는 논리학, 언어학, 기호학, 형식적 의미론, 과학의 언어 등이 지식/진리의 객관화·보편화라는 미명 하에 얼마나 폭력을 행사해왔는지, 언어/기호의 사용 문맥을 무시하고 오직 추상화에만 매달려왔는지를 새삼 깨닫게 된다. 역설 같지만, 이러한 결과로 실은 "차이가 어떤 지위(statut)도 가지고 있지 못한" 상태가 된 것이다."[11] 하여,

10) 이매뉴얼 월러스틴, 『유럽적 보편주의: 권력의 레토릭』, 김재오 옮김, 창비, 2008, 55-56쪽 참조.

11) PMD, 9쪽. 동일성의 논리가 양산한 폭력의 문제를 보다 철학적이고 형이상학적으로 언급한 저서로는 E. Levinas, *Totalité et infini, Essai sur l'extériorité*, La Haye/M. Nijhoff, 1963 참조.

메이에르는 다음과 같이 제안하기에 이른다.

> "인간, 사회, 역사 및 심리, 종교에 관한 이론 모두는 차이 개념을 통해 관통된다. 따라서 보편성 [동일성]과 차이가 균형을 이루는 인간에 대한 총체적 전망(vision globale) 속에서 이 이론 모두를 제자리에 다시 돌려놓기를 원한다면, 이 이론 모두에 침전된 앙금을 없애야 한다."[12]

결국 메이에르가 자신의 물음을 묻고 대답하는 과정이라는 새로운 사고방법론을 통해 비판하고자 하는 대상은 "무수한 이데올로기의 원천"[13]이자 "비극의 원천"[14]이기도 한 동일성의 논리와 이를 조장하는 도구화된 이성이고, 우리에게 새롭게 주문하는 것은 언어 / 기호에 대한 새로운 시각을 통해 그동안 각 분야에서 간과되거나 억압되어온 '차이(사이)'를 새롭게 밝히는 작업이라는 것을 알 수 있다. "그곳 [차이]에서 나는 아마 나 자체와는 다른 것으로 취급받을 수 있다. 하지만 [역설적으로] 바로 그곳에서 나는 특히 나 자신으로 존재할 수 있다."[15]

이상에서의 논의를 간략히 정리해보면 아래 표와 같다.

Soi	Logos(langage) / les choses = Question	Autrui

즉 메이에르에 따를 때 기본적으로 사고는 늘 자기(Soi) 또는 타인(Autrui)이 일방적으로 결정하지 않고, 둘이 공히 언어 / 기호와 대상(사물)을 하나의 '물음'으로 놓은 채, 이를 '답해 가는 과정'에서 생성된다. 여기서 중요한 것은 자기와 타인 간에 언어 / 기호가 공통분모로 작용한

12) PMD, 10쪽.
13) PMD, 7쪽.
14) PMD, 87쪽.
15) PMD, 137쪽.

다는 점이며, 언어/기호라는 매개체를 통해 자기와 타인은 서로 의견차를 교환한다는 점이다. 차이의 교환은 당연히 둘 중 한 사람이 제시한 어떤 대답으로 마감되지 않는다. 자기나 타인이 제시한 대답은 어디까지나 '개연적 대답'일 뿐이며, 이런 이유 때문에 의사소통이론에서 말하는 것처럼 의견 일치나 합의를 전제한 대답을 제시해야 할 이유도 없다.

의견 일치나 합의는 메이에르가 볼 때는 단지 "결과의 질서(l'ordre du résultat)"만을 중시하는 논리로 "분석적 합리성(rationalité analytique)"과 "증명적 합리성(rationalité justificative)"을 대변할 뿐이다. 그렇게 축소된 합리성, 즉 이성은 이렇게 스스로를 도구화시키면서 오랫동안 철학에서 권좌의 자리를 유지해왔다. 하지만 '약화된(유연한, 타자 배려적) 합리성'[16)]을 추구하는 신수사학은 마치 그리스의 아고라에서처럼 다양한(상반된) 의견들이 교환되는 것, 그 의견을 담는 그릇인 언어/기호를 대답에 폐문시키지 않고 재차 물음으로 개방하는데 목표를 둔다.

> "**언어** 속에서의 유일한 정박 지점(seul point d'ancrage)있다면, 그것은 우리를 물음 자체(question même)에 머물게 하는 것이며, 우리가 물음을 [다시] 물음으로써 제기할 수 있는 것이 유일한 몫(seul fait)이다."[17)]

메이에르에 따르자면 결국 물음에 대한 이와 같은 진지한 궁구(窮究)가 무엇보다 중요하며, 인간의 사고 역시 미리 "결정된 대답(들)(réponse préalable)"에 의해 지탱되지 않는다. 바로 이런 취지하에서 그는 언어/기호에 대한 물음이 곧 "사고에 대한 근본적인 물음"[18)]이라고 강조한

16) 참고로 마넬리는 신수사학에서의 이성은 "증명이 지니는 강제적 특성과 물리적 구속력은 전혀 없고", 도구적 이성에 비해 "보다 융통성이 있으며, 덜 절대적이며, 보다 중용적"이기에 "보다 약화된 합리성"을 지향한다고 적고 있다 - M. 마넬리, 『페렐만의 신수사학 - 새로운 세기의 철학과 방법론』, 손장권·김상희 옮김, 고려대학교출판부, 2006, 9쪽.

17) DP, 234쪽 - 자자 강조.

18) DP, 232쪽.

것이다.

3. 차이(사이)를 교환하는 주체로서 인간

메이에르가 이렇게 일종의 '물음학'으로 진리의 객관성과 보편성에 경도된 모던 철학과 이를 해체시키려는 포스트모던 철학을 동시에 겨냥한 것은 '제3의 길'을 통해 새로운 사고의 방향을 제시하기 위해서라고 볼 수 있다. 그리고 『수사학의 물음들』에서도 명시하고 있듯, 그의 최대 관심사는 "주체들 간의 거리에 대한 교섭(négociation de la distance entre les sujets)"[19]에 있다.

주체들 간에 상존하는 갈등은, 물론 앞장에서도 언급했듯, 차이(사이)를 포용하지 않고 제거하려고 하기 때문에 생긴다. 하여 메이에르는 자기, 타인 모두 차이(사이)를 서로가 교환하면서 그 거리를 조율해야 한다는 것이다. 거리의 조율을 위해서는 기본적으로 차이의 교환에 동참하는 자기와 타인이 각기 자신의 주체성(subjectivité)을 언어 / 기호로 표현하면서 먼저 거리(차이)를 인식하고 인정해야 한다. 일치나 합의가 아닌 조율에 초점을 맞추면, 자기와 타인이 각기 고유한 주체성을 견지한 채로 상대 앞에서 자신을 표현하는 것이 동일성의 논리에서처럼 모순이나 충돌을 일으키지 않게 된다. 또 그 때문에 이제 각자는 칸트의 정언명법이며 헤겔이 말한 주인과 노예의 변증법 또는 현대의 대표적 프랑스 철학자 레비나스가 말하는 '나를 볼모로 삼는 절대 타자' 등에서와 같은 비형평성의 관계에 의해 차이가 배제되는 일은 더 이상 없을 것이다. 단적으로 말해, 자기나 타인은 각자가 동등하게 "차이에 대한 권리(le droit à la différence)"를 가지고 있으며, 따라서 "양자택일적 팻놀이(l'impasse)"는 메이에르의 신수사학에 따르면 이제 더 이상 유용한 게임

---

19) QR, 22쪽.

규칙이 아니다.[20]

그에게 차이(사이는) 더 이상 양자택일적 팻놀이로 인해 제거되고 근절되어야 하는 것이 아니라 오히려 자유로운 인간의 표상이다.

> "차이의 권리에 대한 유일한 대답 방식은 차이를 부정하지 않는 것이다. 하지만 이보다 더 중요한 것이 있다면 자유로운 개인(en tant que personnes libres)으로서 모든 인간이 차이로 인해 서로 모순되지 않는다(compatible avec l'égalité)데 있다."[21]

메이에르의 신수사학 내에서 차이(사이)가 고유한 주체성으로 교환된다는 것은 바로 이러한 전제 하에서이다. 다시 말해, 자기도 타인도 각기 상대에 대해 아무런 선입견이나 편견을 갖지 않은 채 각기 주체성의 담지자와 표현자로서, 다시 말해 "자유로운 개인"으로서 자신을 상대 앞에 드러낼 수 있기 때문에 차이가 진정 차이로서 교환될 수 있고, 아리스토텔레스의 제3자 배제의 논리(logique du tiers exclu)에서처럼 각자의 차이가 전혀 모순을 일으키지 않은 상태에서 자유로운 의견 교환과 열린 대화가 가능해진다.

여기서 우리는 차이(사이)가 자기와 타인 둘 다 공히 자신을 언어/기호로 표현할 수 있는(co-présent) 조건 위에 있으며, 언어/기호가 상호관계의 토대(fondement de la relation) 역할을 한다는 것을 잊어선 안 된다. 자기와 타인은 결국 이 차이(사이)라는 조건과 토대로 인해 만나고 대화하는 것이다.

이렇듯 메이에르에게 있어 서로 다른 주체들 간의 만남과 대화는 차이(사이)를 배제하지 않고 적극적으로 살린다는 점이 눈에 띄는 특징이라 할 수 있다. 단적으로 말해 '차이의 권리'는 곧 신수사학적 대화의

---

20) PMD, 152쪽.
21) PMD, 152쪽.

중심에 있다. 메이에르에 따르자면 결국 이제 우리는 근대성의 상징인 일극(一極) 중심의 자아관(égocentrisme)에서 벗어나 "차이의 '물음'" 속에서 자기 정체성을 타인과 함께 확립해야 한다. 이를 위해 주체의 물음은, 그 영역을 최소화했을 때, 이극(二極) 중심의 '사회적이고 관계적 자아(Moi social et relationnel)'에 근간을 두게 되며, 신수사학의 핵심 개념이라 할 '추론', '논증', '설득'의 문제도 최소한 바로 이 새로운 주체 개념을 중심으로 전개될 때 비로소 기존의 동일성이나 보편성의 희생물로 전락하지 않을 수 있다.

메이에르가 근대의 데카르트와 칸트가 전제한 '보편적 주체'를 "얼굴 없는 개인(individu sans visage)"이라 평가하면서 바로 그 '비인격적 주체'가 "차이들을 삼켰다(avaler les différences)"고 비판한 까닭이 여기에 있다.[22] 발레리(P. Valéry)의 표현대로라면, "얼굴 없는 보편 대명사"가 근대의 '나', 즉 '주체'였던 것이며, 이로부터 각자의 얼굴, 이름, 나이, 다시 말해 주체가 추상화되어 인격이 무화(無化)되는가 하면 주체들 간의 "차이들마저 사라지게" 되었다는 것이다.

특히 칸트에게 있어서는 "이성에 기대어 있는 이성이 순수 이성이라 불리며, 이성의 보편성으로서 자기의 정체성이 바로 그 자기와 구성되어 인식의 문제가 곧 도덕의 문제로까지 연장된다." 수학이나 기하학의 해법(solution)을 찾듯 도덕 문제의 해결책(résolution)을 찾는다고나 할까. 칸트의 정언명법은 단지 하나의 "가능적 보편화(universalisation possible)"에 기초하고 있을 뿐인데도 불구하고 "절대적 보편성(universalité inconditionnelle)과 모든 의무의 원천"으로써 무소불위의 영향력을 행사해왔다는 것이다. 메이에르의 따르자면 바로 이와 같은 보편성이 "차이의 증오와 밀접한 관계가 있다."[23]

---

22) QP, 99-100쪽; PMD, 12쪽 참조.
23) PMD, 14쪽.

요인즉 데카르트나 칸트에게 있어서 주체, 주체성은, 메이에르가 볼 때, 철저히 차이의 배제와 차이의 증오에 뿌리를 둔 것이며, 그런 점에서 그들의 주체 개념은 근대라는 그들 시대·문화적 한계, 철학적 이념의 유희 이상의 의미는 없다는 것이다. 특히나 보편성의 이름으로 개별자의 인격, 즉 특수성과 차이가 간과되고 있음에 메이에르는 데카르트와 칸트에 대해 비판의 화살을 겨누고 있다. 이와 같이 음지에 유폐된 차이를 양지로 끌어내려는 것이 메이에르가 그의 신수사학을 통해 시도하는 것이기에, 그는 데카르트와 칸트에 대해 비판한 이후 다음과 같이 선언하기에 이른다.

"차이야말로 보편적 권리(le droit universel)이며, 자기 본위의 개인주의(l'individualisme égoïste)나 과격한 보편주의(l'universalisme radical)로는 이와 같은 결론에 도달할 수 없다. (…) 차이가 없는 보편성이란 불가피하게 전체주의적(totalitaire)일 수밖에 없다. 그러므로 차이를 그 근본에서부터 재고할 필요가 있고, 왜 차이가 공포를 유발하는지, 그리고 이와 동시에 왜 차이가 우리에게 인간(en tant qu'humains)의 자격을 부여하는지 검토할 필요가 있다."[24]

이렇게 메이에르가 차이(사이)의 문제를 집중 탐구한 것은 다음 두 가지 이유 때문이다. 일차적으로는 근대의 보편·절대적 주체를 타인과의 관계 속의 주체, 언어를 통해 자신을 상대 앞에서 자유롭게 표현하는 개인으로서의 주체로 새롭게 제시하기 위해서다. 그리고 두 번째로는 인간 주체를 푸코나 데리다 등 '주체의 죽음'을 선언한 포스트모더니스트들의 '왜곡된 인간관'을 정상화시키기 위해서다.

"주체의 죽음, 이것은 분명 붕괴된 토대에 관한 어떤 개념이면서 인간에 대한 견해이기도 하다. 주체의 죽음은 주체가 사라졌다거나 또는 인간이 관

24) PMD, 146쪽.

심 밖에 있다는 것을 의미하지는 않는다. 오히려 반대로 인간(주체)이 고유한 존재론적 지위를 잃었기 때문에 특히 그 자신을 위해(pour lui-même) [다시] 연구될 필요가 있다."[25]

그렇다면 메이에르가 "다시 연구될 필요가 있다"고 말한 인간이란 대체 어떤 '존재'인가? 그에게 인간이란, 서론에서부터 우리가 줄곧 역점을 두어왔듯, 일차적으로 '언어 / 기호적 동물'이다. 언어 / 기호적 동물인 인간은 기본적으로 언어 / 기호를 매개로 해서 자신을 표현하고, 그러한 자신의 생각과 의견을 다른 사람에게 전달한다. 그리고 자기와 타인은 이렇듯 언어를 매개로 서로 연결된다. 이런 까닭에 메이에르에게 있어 인간은, 특히 데카르트에게 있어서처럼, 보편성의 대명사나 "세계의 창건자(fondateur)"가 아니라 "담론과 가치 그리고 지식"을 타인과 더불어 교환하는 자이다. 타인과 의견이나 생각의 차이를 교환하는 과정에서 "상대를 향한 물음이 정해지고, 자신의 물음에 관해 되묻게 되며, 근본적으로는 자기 자신, 즉 주체성에 대해 반성하게 된다."[26]

여기서 우리는 메이에르의 인간에 대한 두 번째 정의를 발견하게 된다. 끝없이 "물음을 물어가는 주체(le sujet du questionnement)"[27]가 바로 그것이다. 그런데 언어 / 기호를 통해 물음을 물어가는 '신수사학적 주체'에게 있어 타인와 세계(사물들)는 결코 분리될 수 없다. 아니 분리시켜 독립적으로 논할 수가 없다고 해야 더 정확한 표현일 것이다. 그리고 자기와 동등한 권리를 가진 주체인 타인도 역시 자기와 동일한 상황에 처해 있다. 두 주체(Soi / Autrui) 간의 조우, 그 순간 노정될 수밖에 없는 차이(사이) 그리고 두 주체간의 차이(사이)의 교환! 차이(사이)의 발견은 그리하여 메이에르에게 있어서는 만남과 대화의 기원(la source de la

25) DP, 335쪽.

26) DP, 335쪽. 본문은 다음과 같다: "(…) le sujet ne pourra que s'instituer question, interrogation de soi, du soi."

27) DP, 336쪽.

rencontre et du dialogue)이면서 동시에 끝없는 물음과 의견 교환이 이루어지는 '문제제기적 공간'이기도 한 것이다.

요인즉 바로 이 문제제기적 공간 안에서, 앞서 언급한 바 있는, "주체들 간의 거리에 대한 교섭"이 진행된다. 결국 메이에르에 의해 새롭게 정의된 '인간'을 우리는 〈물음을 물어가는 주체인 언어/기호적 존재로서 차이를 적극 수용하고 존중해야 하는 자〉라고 요약할 수 있다. 부언컨대, 인간은 데카르트나 칸트 식의 배타적 자아에 스스로를 유폐시켜서는 안 되며 물음의 공간 내에서 타인들과 함께 살아가야 하는 운명을 지닌 사회적·관계적 주체이다. 사회적·관계적 주체에게 있어 "주체성의 '표현'"은 동시에 ""타인'의 수용"을 의미한다.

4. 타인과 파토스, 로고스와 파토스의 상관성

서론에서 우리는 메이에르의 인간관을 〈로고스, 파토스, 에토스의 종합〉이라고 소개했다. 본고와 관련해 이제 남은 문제는 인간의 파토스, 즉 감정에 관한 언급을 소개하면서 인간에 대한 그의 논의를 확대해보는데 있다.[28]

우리말로 〈정념〉 또는 〈열정〉으로 번역되기도 하는 파토스를 메이에

28) 본고에서 우리는 <pathos>를 원어를 그대로 음차(音借)하여 <파토스>로 표기하기로 한다. 자세한 논의는 메이에르의 다음 2권의 저서 참조: *Le philosophie et les passions. Esquisse d'une histpire de la nature humaine*, Hachette, 1991; *Les passions ne sont plus ce qu'elles étaient*, Ed. Labor, 1998(『열정의 레토릭』, 전성기 옮김, 고려대학교출판부, 2003). 파토스를 굳이 음차하기로 마음먹은 이유는 우리말의 사전적 의미에서도 잘 나타나듯, 파토스는 한국외국어대학교 HK 세미오시스 사업단에서 기획한 <감정의 세미오시스>라는 핵심 키워드인 '감정'을 비롯해 느낌, 기분(氣分), 심정(心情), 감각(感覺), 정서(情緒), 유감(遺憾), 원한(怨恨) 등을 포괄하는 모(母) 개념이라 판단되기 때문이다.

르는 "인간 본성으로의 하나의 여행, 하나의 모험"이라고까지 뜻매김한다.[29] '여행'이고 '모험'인 것은 역설적으로 말하면 파토스 자체가 로고스에 대한 제반 논의에 비하면 철학사에서 진지하게 연구되지 않았다는 반증이기도 하다. 라랑드도 지목하고 있듯, 파토스는 일반적으로 이성이나 의지의 쇠약으로 폄하되었고, 이성의 정상적인 행위를 마비(paralyser l'action normale de la raison)시키는 것으로 치부되었다.[30] 철학사적으로 보자면, 정신(영혼)이 신체(몸)를 억압해왔듯, 로고스는 파토스를 철학적 물음 밖으로 내몰았던 것이다. 메이에르의 지적대로라면, 플라톤 이후부터 줄곧 파토스는 철저히 철학적 물음에서 제외된 것이다.[31] 때문에 그는 언어 / 기호나 차이를 재정립하려고 했던 것만큼이나 파토스를 배제해온 이성(로고스) 앞에 파토스를 그 운명의 짝으로 정위(定位)시키고자 했던 것인지 모른다.[32] 그리고 파토스의 궁극 처소라고 할 수 있는 신체를 그는 모든 철학적 문제들 중의 문제라고 지적한다.

> "신체는 우리의 모든 다른 문제들의 문제이고, 그렇기 때문에 신체는 파토스의 궁극적 처소이다."[33]

메이에르에 따르자면 결국 인간의 3대 본성 중 하나인 파토스는 새롭게 연구되지 않으면 안 될 '필수적인' 물음이다.[34] 그리고 우리가 주목해야 할 것은 그가 파토스의 물음을 로고스의 물음과 마찬가지로 타인

---

29) 『열정의 레토릭』, 12쪽.
30) A. Lalande, *Vocabulaire technique et critique de la philosophie*, PUF, 1960, 745-747쪽 참조.
31) 『열정의 레토릭』, 98쪽 참조.
32) 주지하듯 여기서 이성은 로고스(logos), 담론(discours)의 다른 이름이기도 하다. 그런데 이 이성의 모델이 어떻게 철학적 정당화의 징표나 원리로 작용할 수 있는지를 메이에르는 문제삼는다 - DP, 15쪽 참조.
33) 『열정의 레토릭』, 97쪽.
34) QR, 134쪽 참조.

과 연결시켜 규명한다는 점이다. 사회적·관계적 주체인 인간에게 있어 파토스는 결코 독립적 물음으로 해명될 수 없기 때문이다. 이는 우리가 앞서 표에서 제시한 〈자기-(로고스/사물=물음)-타인〉과 무관하지 않다. 그에 따르면 모든 인간은 타인과의 대면, 즉 차이(사이)를 피할 방도가 없다.

> "타인은 늘 거기 피할 수 없는 하나의 물음(une confrontation inévitable)으로 존재하며, 그리고 바로 그 물음에 대한 파토스(passion)가 곧 표현(expression)이다."35)

여기서 '표현'은 곧 파토스가 로고스와 분리될 수 없다는 것을 의미한다. 따라서 인간에 대한 연구 역시 에토스, 로고스, 파토스 중 어떤 하나가 특권화되어 일반화되기보다 이들의 상호관계, 즉 공통의 특질을 밝히는 것이 중요하다. 메이에르에 따르자면 에토스, 로고스, 파토스를 공통의 특질로 한 인간이 존재할 뿐이며, 더 나아가서는 에토스, 로고스, 파토스를 공히 구족(具足)한 철학만이 '진정한 철학'이라고 할 수 있다. 요인즉 인간의 3대 본성은 한 인간에게 있어서는 물론이고 철학에서도 각기 고유한, 서로 변별적인 영역이 있지만, 하나의 독립항만으로는 사회를 온전히 설명할 수 없다는 것이다.

그런데 문제는 이런 '상식'을 거부하고 전통적으로 철학은 로고스 중심, 즉 이성과 논리·객관·과학 중심의 역사만을 써왔고, 인간에 대한 연구에 있어서도 유독 주체의 위상만을 강화시켜왔던 것이다. 데카르트가 바로 논쟁의 시발점에 서 있으며, 그는 『성찰』 제6부에서 "인간은 신체 없이 존재할 수 있다는 것이 확실하다"고 강조한다. 즉 데카르트에게 신체는 한갓 '연장'일 뿐이며 이성(오성, 지성)의 능력이 없이는 코기토

35) PMD, 141쪽.

의 명석·판명함을 이해할 수 없다. 때문에 그는 정신과 신체(물질), 실체와 연장을 구분하며 이성의 능력과 감각의 능력이 대상으로 하는 것이 다르다고 단언한다.

데카르트 이후 감정이며, 감각, 정서, 신체 등 파토스와 직접 관련된 요소들은 도덕적으로까지 죄악시해왔던 것이 철학의 역사라 해도 과언이 아니다. 이런 점에서 우리는 철학자들이 결코 '이성적으로' 파토스에 대해 고민하며 논의했다고 보기 어렵다. 그 정도로 철학자들은 '충분히' 파토스에 대해 몽매했던 것이다. 이러한 몽매함과 비사려(非思慮)가 원인이 되어 파토스는 아예 "불합리", "무질서"의 대명사로 폄하되기에 이른다. 인간의 "건전한 이성에 반하고", "두려움이나 희망, 슬픔이나 선망 같은 아주 단순한 감정들"과 뿌리를 같이 한다며 파토스를 최대한 멀리한 것이다. 오직 이성만을 전적으로 신뢰했던 데카르트가 "이성은 파토스에 대항할 수 있으며, 그 기능은 바로 파토스를 몰아내는데"[36] 있다고까지 강조한 것을 보면, 실제 얼마나 이성 위주로 근·현대철학사가 전개되어 왔는지를 여실히 증거한다.

파토스에 대한 이러한 일방적 폄하는 19세기, 즉 낭만주의 시대에 이르러서는 "감성이 재평가"되고 파토스를 "존재(실존)의 진실"로써 그 의미를 일부나마 재평가받는 기회가 주어진다. 그렇다면 오늘날에는 19세기와 비교할 때 얼마나 많은 변화가 있는 것일까?

메이에르에 따르자면, 예전과 비교해볼 때 파토스는 분명 부분적으로 "허용도 되고 또 칭송도 되고 있다." 그럼에도 여전히 "규범들에 대한 일탈"로 곡해되고 있는 것이 현실이다. 메이에르가 파토스를 우리가 그것을 직접적으로 경험하든 아니면 간접적으로 경험하든 기본적으로 '인간 본성'과 관련되어 있다는 점을 부각시킨 이유가 여기에 있다. 부언컨

---

36) 『열정의 레토릭』, 26쪽 - 보다 상세한 언급은 Descartes, *Les passions de l'âme*, Gallimard, 1969 참조.

대 인간을 논함에 있어서 파토스를 논외로 한다는 것은 마치 방언이나 방백이 표준어를 벗어난 것이니 논외로 해도 된다는 논리처럼 모순적이라는 것이다. 때문에 로고스, 에토스, 파토스를 같은 비중으로 논의하려는 신수사학적 공간에서 파토스를 관례적 용법에서와 같이 단지 "감정의 폭발이나 진실성의 망각"등으로[37] 그 의미를 축소해 받아들인달지, 이성이라는 다분히 이차적 심급을 개입시켜 파토스 본연의 의미에 대해서는 고려하지 않고 뭇매만을 치려고 해서는 안 될 것이다. 메이에르가 파토스를 에토스나 로고스와 마찬가지로 "'나'의 존재 이유"[38]이자, "인간 조건"[39]이라고 강조한 이유가 여기에 있다.[40]

파토스는 이렇게 "인간 존재로서의 나를 조건짓는 것"[41]인데도 불구하고, "그러나 지금까지 그 어떤 철학도 인간 본성이 그 본성에 자연스러운 것을 따르는 것을 받아들이지 않았다"[42]는데 메이에르의 문제의식이 발동한 것이다. 메이에르가 『철학과 열정들: 인간 본성의 역사에 대한 개요』[43]나 『열정의 레토릭』, 『철학이란 무엇인가?』 등에서 일관되게 지적하고 있는 내용도 결국 파토스가 인간의 진정한 본성의 탐구를 위해서 필수적인 것은 물론이고, 공동체 내에서의 파토스의 역할 또한

37) *Dictionnaire d'analyse du discours*, sous la dir. de P. Charaudeau, D. Maingueneau, Seuil, 2002, 423쪽. 참고로 <pathos> 항목의 집필자인 C. 플랑뗑은 파토스가 인간 정신 이론(théorie de l'esprit humain)에 근거한 것으로 논쟁 행위에 있어서는 물론 문학적 글쓰기, 신문 기사쓰기 등 기본적으로 감정의 구성(constructuion de l'émotion)이 필요한 경우는 예외 없이 작동된다고 적고 있다(*ibid.*, 423-424쪽).

38) 『열정의 레토릭』, 16쪽.

39) *Ibid.*, 17쪽.

40) *Ibid.*, 17-18쪽: "인간 조건은 (…) 파토스들로 이루어져 있다. 인간은 세상과 남들의 영향을 받기도 하고, 자기의 확인에 의해 만들어지는 존재이기도 하다. 인간은 이 세 가지 [에토스, 로고스, 파토스] 문제들에 영향을 받을수록 더욱더 자신의 파토스들에 내맡겨진다."

41) *Ibid.*, 18쪽.

42) *Ibid.*

43) M. Meyer, *Le philosophe et les passions. Esquisse d'une histoire de la nature humaine*, Hachette, 1991 참조.

결코 사회의 혼란 야기나 일탈보다는 변화의 요구로 받아들여야 한다는 것이다.

메이에르가 파토스를 인간이 자신의 본성을 실현하는데 있어 장애 요인이나 사회적 혼란의 주된 원인으로 주목해온 이성중심주의적 시각, 그와 같은 방식으로 인간 및 인간의 역사를 축소·왜곡시켜온 역설적(逆說的) 이성, 이성의 역설에 대해, 파토스를 고려하지 않은 이성의 독주에 대해 감히 그 '불가능성'과 '불필요성'을 언급한 것도 필경 이런 이유 때문이리라.

> "내가 나의 파토스를 모른다면, 내가 나의 맹목 상태에 대해 눈이 멀어 있다면, 나를 밝혀주어야 하는 이성은 불가능할 것이다. 극복해야 할 장애물이란 생각조차도 나에겐 없을 터이니 말이다. (…) 그리고 내가 이 파토스에 사로잡힐 줄 안다면, 그 조건들인 매력이나 매혹스러움이 더 이상 작용하지 않게 되고, 그 파토스의 가면을 벗기는 역할을 하는 이성도 따라서 불필요할 것이다. 이는 이성이 불가능한 것이거나 불필요한 것임을 뜻한다. 이성은 하나의 수수께끼이고, 이성의 구축이 전적으로 비밀스러운 것일 수 밖에 없는 이유가 여기에 있다."[44]

단적으로 말해, 이성에 대한 일방적이고 무반성적인 편애, 그리고 그러한 기준에 맞추어 파토스를 이성의 대립항으로 배열시켜 제거한 것이 문제이지 모든 인간에게 있어 하나의 본성으로 내속된 파토스 자체가 문제는 아니라는 점이다. 메이에르가 이성에 대한 맹목적 사랑을 "철학자가 봉착한 진정한 문제"[45]라고까지 비판한 이유가 여기 있다. 돌려 말해, 대부분의 철학자들은, 마치 신앙인들이 맹목적 믿음에 매몰돼 있듯, 이성을 단순히 '믿는' 자로 전락했다는 것이다.[46] 그러한 잘못된 믿음은

---

44) 『열정의 레토릭』, 28쪽.

45) *Ibid.*, 29쪽.

46) 철학적 신학 또는 신학적 철학에 대해 참고할만한 연구서로는, 빌헬름 바이셰델, 『철학자들의 신』, 최상욱 옮김, 동문선, 2003; 발터 슐츠, 『철학자의 신』, 이

인간에게 있어 파토스적인 요소, 예를 들어 "감각적인 것의 매력, 몸의 비중, 쾌락의 유혹 등에 늘 앞서" 이성의 "보편성이 '주어져' 있다"는 착각을 낳게 했던 것이고, "사회·정치적 질서는 부동의 것"[47]에 기초해야 한다는 편견까지 확대 재생산하는 결과로 이어진 것이다. 메이에르가 주목하는 것은 결국 이러한 파토스의 연쇄적 퇴척(退斥)이야말로 실은 "이성의 수수께끼"에 다름 아니라는 것이며, 또한 이것이 바로 이성의 역설이자 모순이 아니고 무엇이겠느냐는 것이다.

재삼 강조하지만 진리와 보편성은 우리 앞에 이미 주어져 있는 것이 아니라 "각자의 목소리"인 의견을 모아 도달해야 하는 목표이며, 바로 그렇게 진리와 보편성은 모든 사람들 사이에서 공유되어야 한다는 것이 메이에르의 기본 입장이라는 것은 앞서 이미 밝혔다.[48] 그리고 이와 같은 신수사학적 기준에 따를 때 "인간들, 모두 서로 다른 인간들"의 "차이들을 반영"하려는 것이 파토스의 본래적 의미다.[49] 부언컨대, "파토스에 의해 나는 남에게 내가 그에 대해 생각하는 것뿐만 아니라, 그가 나에 대해 생각하는 것에 대해 내가 생각하는 것까지지도 알게 된다."[50]

이렇듯 "파토스는 애초에, 악이나 원죄로 치부되기에 앞서, 단지 차이"일 뿐이었다. "파토스는 인간에게 있어 이타성이다."[51] 그런데 철학자들은 파토스를 이성의 본래 역할이 아닌 이성의 가능성(la possibilité de la Raison)을 앞세워 몰각(沒却)했으며, 진리와 보편성의 담지자인 "목소리의 콘서트"를 줄곧 개인으로 환원(데카르트로부터 훗설까지)시킨

정복 옮김, 사랑의 학교, 1995 참조.

47) 『열정의 레토릭』, 31쪽.

48) QP, 37쪽: "철학에 있어서 보편적인 것은 어디엔가 [에토스, 로고스, 파토스 중 그 어느 곳엔가] 타자를 포함하고 있다." QP, 53쪽: "모든 인간들이 그곳에서 재결합되는 보편성은 문제제기성을 신성히 여기며, 문제제기성의 수용은 그래서 철학자가 [반드시] 교육해야 할 것이다."

49) 『열정의 레토릭』, 32쪽.

50) *Ibid.*, 33쪽.

51) QP, 112쪽.

것이다.[52] 이로 인해 파토스와 시민(citoyen)의 목소리는 경시되고 차이는 스스로를 지면(知面) 아래에 음폐(陰蔽)시켜 숨죽이고 있어야만 하는 신세를 면할 수 없게 된 것이다.

메이에르가 이렇게 파토스를 개인에서 시민으로, 자아-주체에서 다른 주체들과의 차이의 교환으로 그 의미 폭을 확대한 것은 파토스가 궁극적으로는 공적인 차원, 즉 서로 다른 주체들 내에서 수렴·완성되지 않으면 안 된다고 보았기 때문이다.[53] 메이에르가 파토스의 논리를 "동일성의 논리이면서 동시에 차이의 논리"라고 정의한 이유가 여기에 있다.[54] 바꿔 말해 파토스 역시 파토스만을 독립적으로 논해서는 자기 함정에 빠질 수 있으며 "자기의 동일성(l'identité du Soi)과 타자와의 차이(la différence d'avec Autre)를 함께" 고려할 때, 바로 그 때 비로소 파토스의 의미 또한 제대로 밝혀질 수 있는 개념이라는 점에 메이에르는 주목한다.[55]

이와 같은 메이에르의 제안에 따를 때, 파토스는 이제 더 이상 로고스나 이성의 대립자로 머물러 있는 것은 아니며 더더욱 로고스나 이성의 결함으로 평가되어서도 안 된다. 메이에르가 『철학이란 무엇인가?』에서 강조하고 있듯, 파토스는 "정치, 도덕, 상호주관성의 장소"인가 하면 "주체성과 인간들 간의 관계 회복"을 가능케 하는 사유의 신(新)동력이기

52) 이점에 대해서는 M. Meyer, *Le philosophe et les passions. op. cit.*, 187-285쪽; QP, 112쪽 등 참조.

53) 보다 구체적 언급은 QP, 99-106쪽(<주체에서 주체들로>) 참조. 앞장에서도 언급한 바 있듯, 이런 점에서 메이에르의 인간학은 "순수 주체(sujet pur)"를 위한 인간학이 아닌 "차이나면서도 닮은 인간들(*des* hommes différents et semblables)" (*ibid.*, 100쪽) 모두를 위한 인간학이라고 할 수 있다.

54) *Ibid.*, 112쪽. 참고로 메이에르는 『수사학의 물음들』에서 "수사학적 합리성(rationalité rhétorique)"을 "동일성과 차이의 논리로서 파악해야 한다"고 강조하고 있다. 이로 미루어 그가 제시하는 수사학의 3대 요소인 로고스, 파토스, 에토스 역시 "동일성과 차이의 '관계'" 안에서 새롭게 밝혀져야 한다는 것을 알 수 있다.

55) *Ibid.*

때문이다.[56)]

요인즉 그동안의 서양의 역사에서 보면 이성, 보편성, 질서가 사고의 지도이념이 되어 파토스를 마치 악이나 혼돈, 일탈이나 비정상의 대명사로 치부해왔지만[57)], 메이에르는 바로 그러한 편견에 문제가 있다고 본 것이며, 이는 모든 억압적 양식들의 중심에 늘 파토스가 소환되어 있었다는 반증이다. 이성·보편성·질서가 절대권을 가진 판관처럼 행세할 수 있었을 때, 파토스는 악의 원인이나 사회적 일탈의 주요 원인으로 뭇매를 얻어맞았다. 그러나 인간을 폭력성이나 권력 개념으로 그 개체성을 정의하려 해서는 곤란하듯, 이성·보편성·질서의 입장에 서서 부조리한 감정, 통일성을 결여한 감정을 표출하는 것을 놓고 이를 '파괴적' 파토스라고 단언하는 것에도 문제는 있다.[58)] 재삼 강조하지만, 인간에게 있어 파토스는 인간의 본성과 관련된 핵심 요소이며, 그것이 과잉 표출될 때 혹여 문제가 될 수는 있겠지만 인간의 타고난 파토스적 역량 자체가 문제인 것은 결코 아니다.

물론 파토스와 마찬가지로 로고스나 이성도 인간의 타고난 능력이라는데 이견이 있을 수 없다. 때문에 역으로 우리가 로고스나 이성에 부여한 절대 권한을 파토스와의 비분리적 관계로 재탐구할 필요가 있다.[59)] 삼단논법을 통해 도출된 타당한 결론이 인간의 행위로까지 연결되지 못하듯, 관념론자들이 요구하는 로고스나 이성의 개입을 통해 파토스의

---

56) QP, 111쪽.

57) 병리학에서의 정상(normal) / 비정상(anormal, pathologique)의 구분도 기본적으로 파토스를 "병적인 상태(état de maladie)"나 이성 능력의 쇠약으로 본데서 출발한다. 정상이 비정상과 상반된(contraire) 것은 사실이나 그렇다고 해서 이를 서로 양립할 수 없는(contradictoire) 것으로 보아서는 안 될 것이다 - *Vocabulaire technique et critique de la philosophie*, 748쪽 참조.

58) QP, 102쪽 참조.

59) QR, 33쪽: "실제 사람들이 사실에 관해 묻는 경우라 해도, [예를 들어 프랑스 혁명과 같은 역사적 사실], 다시 말해 이미 받아들여진 사실도 이성은 재탐구를 통해, 그 사실을 어떤 방식으로건 재정의하는 것을 피할 수 없다."

자연스런 표출이 약화되지는 않을 것이기 때문이다. 파토스를 로고스나 이성의 이름으로 제압하거나 통제하려는 태도보다 그 본래적 의미를 적극적으로 탐구하고, 진선미를 향한 파토스나 예술작품을 창조하기 위한 파토스의 발현 등에서도 보듯, 이를 능동적으로, 아니면 최소한 '있는 그대로'의 수준으로라도 수용하려는 사유의 전환이 시급한 이유가 여기에 있다.

메이에르는 "파토스 없는 이성이란 영혼의 파괴"[60]를 의미할 뿐이라고까지 역설(力說)한 바 있다. 그렇다. 본고에서 우리가 메이에르와 더불어 간구(懇求)하려는 것도 결국은 파토스를 로고스나 이성과 대립자로 놓거나 파토스를 통해 그 권위를 탈회(奪回)하려는 것이 아니라 최소한 파토스를 이유 없이 경멸하는 이제까지의 편견을 버려야 한다는 점을 적시하고 싶었다.

5. 인간의 3대 본성, 3대 파토스

무의식이나 성적 본능인 리비도를 사람들은 프로이트 이후 인간에게 있어 본질적인 요소이며 자연스러운 것으로 받아들이게 되었다. 단적으로 말해, 의식의 억압과 폭력에 예속되어 있던 본능과 무의식이 파토스의 '정당한 표현'이라는 점을 이해하게 되면서부터 합리성, 종교나 도덕적 규범 등의 미명 하에 파토스를 예전처럼 비판하기만 하는 누는 더 이상 범하지 않게 된 것이다.[61]

그렇다면 파토스가 이성에 대립된다는 기존의 편견을 일소하기 위해 어떤 조치가 필요할까? 파토스 고유의 논리를 설득력 있게 제시하면 되

60) QP, 113쪽.
61) 『열정의 레토릭』, 37-40쪽 참조.

지 않을까? 물론 메이에르도 이에 대해 진지하게 고민한다. 그리고 그는 허무주의적인 포스트모더니스트들처럼 이성의 단순 전복이나 "무의미의 축성(祝聖)"은 철학을 "표류하게 할 뿐"[62]이라는 것을 누구보다 잘 알고 있기 때문에[63] 파토스 고유의 논리를 시종여일 합리성의 범주 내에서 설명하려고 애쓴다.

> "파토스가 모든 이성을 마비시킨다면 이성은 불가능한 것이고, 파토스들의 정체가 드러나면 이성은 아무 소용이 없게 된다. (…) [이런 점에 견주어 볼 때] 파토스에 대해 이성은 여의치 않거나, 불필요한 것이다. [하지만] 처음부터 이들의 공존을 인정하면, 이들 사이에 끊임없는 투쟁과 반목이 있을 뿐이다."[64]

메이에르가 파토스를 위해 "새로운 이성(raison nouvelle)"을 요청한 것은 필경 이런 이유 때문일 것이다. 그의 언급대로 "오늘날 철학적 의문에 의해 부상하게 된 파토스는 새로운 이성이 의문으로서 그리고 그와 같은 의문 속에서 [파토스가] 출현"하지 않았던들[65] 철학적 논쟁의 전면에 부상하지 못했을 것이다. 바꿔 말해 의문에 회부된 전통의 일의적 이성의 폐단 때문에 우리는 새로운 이성의 필요성을 절감하게 된 것이고, 그 새로운 이성이란, J.-J. 뷔넨뷔르제의 표현대로라면[66], 자신의 고유한 공간 안에 모순적인 요소들까지도 허용하는 이성인 것이다. 그리고 무엇보다 중요한 것은 파토스에 대한 문제제기는 단순히 이성을

62) DP, 346쪽.
63) 보다 구체적 언급은 QP, 118쪽; DP, 9-11, 38-40쪽 참조.
64) 『열정의 레토릭』, 52쪽. 실제 서양 사유의 역사 속에서 이러한 투쟁은 이미 다양한 형태로 존재했다고 메이에르는 적고 있다: "플라톤에게 있어 지성적인 것과 감각적인 것, 스토아주의자들에게 있어 건강과 병, 기독교인들에게 있어 믿음과 원죄, 데카르트에게 있어 영혼과 신체 등."(QP, 112-113쪽)
65) QP, 118쪽.
66) J.-J. Wunenburger, *La raison contradictoire. Sciences et philosophie modernes: la pensée du complexe*, A. Michel, 1990 참조.

표적으로 삼기 위해 요청된 것이 아니고, 메이에르의 언급인즉 "우리 자신을 위해" 요청된 것이라는데 있다.

> "[바로] 이 의문이 우리를 우리 자신을 위해(pour nous-mêmes) 그리고 우리에게(à nous-mêmes) 존재하게 한다. 만일 파토스가 우리를 의문하고, 우리가 파토스에 대해 의문한다면, 그것은 분명 의문적 합리성(rationalité interrogative)의 한 복판에서 우리가 그것에 대해 결국 대답해야하거나 또는 단순히 그것에 대해 대답하고 있기 때문이다. (…) 파토스는 우리가 대답하지 않을 수 없는 물음-대답의 사슬(lien question-réponse) 위에 존재하는 하나의 답이다."[67]

메이에르에 따르자면 결국 우리는 이렇게 '우리 자신을 위해' 제기된 의문의 파토스에 대해 스스로 대답하지 않으면 안 된다. 그의 감판(勘判) 대로라면 "서양의 역사 속에" 그 구체적 대답이 아직 "주어진 바 없고"[68], 더더욱 제대로 물어지지도 않아 파토스는 여전히 '물음'의 상태에 처해있다. 메이에르가 파토스에 대해 탐문하게 된 것은 바로 이런 까닭에서이며, 그 탐문을 그는 단순히 대답으로 종결지으려 하지 않고 오히려 '물음-대답의 사슬' 위에서 지속적으로 탐색하고자 한다.

이는 곧 "제대로 묻기"를 "사유 자체의 원리"로 삼고 있는[69] 그의 문제제기론의 핵심과도 맞물려 있으며, 근본적으로는 파토스에 대한 물음 자체를 제대로 제기해야 한다는 속뜻이 내포되어 있다. 더 직접적으로 표현하자면, 역사적으로 철학자들은 줄곧 파토스에 대해 거리만을 취해왔지 구체적으로 그 본성에 대해 묻지 않았다는 것이다. 설사 파토스에

67) QP, 118-119쪽 - 일부 수정.
68) QP, 119, 120쪽.
69) DP, 14쪽. 이렇듯 메이에르에게 있어 사유(철학)의 토대는 "제대로 묻기(le fondement est questionnement)"에 의해 구축된다. 이는 곧 물음들(questions)만이 사유에 있어 유일하게 본원적인 것이란 뜻이며, 때문에 그에 따르면 무엇보다도 다양한 대답들에 대해 개방적 태도를 취하는 매우 것이 중요하다 - DP, 347쪽 참조.

대해 물었던 경우라 해도 철학자들은 이를 순화시키거나 약화시키는 데만 관심을 가지고 있었기 때문에, 메이에르는 파토스에 대한 기존의 담론들을 감히 "파토스에 대한 '증오'"[70]라는 언급을 하는데 주저하지 않는다. 파토스 고유의 논리를 이성에 의거해 주어진 기존의 대답들에서 찾으려고 해서는 안 되는 이유가 여기에 있다.

이와 같은 새로운 시각에서 보면, 파토스는 메이에르의 정확한 지적대로 하나의 편차, 즉 정도(de degré)의 문제이지 결코 이성의 본질적인(de nature) 대립자나 이성의 절대적 상반항이라고 볼 수는 없다.

> "파토스는 하나의 편차이고, 차이, 몸과 정신의 차이이기도 하고, 몸과 정신의 만남의 장소이기도 하며, 따라서 몸에서 정신으로의 모든 억압 양식들의 장소이기도 하다."[71]

그 편차, 그 차이에 대한 자각으로 인해 이제 이성은 파토스적 사실들을 배제하는 것이 아니라 새로운 대상으로 수용하는 길이 열린다. 파토스는 결국 더 이상 '증오'의 대상이 아니라 이성과 늘 병립(竝立)하는 인간의 본성임을 깨달아야 한다. 문제는 둘 중 하나를 절대화시키려는 치우친 편견에 있는 것이지, 서로의 기능과 역할의 차이 그 자체에 있는 것이 아니란 뜻이다. 메이에르가 인간의 3대 본성, 즉 "자기, 세계, 타자는 서로 뒤섞이고, 서로 교환가능하다"[72]고 강조한 이유도 이와 같은 맥락에서이다. 이 과정, 즉 뒤섞임과 교환의 과정 속에서 우리는 메이에르가 강조하는 인간의 본래 모습을 발견해야 하며, "더불어 사는 기술"[73]이 어떤 것인지도 터득해야 한다. 이 때 인간의 정체성은 근대처럼 자기

---

70) QP, 119쪽.
71) 『열정의 레토릭』, 101쪽.
72) *Ibid.*, 102쪽.
73) *Ibid.*, 105쪽.

도취적으로가 아니라 타자와 세계를 거울삼아 새롭게 구성될 수 있다. 그런 점에서 이타성, 타자의 참조와 배려야말로 메이에르가 말한 파토스를 이해하는데 있어 핵심적인 것이다.

> "우리들의 파토스는 우리는 누구인가, 우리에게 무엇이 있는가, 우리는 타인들에게 무엇을 기대하는가 등의 핵심적인 문제들을 표현한다. 이 세 문제에는 이 문제들을 감출 수도 있고, 반대로 밝혀줄 수도 있는 열정소들, 즉 파토스들이 담겨 있다."[74)]

이런 이유 때문에 메이에르는 인간의 3대 본성에서 각기 파토스적 요소가 작동되고 있다고 본 것이며, 파토스를 "철학적 반성의 정박소"라고까지 역설한 것이다. 그에 따르면 "철학에 관한 중요한 물음들", 아니 "중대한 문제들" 또한 바로 이 파토스에 대한 잘못된 편견으로부터 생긴 것이다.[75)] 그에 따르자면 기본적으로 "우리는 이 세 파토스로부터 벗어날 수 없다."[76)]

모든 인간은 자기를 표현하며, 그것은 논리적일 수도 있고 비논리적일 수도 있다. 자신의 권리나 명예를 위한 것일 수도 있고, 진정으로 동료나 타자를 위한 것일 수도 있다. 생존을 위한 것일 수도 있고 쾌락을 위한 것일 수도 있다. 여기서 중요한 것은 이 모든 것이 자연스런 인간의 자기표현이라는 사실이며, 이것들 모두가 바로 인간의 본성과 직결되어 있다는 점을 잊어선 안 된다.

모든 인간은 "주지하듯 홀로 살 수 없다." "부부, 가족, 국가, 종족, 인

---

74) *Ibid.*, 87-88쪽. 열정소란 파토스의 핵으로 희망, 절망, 기쁨, 두려움, 공포 등 가장 기초적인 열정들을 말한다. 참고로, 아리스토텔레스는 『수사학』에서 이를 14개로 범주화하고 있다(평정과 분노, 부끄러움과 파렴치함, 두려움과 자신감, 선망과 경쟁심, 멸시와 연민, 호의와 분개, 사랑과 미움) - *ibid.*, 33-34쪽, 66-67쪽 참조.

75) QP, 11, 10, 12쪽.

76) QP, 12쪽.

류 전체"가 함께 더불어 사는 사회적 동물이 바로 인간이다. 사회적 동물로서 인간은 기본적으로 개인이 아닌 그룹이 "기초 단위"이다.[77] 하지만 그렇다고 해서 사회가 개인의 모든 주장(표현)을 허용하지는 못한다. 파토스라고 이 기본틀을 벗어나는 것은 아니다. 여기서 만일 '제한'이 사회가 유지될 수 있기 위한 "최소한의 요구(exigence minimale)"라면, "파토스의 제한" 역시 "권력이 통제되어야 하는 것"과 마찬가지로 억제될 필요가 있다. 다시 말해, 파토스를 무제한 허용할 수만은 없다는 뜻이다.[78]

이렇게 메이에르는 전통적인 사유 방식, 물음-대답 방식에 대해 근원적으로 회의한 결과 사유를 '물음'이라는 새로운 아고라에 위치시켰다. 이를 통해 물음을 묻고 대답하는 모든 과정 속에 내재된 사유의 폭력을 일소하고, 바로 그 과정 속에 '사유한다(penser, philosopher)'라는 동사(verbe intérieur)를 개입시켜 사유 자체를 역동화시키려고(dynamiser) 했던 것이다.[79] 요인즉 사유의 새로운 길, 자유로운 토의의 공간을 마련하고, 그런 가운데 지식이 명사화, 체계화되어 재삼재사 개인 안으로 축소되기보다 동사화되어 타인에게로 확장되어 그 내용이 더 많은 사람들과 공유되는 것에 그의 신수사학의 목표를 두었던 것이다.

메이에르의 문제제기론과 신수사학에서 지향하는 보편적 지식은 '하나'가 아니며, 하나일 필요도 없다. 기성의 원리나 체계를 전제한 채 연구를 진행하는 것은 자기모순에 빠질 수 있다. 우리가 어떤 철학적 테마를 연구할 때 혹 독단에 빠질 위험은 없는지 자기 물음을 가져야 하는 이유가 여기에 있다. 특히 '무한 우주'를 상징하기도 하는 '인간'에 관한 연구는 더더욱 그렇다. 인간은 원리나 체계에 갇힌 존재자가 아니다.

---

77) QR, 129쪽.

78) QP, 121쪽.

79) M. Meyer, "Dialectique. Rhétorique. Herméneutique et Questionnement", *Revue internationale de Philosophie*, n° 127-128, 1979, 159, 170 쪽 참조.

참고문헌

박치완, 「데카르트의 〈코기토 논증〉, 과연 효과적인가?」, 『프랑스학연구』 제40집, 2007, 269-310쪽.

______, 「데카르트와 수사학」, 『해석학연구』 제20집, 2007, 137-185쪽.

______, 「신수사학의 관점에서 본 데카르트의 논증과 설득의 문제」, 『수사학연구』 제10집, 2009, 87-129쪽.

______, 「문제제기론으로써 철학하기」, 『우리 학문과 학문 방법론』(서울: 지식산업사), 2009, 155-186쪽.

______, 「미셸 메이에르의 철학적 수사학」, 『철학탐구』 제25집(중앙대학교 철학연구소), 2009, 151-193쪽.

비뇨(G.), 『논증 - 담화에서 사고까지』, 임기대 옮김, 서울: 동문선, 2001.

이승종, 「여성, 진리, 사회 - 새로운 관계 정립을 위한 철학적 시론」, 『철학연구』 제33집, 고려대학교 철학연구소, 2007, 285-314쪽.

Agacinski(S.), *Critique de l'égocetrisme*, Paris: Galilée, 1996.

Bergson(H.), *La pensée et le mouvant*, Paris: P.U.F., 31e éd, 1995.

Charaudeau(P.) & Maingueneau(D.) (2002), *Dictionnaire d'analyse du discours*, Paris: Seuil, 2002.

Davis(C.), *Critical Excess: Overreading in Derrida, Deleuze, Levinas, Zizek and Cavell*, Stanford University Press, 2010.

Dupuy(J.-P.), "Le phénomène Derrida", *L'Express*, le 1er mars 1994.

Eco(U.), *The Role of the Reader: Explorations in the Semiotics of Texts*, Indiana University Press, 1979.

Eco(U.), Richard Rorty, Jonathan Culler and Christine Brooke-Rose, *Interpretation and Overinterpretation*, Cambridge University Press, 1992.

Maffesoli(M.), *La connaissance ordinaire. Précis de sociologie compréhensive*, Paris: Librairie des Méridiens, 1985.

Meyer(M.), *De la problématologie. Philosophie, science et langage*, Paris: P. Mardaga, 1986.

______, *Le philosophe et les passions. Esquisse d'une histoire de la nature humaine*, Paris: Hachette, 1991.

______, *Questions de rhétorique. Langage, raison et séduction*, Paris: Librairie Générale Française, coll. ≪Le Livre de Poche≫, 1993.

______, *Qu'est-ce que la philosophie?*, Paris: Librairie Générale Française, coll. ≪Le Livre de Poche≫, 1997.

______, *Les passions ne sont plus ce qu'elles étaient*, Paris: Ed. Labor, 1998 (『열정의 레토릭』, 전성기 옮김, 고려대학교출판부, 2003).

______, *Petite métaphysique de la différence. Religion, art et société*, Paris: Librairie Générale Française, coll. ≪Le Livre de Poche≫, 2000.

Wunenburger(J.-J.), *La raison contradictoire. Sciences et philosophie modernes: la pensée du complexe*, Paris: A. Michel, 1990.

II 감정의 언어

3

감정의 언어적 소통과 비유
‘분노’의 환유, 은유, 은환유를 중심으로

강 병 창

1. 들머리

근래 들어 여러 학문에 걸쳐 나타나고 있는 ‘감정으로의 전환(emotional turn)’은 오랫동안 지배적이었던 몸-마음 이원론과 감성에 대한 이성 우위론을 극복하려는 패러다임 전환이라고 할 수 있다. 최근 십수년간 신경과학의 비약적 발전으로 인지(cognition)와 감정(emotion)을 서로 관계없는 독립적인 모듈로 간주하고 감정을 주변적인 것으로 보던 데서 벗어나 감정이 인간의 인지 능력과 작용에 중요한 영향을 미치는 구성적 역할에 주목하게 되었다. 인간의 이성적 인지체계는 범주화와 추론을 할 수 있게 하지만, 평가를 하고 결정을 내리는 데는 감정체계가 개입한다. 언어와 감정의 관계도 이런 맥락에서 다시 고찰해 봐야 할 새로운 문제로 대두되고 있다. 인지체계의 하나인 언어가 감정체계와 상호작용하는 측면은 인간의 정신을 이해하는 데 도외시할 수 없는 요소가 된다.

감정이 인간의 사고 및 행동을 조절하고 타인 및 상황을 해석하고 평가하는 데 결정적인 역할을 한다면, 그 과정에서 언어의 기능은 분명해진다. 우리는 언어를 통해 감정을 표현하거나 지칭하며, 일깨우거나 강화시키거나 구성되게 한다. 언어적 단위와 그 구성체에 표상되는 의미는 인지적-개념적 내용만으로 이루어지는 것이 아니라, 흔히 감정적 의미가 함께 내포된다. 그러나 종래의 언어학에서는 주로 추상적인 규칙체계나 언어의 상징기호적 서술기능에 주목해 왔고, 감정은 언어적 발화에 수반될 수 있는 단순한 부수현상으로서 언어체계에는 거의 영향을 미치지 않는 주변현상으로 간주되어 왔다. 언어학에서 인간 내면의 감정 상태와 활동을 언어가 어떻게 표상하고 지칭하는지에 대한 연구는 1990년대 후반부터 비로소 늘기 시작한다(예컨대 Niemeier and Dirven 1997, Athanasiadou and Tabakowska 1998, Wierzbicka 1999, Fries 2000, Weigand 2004, Schwarz-Friesel 2007, Wilce 2009, Dzwirek and Lewandowska-Tomaszczyk 2010.) 감정과 언어의 관계는 다양한 측면에서 조명될 수 있는데, 감정과 언어처리의 상호작용, 언어의 감정 표현기능, 감정의 언어적 지칭수단, 대화 및 텍스트에 동반 내지 표출되는 현상으로서의 감정 등이 중요한 연구영역이 되고 있다.

본고에서는 감정을 지칭하는 언어적 수단으로서 비유에 초점을 맞춘다. 언어에는 감정의 상태 및 과정을 지시적으로 나타내는 다양한 품사의 감정 어휘가 마련되어 있기는 하지만, 감정이 인간의 내면에서 일어나는 주관적인 현상인 만큼 감정을 감정어만 가지고 서술하는 데는 한계가 있다. 직유, 은유, 환유와 같은 비유는 형언하기 힘든 것을 말로 표현할 수 있게 해 주는 장치로서 어휘 공백을 채워 주고 표현을 간결하고 생생하게 해 줌으로써 '말 그대로'의 표현의 장황함이나 어색함을 피할 수 있게 하여, 주관적 감정 체험의 다양한 측면을 언어적으로 소통할 수 있게 해 준다. 일반적으로 감정 관련 연구에서는 '기본 감정(basic emotion)'의 유형을 다양하게 제시하고 있지만, 대체로 '기쁨', '슬픔', '분노', '두려움', '싫음', '부끄러움', '놀람', '긴장' 등이 거론되고 있다. 이 감정들은 대체로 보편적인 것으로 간주되고 있으며, 그 밖의 문화 특수적인 감정들에 대한 논의도 이루어지고 있다(Ortony and Terence 1990 참조). 인간 감정의 언어적 표현과 비유의 문제는 레이코프 및 존슨(Lakoff and Johnson 1980)의 『우리가 기대어 사는 은유(*Metaphors We Live By*)』를 시작으로 발전해 온 인지언어학의 개념은유 이론에서 초기부터 집중적인 연구대상이 되어 왔다(예컨대 Kövecses 1986, 1988, 1990, 1998, 2000; Barcelona 1986; Lakoff and Kövecses 1987; Matsuki 1995; Yu 1995). 이러한 감정 은유 연구는 주로 영어를 비롯하여 헝가리어, 일본어, 중국어 등에 대해 이루어졌다. 한국어의 경우에는 근래 들어 임지룡(2006), 송부선(Song 2003) 등이 감정의 은유적 개념화 현상을 집중적으로 다루고 있다. 독일어 또는 독일어-한국어 비교의 경우에는 '분노', '기쁨', '슬픔'의 관용구를 인지언어학의 관점에서 다룬 오예옥(2007, 2010), '분노(화)'의 감정어를 포함하는 일상적 은유적 표현을 다룬 강병창(2012), 인간의 신체적, 감정적 상태 변화의 은유 모형을 다룬 지영은(2011)을 제외하면 아직 체계적인 연구가 없는 실정이다.

본고에서는 제한된 지면상 광범위한 감정 영역을 모두 다룰 수는 없고 그 동안 인지언어학 문헌에서 자주 논의되어 온 '분노'를 중심으로 한국어와 독일어에서 어떻게 은유화와 환유화 양상을 보이는지 비교 분석해 보려고 한다. 본고에서는 그 동안 감정 은유 연구에서 개념적 은유와 그 언어적 실현 양상에 대한 관찰에서 명확한 구분 없이 일괄적으로 적용된 대상영역을 좀 더 세분화하고 각 세부 영역의 특수성을 부각시켜 보려고 한다. 다시 말해, 감정 어휘 자체가 은유적 표현 내부에 포함되어 있는 경우와 그렇지 않은 경우를 구분해야 하며, 양자의 경우 차별적으로 나타나는 원천영역의 특징을 살펴볼 필요가 있다. 또한 은유 중심으로 논의가 이루어지면서 상대적으로 도외시된 감정 환유와 은환유의 문제도 함께 짚어 본다.

2. 감정의 언어와 비유의 토대

2.1. 감정의 언어: 감정에 '관한' 언어와 감정을 '담는' 언어

감정과 언어의 관계는 대체로 크게 보아 두 가지 측면에서 관찰해 볼 수 있다. 첫 번째는 감정이 인지적으로 개념화되고 이것이 언어에 반영되어 있는 측면인데, 예컨대 감정 개념들 사이의 다양한 어휘적 분화를 살펴보는 것이다. 이때의 감정 언어는 이를테면 '화', '사랑', '기쁘다', '슬프다', '좋다', '싫다', '놀라다', '무섭다'와 같은 이른바 감정어를 가리킨다. 두 번째 측면은 감정이 언어 자체와 바로 연결되어 있어서 언어적 발화를 통해 직접 표시되는 것이다. 이때의 감정 언어는 전형적인 것으로 감탄사(예컨대 '와', '맙소사', '아이고', '악', '씨', '젠장' 등), 욕설, 비속어, 금기어, 애칭, 감탄문 같은 특정 구문형식을 들 수 있고, 언어의 감정표시 기능은 소리, 의미, 통사, 텍스트 등 다양한 언어 층위에서 확인할 수 있는 현상이 된다.

이러한 감정에 '관한' 언어와 감정을 '담는' 언어의 차이는 예컨대 '놀랬잖아'와 같은 말로 감정을 서술하기와 '깜짝이야!'와 같은 말로 감정을 표시하기의 차이라고 할 수 있다. 이렇게 감정을 소통하는 두 가지 상이한 방식은 기호적 관점에서도 서로 차이가 있다. 전자가 관습적인 기호를 통해 화자의 감정 상태를 서술함으로써 상징적(symbolic)인 것이라면, 후자는 화자의 감정 상태와 직결되는 징후적 반응을 보임으로써 지표적(indexical)인 것이 된다.

본고는 감정을 서술하는 감정에 '관한' 언어에 초점을 맞춘다. 감정을 서술하는 데는 어휘화된 기본 감정어 외에도 다양한 비유적 언어가 쓰인다. 기본 및 하위 감정 어휘는 감정을 표현하거나 서술할 때 유용하게 쓰일 수는 있으나, 그러한 기능을 담당하는 수단의 극히 일부분만을 차지할 뿐이다. 언어의 서술기능 관점에서 볼 때 '비유언어(figurative language)'의 사용 폭은 매우 넓으므로, 이에 대한 접근도 감정어 연구 못지않게 중요하다.

2.2. 개념은유 이론과 체험주의

우리의 감정적 체험 세계는 파악하기도 서술하기도 어려운 것이어서 이것을 개념적으로 포착하고 명명하는 데는 특히 은유가 중요한 표현 수단이 된다는 것에는 의심의 여지가 없다. 언어 연구에서 그 동안 도외시된 은유 현상에 대한 새로운 접근은 무엇보다 '인지언어학(Cognitive Linguistics)'에서 집중적으로 이루어져 왔다. 레이코프(George Lakoff)를 중심으로 발전해 온 개념은유 이론(특히 Lakoff and Johnson 1980, Lakoff 1987, Lakoff and Turner 1989, Lakoff and Johnson 1999)에서는 은유를 단순히 언어적 차원의 변칙 현상 또는 수사적 문체 수단으로만 보지 않고, 인지적 차원의 문제로 보아, 은유 현상을 인간의 사고와 행위의 기반이 되는 개념체계의 중요한 본질로 파악한다. 레이코프 및 존슨(Lakoff and Johnson 1980, 5)에 따르면, 은유의 본질은 "한 종류의 사물을 다른 종류의 사물을 매개로 하여 이해하고 체험하는 것"이다. 곧, 은유는 우리가 파악하기 쉽지 않고 말로 표현하기 어려운 추상적인 개념을 감각적인 체험에 토대를 둔 구체적인 개념을 통해 포착하고 언어화할 수 있게 해주는 인지 과정인 것이다.

이러한 인지과정으로서 은유는 구체적 개념 영역인 '원천영역(source

domain)'을 추상적 개념 영역인 '목표영역(target domain)'에 매핑(寫像, mapping)하여 개념화하는 것이 된다. 이러한 개념적 층위의 은유, 곧 '개념은유(conceptual metaphor)'는 이것이 언어적 표층에서 구체적으로 실현되는 '은유 표현(metaphorical expression)'과 구분된다. 이를테면 [분노(화)는 불이다]라는 개념은유는 한국어에서 (1)과 같은 다양한 언어적 실현 양상을 보인다.

(1) [분노는 불이다]
a. 국민들의 분노가 더 크게 <u>타오를</u> 것이다.
b. 남편의 태도는 성난 아내의 화를 <u>부채질했다</u>.
c. 그는 <u>눈에 불을 켜고</u> 대들었다.
d. 그녀는 툭하면 내 <u>속에 불을 질렀다</u>.

[분노는 불]이라는 개념은유는 추상적이며 비물리적인 개념인 [분노]를 우리가 일상에서 구체적이고 물리적으로 체험하는 [불]을 통해 이해하는 것이 된다. 그래서 한국어라는 개별언어 표층에서는 '(불이) 타오르다', '(불에) 부채질하다'와 같은 표현이 쓰임으로써 분노를 불의 언어로 말하는 것이다. '눈에 불을 켜다'나 '속에 불을 지르다'와 같은 관용 표현은 분노의 속성에 대한 서술이 아니라, 표현의 자구적 의미 전체가 생생한 이미지가 되어 분노와 은유적으로 연결된다.

언어표현의 이러한 의미구성 과정은 언어체계의 자율성을 주장하는 형식주의 언어학으로는 포착할 수 없는 측면이다. 언어표현의 의미는 어휘적 의미만으로 구성되는 것이 아니라, 지시적 실제 의미와 의사소통적 의도를 내포하는 화용적 의미까지 포괄하는 현상이다. 인지언어학에서는 의미구성 과정에서 그러한 의미가 어떻게 발현되는지에 주목하고, 언어적 맥락, 세계에 대한 지식, 상황 요소 등이 의미 활성화와 의미

구성 과정에서 어떻게 작용하는지를 탐구한다. 레이코프가 주도하는 인지의미론에서는 언어표현의 의미를 언어사용자의 정신 속에서 일어나는 개념화(conceptualization)로 파악하고 은유적 표현의 분석이 중요한 위치를 차지하는데, 은유가 인지체계의 기본적 개념화 패턴을 반영하고 있다고 보기 때문이다. 본고에서 감정과 언어의 관계와 관련하여 주목하는 부분은 은유적 및 환유적 개념화가 감정의 언어적 표현의 구체적 실현에 어떤 연관을 갖는가 하는 것이다.

이를 위해서 본 연구는 언어체계를 자율적인 것으로 보지 않고 인간의 일반 인지메커니즘이 반영된 것으로 보는 인지언어학의 기본 정신과 여기서 구체적으로 표방하는 '신체화(embodiment)' 가설 또는 '체험주의(experientialism)'에서 출발한다. 신체화 가설의 핵심은, 인간의 정신은 신체라는 물리적 매체를 초월해서 존재하는 것이 아니라 '신체화되어(embodied)' 있다는 것이다.(Lakoff and Johnson 1999; Gibbs 2005; Rohrer 2007; Johnson and Rohrer 2007 등). 인간은 신체를 가진 존재이고 바로 이러한 신체에 기반한 경험 패턴[1])이 우리의 인지와 언어에 토대가 된다. 인간은 추상적인 관념을 개념화할 때 신체적 체험에서 도출된 지식을 이용하며, 이것은 언어 현상에도 그대로 반영되어 나타난다는 것이다. 인간의 감정도 추상적인 대상이며, 이것을 개념화하는 데는 인간의 몸과 체험에 근거한 지식이 근원영역으로 작용한다. 이러한 은유적 매핑(metaphorical mapping)은 감정 은유를 연구하는 중요한 기반이 된다. 이러한 관점에서 볼 때 감정의 은유화는 일반적인 기대와 달리 기본적으로는 보편적인 것이 될 수 있다. 물론 이 점은 경험적인 연구를 통해 확인되어야 할 부분이며, 이 과정에서 발견될 수 있는 문화 특수적 측면에 대한 설명 기제도 필요하게 될 것이다.

---

1) 이것을 존슨(Johnson 1987)은 '신체화된 도식(embodied schema)' 또는 '영상도식(image schema)'으로 지칭한다.

2.3. 은유적 개념화의 다양성

감정의 비유언어는 자구적(字句的, literal)으로는 감정과 개념적으로 직접적 연관이 없는 표현들이지만 감정을 간접적으로 나타내는 언어적 표현들이다. 은유와 환유로 대표되는 이러한 비유언어는 감정 자체를 개념적으로 지칭한다기보다는 감정 개념이 내포하는 다양한 측면, 이를테면 감정의 원인, 발생, 전개, 강도, 제어, 소멸 등의 양상을 주로 나타낸다.

감정의 은유에서는 먼저 은유적 매핑에서 무엇이 주로 원천영역이 되고 그 성격이 어떠한지 살펴볼 필요가 있다. 앞에서도 언급했듯이, 감정이라는 추상적이고 심리적인 정신 현상을 이해하고 개념화하는 데는 구체적이고 감각적인 것이 은유의 원천영역이 된다. 이러한 원천영역의 구체성, 감각성은, 개념은유 이론에서 말하는 은유 유형들 가운데 '존재화 은유(ontological metaphor)'[2])로 먼저 설명될 수 있다. 존재화 은유는 추상적인 것(목표영역)을 거기에 사물과 같은 구체적인 존재물의 지위를 부여함으로써 인지하려고 하는 것이다. 그래서 감정은 눈으로 보고 손으로 만져볼 수 있는 구체물, 나타났다 사라질 수 있는 존재물, 커졌다 작아질 수 있는 물리적 현상으로 표상될 수 있는 것이다. 예컨대 [분노]는 [액체, 고체, 불, 연기, 번개, 동물, 식물, 음식물, 물건] 등의 존재적 실체 개념을 통해 이해될 수 있다('화가 차오르다', '분노가 쌓이다', '분노가 타오르다', '분노가 피어오르다', '분노가 번득이다', '분노를 달래다', '화를 북돋우다', '화를 삼키다', '분노를 사다' 등). [기쁨]도 마찬가지로 '넘치'고, '쌓이'고, '싹트'고, '빛나'고, '부풀어오르'고, '맛보'고 할 수 있는 것이다. [슬픔]도 사람이 '잠기'고 '빠질' 수 있는 [액체]일 뿐만

2) 개념은유 이론에서는 은유를 크게 세 유형, 곧 '구조화 은유(structural metaphor)', '존재화 은유(ontological metaphor)', '공간화 은유(orientational metaphor)'로 구분한다(Lakokoff and Johnson 1980 참조).

아니라, '맛볼' 수 있는 [음식물]이기도 하다.

존재화 은유는 은유의 전제 조건이라 할 만큼 일반적인 것이어서 크게 주목되는 것은 아니지만, 언어에 따라서는 원천영역으로 도입되는 구체물의 종류가 문화 특수적인 경우도 있다. 예컨대, 한국어에는 실타래 / 매듭처럼 '화를 풀다', '화가 풀리다', 얼음처럼 '화가 녹다 / 누그러지다', 액체 속의 불순물처럼 '화가 가라앉다'라는 표현을 쓰는데, 독일어권에서는 화가 연기 / 구름처럼 피어올랐다 사라지거나('verrauchen'), 소음처럼 시끄럽다가 사라지거나('abklingen') 동물처럼 일어섰다 눕는('sich legen') 것으로 표상된다. 언어에 따라 구체적 존재물이 원천영역으로 다르게 선택되는 것은 아마도 감정 자체에 대한 전체적 표상보다는 감정의 세부적 측면을 은유적으로 개념화할 때 취하는 인지 모델이 언어-문화에 따라 관습적으로 상이할 수 있기 때문일 것이다.

감정 은유에 관련하여 특별히 주목을 받아온 은유 유형은 '구조화 은유(structural metaphor)'이다. 구조화 은유는 추상적 개념이 일상 경험에서 익숙한 구체적인 프레임(frame) / 시나리오(참여자, 구성요소, 단계, 시간적 순서, 인과관계, 목표 등)를 갖는 원천영역을 통해 구조화되어 개념화하는 것이다. 예컨대 [분노(화)는 통 속의 가열되는 액체]가 구조 은유의 예가 되는데, '사람에게서 화가 발생하여 격화, 분출되거나 통제되는 일'이 '액체가 든 용기에 열을 가하면 끓어서 김이 나거나 폭발할 수 있다'는 프레임 / 시나리오 / 스크립트 / 이상적 인지모델을 통해 구조화되어 이해되는 것이다. 그래서 '화가 끓다', '화가 폭발하다', '화가 식다'와 같은 은유적 표현이 나온다. 그런데 문제는 이러한 구조화 은유가 [분노(화)는 통 속의 가열되는 액체]의 경우를 제외하고는 그렇게 흔하게 적용되지 않는다는 것이다. 다시 말해, 감정의 발생-격화-통제 / 분출-소멸이라는 시나리오를 충분히 반영하는 구조화 은유가 매우 드물다는 것이다. 이를테면 [분노는 불]이라는 개념은유는 화가 불처럼 강렬하게 타오르는 분노 격화의 측면에 주로 적용되고 그 밖의 양상에 대한 은유적 개념화에는 적합하지 않는 경향을 보인다('분노가 타오르다' vs. '?화를 지피다', '?분노가 꺼지다'). 앞서 존재 은유와 관련해서도 언급했듯이, 감정을 구체적 존재물로 이해하는 개념은유는 많은 경우 감정의 구조적, 과정적 특성을 총체적으로 포착하기보다는 그 부분 측면에 한정되는 경우가 많다(자세한 것은 4.2 참조).

감정이 공간적 위치, 방향과 관련되는 경우도 찾아볼 수 있다. 이른바 '공간화 은유(orientational metaphor)'는 인간의 몸에 의한 공간 체험으로부터 얻어지는 공간적 개념 [위-아래], [앞-뒤], [안-밖], [중심-주변], [멂-가까움], [얕음-깊음] 등이 우리의 개념 체계 전반을 조직화하는 것이다. 예컨대 [행복]과 같은 감정은 몸을 위로 일으켜 똑바로 선 자세와 연관된다. 곧 기쁘고 행복할 때 우리의 몸은 '뛸 듯이' 위로 상승하는 기분을 갖게 된다. 이러한 동기에서 얻어지는 [행복은 위]라는 개념은유 외에도, 공간 개념 [위]를 통해 조직화되는 개념 영역들은 행복이 속하는 일반적인 웰빙 영역 전반이 되는 일관성을 보인다. 레이코프 및 존슨(Lakoff/Johnson 1980, 14이하)에 따르면, [행복] 외에도, [의식], [건강], [통제/힘], [풍부], [지위], [좋음], [도덕], [이성] 등의 개념이 [위]를 통해 창발적(emergent)으로 은유화된다. 이러한 공간화 은유와 감정의 관계에 대해서는 [행복은 위] 및 [슬픔은 아래]를 제외하면 별다른 관심과 연구가 없었으므로 감정의 공간화 은유에 대한 전반적인 검토가 필요하다.

2.4. 생리적 환유의 토대: 감정의 신경생리학과 신체적 징후

감정은 인간의 정신 속에서 일어나는 주관적인 경험이지만, 두뇌와 몸에서 일어나는 생리적 변화를 포함하며, 가시적으로는 안면 운동, 태도, 행동 등으로 표현된다. 신경과학에서는 인간의 감정을 전통적으로 두뇌의 중앙에 위치한 대뇌변연계(大腦邊緣系, limbic system)가 담당하는 것으로 여겨 왔다. 오늘날 '감정의 뇌 회로'에는 대뇌 가장자리의 변연계뿐만 아니라, 인간의 이성을 주관하는 대뇌 신피질의 전두엽(前頭葉, frontal lobe)도 중요하게 관여하는 것으로 알려져 있다.[3] 변연계가 원초적이고 본능적인 감정을 촉발한다면, 전두엽은 이러한 감정의 표출을 통제하고 사회적으로 적절한 행동 패턴과 감성을 유지하는 데 관여한다고 한다. 말하자면, 감정의 발원지인 변연계는 프로이트의 '이드(id)'에, 전두엽은 '에고(ego)'에 해당한다고 할 수 있다(Cohen 2011, 131이하).

공포와 분노는 인간의 원초적 본능이라 할 만큼 기본적인 감정으로서 외부 자극에 의해 대뇌변연계의 편도핵(扁桃核, amygdala)에서 촉발되며, 안와(眼窩)전두엽(orbifrontal cortex)에 의해 통제된다. 이러한 감정은 자율신경계의 작동과 결부되며 위험 상황에 적절하게 반응하여 도피나 방어를 할 수 있게 해 준다. 이때 호르몬 분비로 신체의 활동 수준이 증가하여 우선 맥박이 빨라진다. 분노의 경우보다 공포의 상황에서 심장박동수가 더 높다는 보고도 있다(Berkowitz 1999, 13). 이러한 맥박수 증가는 혈액 흐름을 좋게 하여 힘을 쓰는 근육에 산소 공급이 잘 되게 함으로써 도피, 방어, 공격이 쉬워지게 한다. 분노와 공포의 상태에서는 상황에 대처하는 에너지 확보를 위해 산소 공급을 늘리려고 호흡수가 증가한다(Teegen 1994, 25).

인간이 공포를 느낄 때는 손발이 차가워지는 현상이 발생하는데, 이것은 피부의 혈관이 수축하는 데 따른 것으로서 부상을 당할 때 출혈을 최대한 막기 위한 것이라고 한다(Stemmler et al. 1998, 48). 또한 보호와

3) 미국의 어느 철도 공사 현장감독이었던 피니어스 게이지(Pheneas Gage: 1823-1860)는 감정의 뇌와 관련한 사고로 유명하다. 폭파 작업시 쇠막대기가 그의 두개골을 뚫고 지나가면서 바로 이 감정중추 부분을 손상시켰는데, 그 결과로 그는 아무런 감정도 느끼지 못하고 성격과 행동패턴이 완전히 바뀌게 되었다(Damasio 1994, Ch. 1-4).

방어를 위해 심장과 두뇌에 최대한 혈액이 집중되고 주변 부위에는 혈액이 덜 공급됨으로써 얼굴이 창백해지고 사지가 차가워지는 것이다. 그 밖에도 공포시에는 소화 장애, 입이 마름, (위험을 잘 살펴보기 위한) 동공 확대, (방어를 위해 뭔가를 잘 잡기 위한) 손발의 땀 등의 현상도 거론된다(Rauland 2008, 87-88).

반면에 분노의 상태에서는 혈압이 증가하며 체온이 올라가며(공포의 경우에는 혈압과 체온이 약간 떨어진다고 한다) 근육이 긴장하고 머리가 뜨거워지는 현상이 잘 알려져 있다. 분노의 경우에는 공격을 잘 할 수 있도록 심박수와 호흡수가 증가하여 활동 수준을 높이게 되며, 근육과 사지에 많은 혈액과 산소를 공급하기 위해 혈관이 확장되고, 이로써 체온 상승에 의한 발열감, 피부, 특히 얼굴의 홍조가 나타나는 것이다(Stemmler et al. 1998, 48).

분노의 감정에 동반하는 이러한 신체적 반응과 징후가 그 감정을 나타내는 다양한 언어표현에 반영됨을 앞으로 살펴보게 될 것인데, 특히 환유와 은유에 기반한 개념구조와 감정의 언어표현이 어떻게 연결되는지에 주목할 것이다.

3. 분노와 비유

분노는 인지의미론의 관점에서 아마 가장 많이 연구된 감정 개념일 것이다(Kövecses 2000, 21). 분노를 비롯한 감정의 언어에 대한 인지의미론적 접근은 대체로 (개념)은유에 집중되어 있다. 이 장에서는 분노의 감정언어 연구에서 다소 소외되어 왔던 환유의 측면과 은유-환유 상호작용('은환유')의 측면을 포함하여 분노의 비유적 언어 전반을 한국어와 독일어 자료를 통해 살펴보려고 한다. 감정의 비유적 언어 연구에서는 개별 어휘, 연어적 표현, 관용구 등의 층위 구분에 따른 특성 분화가 제대로 이루어지지 않았는데, 본고에서는 분노의 예를 통해 그 문제의 성격을 검토해 볼 것이다. 그리고 감정 어휘가 포함된 표현과 그렇지 않으면서 감정을 나타내는 비유적 표현이 보이는 특징적 차이에도 주목해 볼 것이다.

3.1. '분노'의 환유

환유(metonymy)는 본래 '메토뉘미아(μτωνυμία)'의 원래 뜻에도 반영되어 있듯이 전통적인 규정에 따르면 한 사물의 '명칭(-νυμία)'을 대신하여 그 사물과 연관된 다른 사물의 명칭으로 '바꿔(μτω-)' 사용하는 비유법이다. 여기서 한 사물과 다른 사물의 연관성은 흔히 '인접성(contiguity)'의 개념을 통해 이해된다. 부분으로 전체를 대신하는 것(이른바 '제유법[synecdoche]')뿐만 아니라, 원인과 결과, 공간과 내용 사이의 상호 대신 관계, 그리고 자질 보유자를 자질로 대신하거나 어떤 행위를 그 수단으로 대신하는 등의 현상을 넓은 의미의 환유로 볼 수 있다. 인지언어학적 용어로 다시 말하자면, "환유는 동일 개념영역 또는 동일한 이상적 인지모델(ICM) 내에서 한 개념적 실체가 매개체(vehicle)라는 수단이 되어 목표(target)가 되는 다른 개념적 실체에 정신적으로 접근을 하는 인지과정이다"(Kövecses 2010a, 173).

동일한 개념영역 내부에서 시간적, 공간적, 또는 인과적으로 인접한 실체들 사이의 '대신(stand for)' 관계로 이해할 수 있는 환유에 대한 논의는 대체로 단순어나 복합어에서 보이는 지시적 환유에 집중되었다. 이를테면 '사람'을 대신하는 말로 '얼굴'을 쓸 수 있는데(예컨대 '이번 대표팀에는 새 얼굴이 많다'), 이것은 사람을 그 얼굴로 확인하는 우리의 일상 체험에서 비롯함을 쉽게 알 수 있다(이것은 신분증 사진이나 초상화에서도 드러난다). 또한 '손'으로 '사람'을 대신할 수 있는데('겨울배추 묶어야 하는데 손이 부족해요'), 이 경우의 사람은 사람 그 자체가 아니라 특정한 역할을 하는 기능적 맥락에서 본 사람, 곧 '(손을 주로 써서 일하는) 일꾼'이 된다.

하지만 성구(成句, phraseme), 곧 연어적 구성(collocation)이나 관용구(idiom)에서도 환유 관계를 확인할 수 있다. 일부 연구자들(예컨대 Kövecses and Szabó 1996, 337-345; Burger 2007, 99이하)은 성구의 한 구성요소가 환유적 의미를 보이는 경우를 환유적 성구로 보기도 하지만(이를테면 '손이 모자라다', '손이 서툴다'와 같은 것이나 독일어에서 'den Kopf verlieren'[자구적 의미 '머리를 잃다'; 실제 의미 '정신없이 행동하다']), 성구 전체의 자구적 의미와 실제 의미 사이에 환유적 동기관계(motivation)가 성립하는 것으로 분석되는 유형도 설정할 수 있다. 환유에서 성립하는 개념적 인접성의 관점에서 볼 때, 성구의 자구적 의미와 실제 의미 사이의 인접성은 단일 ICM 내부의 전체와 요소 또는 요소들 사이의 인접 관계로 추론해 볼 수 있으며, 이러한 의미의 환유적 성구들은 매우 빈번하게 발견된다. 예컨대 한국어에서 '결혼하다 / 결혼식을 올리다'의 의미로 '화촉을 밝히다', '국수를 먹여 주다'와 같은 관용구가 쓰이는데(독일어에서는 'die Ringe tauschen'[반지를 교환하다]), 이 경우에는 일련의 부분 사건으로 이루어지는 전체 사건의 ICM에서 특징적인 한 부분 사건을 부각시킴으로써 환유적 동기부여가 발생한다.

감정을 나타내는 성구도 이러한 관점에서 살펴볼 수 있다. 사람의 어떤 감정 상태에는 표정, 비언어적 몸짓, 신체 반응 등이 수반될 수 있는데, 이것을 반영하는 성구의 자구적 의미와 감정을 나타내는 실제 의미 사이에 환유적 동기관계가 성립하는 것이다. [몸의 생리적 반응이 감정을 대신한다]는 환유 관계는 한국어의 경우 이미 임지룡(2006, 337이하)에서 자세히 논의된 바 있다. 본고에서는 분노의 감정을 독일어와의 언어문화 비교적 시각에서 논의하는데, 특히 임지룡(2006)에서 주목하지 못한 문화-상징적 동기에 의한 의미구성을 이른바 '생리적 환유'와 구분하는 데 초점을 맞춘다.

2.4에서 살펴보았듯이, 분노의 감정은 먼저 체온 상승을 동반하고, 이것의 분노의 환유로 쓰일 수 있다. 한국어에서 (2)와 같은 관용적 표현은 체온 상승을 자구적으로 나타내면서 비유적으로는 화의 발생을 뜻한다. 독일어에서도 이와 유사한 (3)과 같은 표현들을 찾아 볼 수 있다.

(2) 열을 내다 / 올리다, 열을 받다, 열이 오르다, 열에 받치다

(3) a. in Hitze geraten / kommen (〈열에 빠지다〉 열을 받다)

b. jemanden in Hitze bringen (〈누구를 열에 빠지게 하다〉 누구를 열 받게 하다)

c. ein Hitzkopf sein (〈열 머리이다〉 화를 잘 내는 사람이다)

그러나 독일어에서 체온 상승을 나타내는 표현, 이를테면 '더워지다 / 열을 내다'의 뜻인 'sich erwärmen'으로는 분노를 타내지 않고 사람이나 사물에 대한 호감 / 관심을 표현한다('Ich kann mich nicht für ihn erwärmen'[〈나는 그로 해서 몸이 더워지지 않는다〉 나는 그에게 호감을 가지려야 가질 수가 없다]).

(3) 얼굴 붉힐 일, 얼굴이 붉으락푸르락하다

(4) a. vor Wut einen roten Kopf bekommen (〈화가 나 머리가 붉어지다〉)

b. vor Zorn rot werden wie ein Puder (〈분노로 칠면조 [볏]처럼 붉어지다〉)

c. schwarz/grün und blau/grün und gelb vor Ärger werden
(〈화가 나 [얼굴이] 검어지다/푸르스름해지다/푸르노르스름해지다〉)

화를 심하게 내면 안면 열감과 함께 얼굴이 붉어지게 되는데, 한국어 (3)과 독일어 (4)는 이것을 잘 환유하고 있다. 이러한 안면홍조는 (4c)에서 보듯이 독일어에서는 붉은 색조 함께 나타나는 검은/푸르스름한 기운을 강조하여 표현되기도 한다(북한에서는 실제로 이 경우 '거무락푸르락'이란 말을 쓴다고 한다). 반면에 독일어에서 붉은 색을 강조하여 얼굴이 붉어짐을 나타내는 'sich erröten' 같은 표현은 분노보다는 기쁨, 부끄러움, 당황 등을 나타낼 때 주로 쓰인다.

이러한 현상과 관련하여 분노 시에는 혈액이 머리 위로 올라가고 목, 이마, 관자놀이의 혈관이 확장한다([5]). 독일어에서는 이와 관련된 것으로 (6)이 있는데 화를 낼 때 목에 핏대가 서서 목 칼라가 조이면서 터질 듯한 느낌이 드는 것으로 화남을 환유한다.

(5) (목에) 핏대를 세우다/돋우다/올리다, 핏대가 서다/돋다/오르다

(6) jemandem kratzt der Kragen (〈누구에게서 목 칼라가 터지다〉 화가 나 자제력을 잃다)

이렇게 피가 뜨거워지고 솟구치는 느낌은 '피가 끓다'라는 표현으로 이어질 수 있는데, 이 표현은 한국에서는 대체로 분노보다는 감정의 격한 움직임이나 혈기 왕성을 대변한다. 반면에 독일어에서는 혈관에 피가 끓는다는 자구적 의미의 'jemandem kocht das Blut in den Adern'이 매우 화가 나 분개함을 환유한다.

또한 분노에는 (7)과 같이 표정이 수반되기도 한다. 독일어에서는 표

정과 관련해서는 드물게 나타나는데, (7)과 같은 예를 들 수 있다.

(7) a. 살이 떨리다, 치가 떨리다, 이가 갈리다
b. 얼굴이 일그러지다, 이맛살을 찌푸리다
c. 눈알을 부라리다, 눈알을 곤두세우다

(8) a. Sein Gesicht verzerrte sich vor Wut. (분노로 그의 얼굴이 일그러졌다.)
b. Er presste vor Wut die Lippen fest aufeinander. (그는 화가 나 입술을 굳게 다물었다.)

그 밖에도 분노는 목소리, 숨소리 등의 변화, 그 외의 특징적 행동으로도 표출된다([9]). 독일어에서도 유사한 경우를 발견할 수 있다([10]).

(9) a. 목소리가 높아지다, 목소리가 떨리다, 큰소리하다
b. 씩씩거리다, 씨근덕거리다
c. 이빨을 으드득대다
d. 길길이 날뛰다

(10) a. Ihre Stimme zitterte/bebte vor Zorn. (그녀의 목소리가 분노로 떨었다.)
b. Er stampfte auf vor Wut. (그는 화가 나 쿵쿵 걸었다.)
c. Der Betrunkene tobte vor Wut. (취객이 화가 나 날뛰었다.)

이러한 생리적 환유는 두 언어에서 매우 유사한 표현으로 나타나는데, 이것의 분노의 원초적 감정과 그에 따른 생리적 반응과 행동이 문화와 관계 없이 자연적인 보편성을 갖는 데서 비롯하는 것으로 보인다. 하

지만 은유의 단계로 접어들면 생리적 환유에 기반한 은유에서는 다소 공통적인 측면이 엿보이지만, 문화적 차이도 나타난다(4.2 참조).

그런데 임지룡(2006, 344이하)에서는 '부아 / 허파가 뒤집히다', '간이 뒤집히다', '비위가 틀리다 / 상하다' 등을 분노의 감정에 동반하는 신체 부위의 비정상적 변화의 예로 들었는데, 이것을 생리적 환유로 보기에는 다소 무리가 있다. 허파, 간, 비장(지라)와 같은 신체 기관의 활동은 생리적으로 의식하기가 매우 힘들기 때문에 이것을 분노의 '증상'으로 볼 만큼 체험적이지는 않다. 이러한 관용 표현들은 생리적 환유가 동기가 되었다기보다는 오히려 각 문화에 다라 따르게 전승되어 온 민간적 세계관(민간신앙, 속설, 토속의학 등)에 영향을 받은 것으로 볼 수 있다. 흔히 한의학에서 간은 감정, 특히 분노와 화를 조절하는 곳이고, 이러한 간이 분노로 상하면 비장과 폐의 기능에도 영향을 준다고 알려져 있다(방성혜 2012, 106이하). 몹시 울화가 나는 것을 '간에 불붙다'로 나타내는데, 이 표현이 간에 대한 민간의학적 믿음을 대변해 준다고 할 수 있다. 또한 가슴의 한복판을 뜻하는 '복장'이 자극되면 화가 나기도 한다('복장을 긁다', '복장을 뒤집다'). 가슴은 간을 비롯한 주요 장기가 있는 감정의 장소로 인식되는 것이다.

이렇게 문화 속에서 구축된 상징적 의미와 관습적 심상은 독일어에서도 나타나는데, 한국어의 경우와 다르게 반영되어 있다. 서양 문화의 체액병리설(humoral pathology)에 따르면, 담낭(쓸개)에서 만들어지는 황담즙이 과잉하면 분노가 발생한다(Piirainen 2007, 211). 그래서 독일어에서 누구의 담낭('die Galle')이 넘친다는 자구적 의미의 'jemandem läuft die Galle über' 또는 'jemandem kommt die Galle hoch'는 누군가가 매우 화가 난다는 실제 의미를 갖게 된다. 이러한 관용구의 의미 동기관계는 문화 독립적인 신체 기반 환유나 은유로는 설명할 수 없고 문화적 상징체계에 기대어 설명할 수 있다.

3.2. '분노'의 은유

환유의 인지과정이 한 개념영역 내에서 한 요소를 통해 다른 요소에 접근하는 것이라면, 은유의 인지과정은 서로 다른 두 개념영역 사이에서 한 영역을 다른 영역에 투사하는 것이다. 은유의 기능은, 칼 뷜러(Bühler 1934, 342-356)에 따르면, 다음 네 가지로 요약될 수 있다.

i. 적당한 어휘가 없어서 겪는 '표현의 궁핍(Ausdrucksnot)'에서 벗어나게 도와주기
ii. 미지의 것을 기지(旣知)의 것을 통해 규정하거나 관심에서 먼 것을 관심에서 가까운 것을 통해 규정할 수 있게 하기
iii. '표현의 노골성/생생함(Ausdrucksdrastik)'을 얻기
iv. 터부로 인해 드러내지 않고 '은폐하기(Verhüllung)'

이 가운데 (i)과 (ii)의 기능은 특히 인지언어학의 개념은유 이론(Lakoff and Johnson 1980, 1999 등)에서 강조해 온 것이다. 여기서 은유는 우리가 이해하고 언어화하기 어려운 추상적 개념(목표영역)을, 우리의 신체적 체험에 근거한 구체적 개념(원천영역)을 통해 포착하고 언어화하는 인지과정이 된다. 이를테면 (추상적인) 시간을 (구체적인) 공간을 통해 이해하고 공간의 언어로 표현하는 것('이틀 뒤에', '사흘 안에')을 그러한 예로 들 수 있다. (iii)의 기능은 흔히 강렬한 이미지를 부여하는 시적인 언어에서 찾아 볼 수 있을 것이다. (iv)의 은폐 기능은 특히 완곡어(euphemism) 형성에 작용하는 은유적 동기로 볼 수 있다.

감정을 은유적으로 표현하는 데는 언어적 구성에 따라 크게 두 가지로 나눠 볼 수 있다. 첫째, 어휘화된 감정어 자체가 구성요소로 포함되고, 실제 은유적 표현은 그 감정어를 주어, 목적어 같은 문법기능으로

삼아 서술하는 서술어가 되는 것이다. 이를테면 '화가 나다', '화를 내다', '분노에 휩싸이다' 같은 경우를 말한다. 이때의 서술어는 의미확장이 은유적으로 이루어진 것으로 해석할 수 있다. 둘째 유형은 은유적 표현 자체에 감정어가 들어 있지 않고 그 표현 전체의 자구적 의미가 은유의 원천영역이 되어 목표영역이 되는 감정 상태에 이미지를 부여하는 것이다. 예컨대 '열을 내다', '뚜껑이 열리다', '약이 오르다'와 같은 관용적 표현을 들 수 있다. 실제 분석에서는 이 두 가지 유형을 구분하지 않거나(예컨대 임지룡 2006) 첫 번째 유형에 주목하는 경우가 많았는데(예컨대 강병창 2012; 임지룡 2006, 12장), 본고에서는 이 두 유형의 은유화 양상이 보이는 차이에 주목하고자 한다.

먼저 두 번째 유형인 순수 은유적 표현부터 살펴보자. 감정의 은유적 개념화는 흔히 신체적 경험에 토대를 두는 것으로 여겨지는데, 분노의 경우에는 체온과 혈압의 상승, 몸의 동요 등과 결부됨으로써 [분노는 통 속의 뜨거운 액체]라는 개념은유가 도출된다. 이 개념은유는 사실 영어를 비롯한 많은 언어에서 분노의 은유 체계에서 중심적인 것으로 간주되고 있다(Lakoff 1987, 383; Kövecses 2000, 142). 커베체쉬(Kövecses 2010b)는 언어간 비교를 통해 이 은유의 좀 더 일반화된 형태인 [분노하는 사람은 압력을 받는 통]이라는 개념은유가 다양한 문화권에 나타나는 '거의 보편적(near-universal)'인 은유라고 주장한다. 이 은유의 보편성은 한국어와 독일어를 살펴볼 때도 타당함을 알 수 있다. (11)은 '화', '성', '분노' 등의 감정어가 포함되지는 않은 것으로서 통 속에서 액체나 기체가 가열되어 끓거나 폭발하는 이미지를 통해 분노의 감정 상태를 은유적으로 표현하고 있다.

(11) 열을 내다 / 올리다, 속을 끓이다, 속이 (부글부글) 끓다, 부어터지다, 폭발하다, 뚜껑이 열리다

(12) a. Er kocht. / In ihm kocht es. (그는 끓고 있다.)

b. Er braust wegen Kleinigkeiten auf. (그는 사소한 일로 끓어 넘치고 있다.)

c. Er lässt Dampf ab. (〈그는 증기를 방출한다〉 그는 화풀이를 한다.)

d. Er explodierte. (그는 폭발했다.)

e. Ihm geht der Hut hoch. (〈그는 모자가 들썩인다〉 그는 뚜껑이 열린다.)

언급한 개념은유에 의한 예 외에도 한국어에는 '약이 오르다'와 같은 표현이 있는데, 고추의 매운 성분이 사람을 자극하는 것처럼 화가 은근히 오르는 것을 뜻한다. '콩 튀듯 하다'는 화가 나서 펄펄 뛰는 모습과 콩이 튀는 모습의 유사성에서 나온 것이다. 독일어의 'auf achzig sein' (〈시속 80km에 있다〉)에서는 자동차의 질주 상태를 분노 은유의 원천영역으로 삼은 것이다.

분노 은유의 다양한 양상은 감정어가 포함된 연어적 구성에서 더 잘 드러난다. 앞서 제시된 [분노는 통 속의 뜨거운 액체]나 [분노하는 사람은 압력을 받는 통]의 은유는 특히 한국어에서 더욱 생산적으로 나타난다.

(13) 분노가 가열되다, 분노가 뜨거워지다, 화가 끓어오르다, 화가 부글거리다, 화가 치밀다, 화가 머리끝까지 솟아오르다, 화가 터지다 / 폭발하다, 화가 식다

(14) vor Wut kochen (화로 끓다), vor Wut platzen (화로 터지다), die Wut ablassen (화를 방출하다)

감정어를 포함하는 연어를 살펴보면, 언급한 은유 이외의 아주 다양

한 개념은유들이 나타남을 발견할 수 있다. 화를 내는 사람이 [통]으로 은유되고, 분노/화는 그 속에서 [가열되는 액체]일 수도 있지만, 딱히 가열과 직결된다고 할 수 없는 [물질(액체, 기체, 고체)]로서 생성되고 고이거나 쌓이고 움직이는 것으로 은유되기도 한다.

(14) a. 화가 나다, 화가 차오르다, 분노가 쌓이다, 가슴에 분노가 고이다

b. 화가 솟다, 화가 치솟다, 화가 치밀다, 화가 치밀어 오르다, 화가 치뻗치다

c. 화가 위험수위를 넘다, 화를 퍼붓다, 분노를 내뿜다/뿜어내다

(15) a. Ärger staut sich an/auf. (분노가 고인다/찬다.)

b. Du hast viel Ärger aufgespeichert. (너는 분노를 많이 쌓아 두고 있다.)

c. Ärger sammelt sich an. (분노가 모인다/쌓인다.)

d. die Wut abladen (분노를 [짐처럼] 풀어 내려놓다)

e. die Wut kanalisieren (분노에 배수구를 놓다)

일반적으로 [분노는 통 속의 뜨거운 액체]나 [분노하는 사람은 압력을 받는 통]의 은유는 분노의 '중심' 은유로 간주되고 있는데, 이 은유가 "분노 개념의 매우 다양한 측면을 포착"하고 "은유적 추론과 관습화된 어휘가 고도로 세분화되게" 하기 때문이라는 것이다(Kövecses 2000, 22). 다시 말해, 이 은유는 "원천영역과 목표영역 사이의 대응(존재론적 측면과 지식과 관련한 대응)이 세밀하게 이루어지게" 한다는 것이다(Lakoff 1987, 388). 그러나 실제 언어자료를 살펴보면, 언급한 중심 은유가 "원인 → 분노의 존재 → 통제 시도 → 통제 상실 → 표출"(Kövecses 2010b,

168)로 도식화되는 분노의 전형적 인지 모델을 충분히 반영하지 못함을 알 수 있다. [통 속의 뜨거운 액체] 은유는 주로 분노의 격화나 통제 상실에 의한 분노 표출을 표현한다([13], [14] 참조). 분노의 발생은 데워지기 시작하는 액체 / 기체와 관련 없는 은유를 통해서도 자주 표현된다([14a, b], [15a-c] 참조). 그 밖에도 분노가 발생하는 양상은 [식물의 싹틈 / 생장], [발효], [연기의 피어오름], [불붙음] 등으로도 표현된다.

(16) 화가 나다, 화가 돋다, 화를 북돋우다, 분노가 피어오르다, 분노가 타오르다

(17) a. Wut gärt in ihren Herzen. (그녀의 가슴에 분노가 발효한다.)

b. Ärger keimt in mir auf. (내 안에 분노가 싹튼다.)

c. Der Ärger wächst. (분노가 자란다.)

d. Der Ärger entzündet sich. (분노에 불이 붙는다.)

이와 같이 살펴볼 때, 분노의 인지 모델에서 각 측면을 부각시키는 데 적합한 은유가 있으며 한 가지 개념은유로써 전체 양상을 포괄하기에는 무리가 있음을 추측할 수 있다. 이와 관련하여 분노의 통제나 사라짐의 측면을 보면, [통 속의 뜨거운 액체] 은유를 통해 상정해 볼 수 있는 (18), (19)와 같은 표현은 가능은 하지만 매우 드물게 사용된다.

(18) 화가 식다, 화를 식히다

(19) a. seinen Ärger kühlen (그의 화를 식히다)

b. Sein Ärger ist abgekühlt. (그의 화가 식었다.)

그 대신에 (20), (21)과 같이 다양한 개념은유들에 토대를 둔 은유 표현들이 더 자주 사용된다. 여기서 분노는 [엉킨 실타래], [앙금], [얼음],

[굳어진 것], [사나운 적], [소화하기 어려운 음식물], [풀어놓은 것], [연기], [시끄러운 소리] 등 다양한 원천영역을 통해 은유화된다.4)

(20) a. 화를 풀다, 화를 가라앉히다, 화를 녹이다, 화를 누그러뜨리다, 화를 달래다, 화를 삭히다, 화를 거두다, 화를 가누다

b. 화가 풀리다, 화가 녹다, 화가 가라앉다

(21) a. seinen Ärger loswerden (자신의 화에서 벗어나다), seinen Ärger runterschlucken (자신의 화를 삼키다), seinen Ärger niederkämfen (자신의 화를 무찌르다), seinen Ärger bändigen (자신의 화를 길들이다)

b. Sein Ärger ist abgeklungen. (그의 화가 [소리처럼] 잦아들었다.) / Sein Ärger ist verflogen. (그의 화가 날아가 버렸다.) / Sein Ärger ist verraucht. (그의 화가 [연기처럼] 사라졌다.) / Der Ärger hat sich gelegt. ([서 있던] 그의 화가 누웠다.)

이처럼 분노의 발현, 통제, 소멸 양상은 그 각각의 특성을 잘 부각시킬 수 있는 개념은유를 통해 표현되며, 이른바 중심 은유의 위력은 주장된 것만큼 그렇게 크지 않음을 알 수 있다.

3.3. '분노'의 은환유

분노의 관용 표현 가운데는 엄밀하게 살펴보면 환유나 은유 한 가지 유형만으로는 잘 설명이 되지 않는 것들이 있다. 분노의 상태를 나타내는 (22), (23)과 같은 관용구들은 은유와 환유가 상호작용하는 복잡한 양상을 보인다.

4) 이에 관한 자세한 내용은 강병창(2012)을 참조할 수 있다.

(22) 눈에 불을 켜다, 눈에 쌍심지를 켜다, 눈에서 불꽃이 튀다; 눈에 모를 세우다, 눈에 칼을 세우다

(23) 눈이 뒤집히다; 가슴에 불이 나다; 복장을 긁다, 복장을 뒤집다, 복장이 뒤집히다; 속을 긁다, 속을 뒤집다, 속이 뒤집히다, 속이 끓다, 속이 치밀다, 속이 풀리다

(24) a. jemandem schwillt der Kamm (〈누구에게 볏이 부풀어오르다〉)
b. vor Wut schnauben (〈화가 나서 말처럼 씩씩거리다〉)

이러한 관용구들은 고센스(Goosens 1990)에 따른 '은환유(metaphtonymy ← *metaph*or + me*tonymy*)'의 개념으로 설명할 수 있겠다. 고센스는 은환유를 여러 가지 유형으로 구분했지만, 본고에서는 좀 더 단순화시켜 '환유 속의 은유', '은유 속의 환유', '환유를 통한 은유' 유형으로 크게 나누어 살펴보고자 한다.

(22)는 '환유 속의 은유'에 해당하는 예로 볼 수 있다. 이 예들은 기본적으로는 환유, 다시 말해 생리적 환유를 보이는 것들이다. 그런데 여기서는 화가 났을 때 머리에 열이 나고 혈압이 올라 눈에 핏발이 서는 생리적 반응을 직설적으로 표현하지 않고 불이 붙은 것에 은유하는 것이다. 그리고 화가 나 눈을 사납게 부릅뜨는 모습은 칼이나 모서리의 날카로움에 비유하고 있다. 곧 은유를 통해 눈의 상태가 묘사되고 이것이 다시 분노의 감정에 대한 환유가 되는 것이다. (22)에 상응하는 좀 더 직설적인 환유 표현도 있는데, '눈에 핏발을 세우다', '눈을 곤두세우다' 같은 것을 들 수 있겠다.

(23)은 '은유 속의 환유'를 보이는 예이다. '눈이 뒤집히다'는 '눈을 곤두세우다'(또는 '눈에 칼을 세우다')와 같이 단순히 생리적 환유에 기반을 둔 것과는 차이가 있다. 이 표현은 화가 나서 눈을 사납게 부라리는 것을 나타내는 것이라기보다는 '눈'이라는 신체 기관으로 환유되는 분

별력과 '뒤집히다'로 은유되는 비정상적인 상태가 결합함으로써 화가 나서 제 정신이 아닌 상태를 나타낸다. 여기서는 [(똑바로 있어야 할) 물건의 뒤집힘]이 은유의 원천영역이 되고, 이것이 [분별력 있는 행동]이라는 목표영역에 투사됨으로써, 이 관용표현의 기본 틀은 은유적이다. 다만 원천영역에 참여한 '눈'이 목표영역에서 '분별력'으로 환유되는 추가 과정이 있다는 점에서 예시된 표현은 '은유 속의 환유' 유형에 속한다고 할 수 있다. '가슴에 불이 나다'도 비슷한 과정으로 설명될 수 있다. [불이 남]은 [격렬함]을 은유하고 [가슴]은 [감정], 구체적으로는 [분노]를 환유한다.

'환유를 통한 은유'는 독일어에서 찾아볼 수 있는데, (24a)는 동물의 행동(원천영역)이 사람의 행동(목표영역)에 투사됨으로써 기본적으로는 은유적 대응이 발생한 것이다. 닭과 같이 볏을 가진 조류는 흥분을 하면 볏이 부풀어 오른다. 은유의 원천영역이 되는 이 동물 영역에서 [볏의 부풂]은 [흥분] 상태를 환유하는 것이 된다. 이것이 다시 사람의 행동 영역(목표영역)으로 투사가 되어 사람의 분노 상태를 은유하는 것이다. (24b)도 같은 방식으로 설명할 수 있는데, 말의 씩씩거림이 말의 흥분 / 분노 상태를 환유하고, 이것이 다시 사람 영역으로 은유적으로 전이된다.

4. 맺는 말

감정은 이성과 분리할 수 없고 양자는 서로 긴밀한 상호작용을 하며, 이성 / 인지의 중요한 구성요소로 간주되는 언어에서 감정의 역할이 중요하다는 인식을 토대로 하여, 본고에서는 감정의 언어적 소통에 초점을 맞추고, 주관적인 체험 영역인 감정이 어휘화된 감정어의 제한된 범위를 넘어서 감정의 미세한 부분을 어떻게 의식하고 비유적으로 표현하는지를 '분노'의 감정을 중심으로 살펴보았다. 은유와 환유로 대변되는 비유 현상은 단순히 수사학적 언어 장식차원의 문제가 아니라, 세계에 대한 우리의 생각과 감정을 '신체화된 인지'에 기반하여 체험적으로 표현하는 인간 삶의 중요한 도구가 된다.

인간의 원초적인 감정 가운데 하나인 '분노'는 은유의 관점에서 보자면 '통'으로 은유되는 인간의 몸 안에서 발생하는 현상으로서 그 격렬한 동요 상태가 압력을 만드는 뜨거운 액체나 불로 개념화된다. 그 밖에도 녹여야 할 얼음, 풀어야할 엉킨 실타래, 물을 흐리게 하는 불순물, 소화해야 할 음식물 등으로도 이해되기도 한다. 또한 싸워야 할 적, 시야를 흐리게 하는 연기, 시끄러운 소리로도 표상된다. 문화에 따라서는 은유의 원천이 되는 구체물의 선택에 차이도 발생한다. 이러한 원천영역의 다양성은 분노 감정의 다양한 측면을 반영하는 것이기도 하다. 이와 관련하여 분노의 중심 은유 설정과 관련한 문제도 논의되었다.

은유가 서로 다른 개념영역 사이의 체험적 유사성에 기반을 둔 것이라면, 환유는 동일한 영역 내에서 인접한 현상들 사이의 연결에 토대를 둔다. 감정은 생리적, 신체적 반응을 동반하는 현상이므로 양자의 인접성은 감정을 나타내는 환유의 동기가 되기 쉽다. 이른바 생리적 환유는 '분노'의 감정 사례에서 살펴보았듯이 매우 다양한 환유 표현을 생산해 낸다.

본고에서는 감정어를 주어나 목적어로 포함하지 않으면서 감정을 비유적으로 나타내는 표현과 감정어를 포함하는 비유적 연어 구성을 구분하여 살펴보았고, 분노와 관련한 관용구의 의미구성 과정에서도 은유와 환유, 그리고 이 양자가 상호작용하는 은환유의 측면이 어떤 양상으로 드러나는지를 조명해 보았다.

참고문헌

강병창. 2012. "한국어와 독일어의 〈화〉의 감정 은유에 대한 재고찰 - 코퍼스 기반 인지언어학적 분석."『독일언어문학』56: 25-45.

방성혜. 2012.『마흔에 읽는 동의보감』. 서울: 웅진씽크빅.

오예옥. 2007a. "한국어와 독일어의 분노관용어의 은유적 보편성과 다양성."『독일언어문학』36: 1-21.

오예옥. 2007b. "한국어와 독일어의 기쁨관용어에 나타나는 은유론적 언어 능력."『독일문학』104: 245-265.

오예옥. 2010. "한국어와 독일어 슬픔관용어의 은유와 환유 표현."『독일언어문학』50: 49-70.

임지룡. 2006.『말하는 몸: 감정 표현의 인지언어학적 탐색』. 서울: 한국문화사.

지영은. 2011. "인간의 상태변화 은유 모형 - 독일어와 한국어의 신체, 감정표현 고찰."『독어학』24: 297-318.

Athanasiadou, Angeliki and Elżbieta Tabakowska, eds. 1998. *Speaking of Emotions: Conceptualisation and Expression.* Berlin: Mouton de Gruyter.

Barcelona, Antonio. 1986. "On the Concept of Depression in American English: A Cognitive Approach." *Revista Canaria de Estudios Ingleses* 12: 7-33.

Bergkowitz, Leonard. 1999. "Anger." In *Handbook of Cognition and Emotion,* eds. Tim Dagliesh and Mick J. Power, 411-428. Chichester: John Wiley & Sons.

Bühler, Karl. 1934. *Sprachtheorie: Die Darstellungsfunktion der Sprache.* Stuttgart: Lucius & Lucius.

Burger, Harald. 2007. "Semantic Aspects of Phrasemes." In *Phraseologie: Ein internationales Handbuch der zeitgenössischen Forschung,* 1.

Halbband, eds. Harald Burger, Dmitrij Dobrovol'skij, Peter Kühn, Neal R. Norrick, 90-109. Berlin: Walter de Gruyter.

Cohen, Lisa J. 2011. *The Handy Psychology Answer Book.* Detroit: Visible Ink Press.

Damasio, Antonio. 1994. *Descartes' Error: Emotion, Reason, and the Human Brain.* New York: Penguin Books.

Dzwirek, Katarzyna and Barbara Lewandowska-Tomaszczyk. 2010. *Complex Emotions and Grammatical Mismatches: A Contrastive Corpus-Based Study.* Berlin/New York: de Gruyter.

Fries, Norbert. 2000. *Sprache und Emotionen: Ausführungen zum besseren Verständnis, Anregungen zum Nachdenken.* Bergisch-Gladbach: Lübbe.

Gibbs, Raymond W. 2005. *Embodiment and Cognitive Science.* Cambridge: Cambridge University Press.

Goossens, Louis. 1990. "Metaphtonymy: The Interaction of Metaphor and Metonymy in Expressions for Linguistic Action." *Cognitive Linguistics* 1: 323-340.

Johnson, Mark. 1987. *The Body in the Mind: The Bodily Basis of Meaning, Imagination, and Reason.* Chicago: University of Chicago Press.

Johnson, Mark and Tim Rohrer. 2007. "We Are Live Creatures: Embodiment, American Pragmatism and the Cognitive Organism." In *Body, Language and Mind, Volume 1: Embodiment,* eds. Tom Ziemke, Jordan Zlatev, and Roslyn M. Frank, 17-54.. Berlin/New York: Mouton de Gruyter.

Kövecses, Zóltan. 1986. *Metaphors of Anger, Pride, and Love: A Lexical Approach to the Structure of Concepts.* Amsterdam: John Benjamins.

Kövecses, Zóltan. 1988. *The Language of Love: The Semantics of Passion in Coversational English.* Lewisburg, Pa.: Bucknell University Press.

Kövecses, Zóltan. 1990. *Emotion Concepts.* New York: Springer Verlag.

Kövecses, Zóltan. 1998. "Are There any Emotion-Specific Metaphors?" In

Athanasiadou and Tabakowska (eds.), 127-151.

Kövecses, Zóltan. 2000. *Metaphor and Emotion: Language, Culture, and Body in Human Feeling.* Cambridge: Cambridge University Press.

Kövecses, Zóltan. 2010a. *Metaphor: A Practical Introduction,* Second Edition. Oxford: Oxford University Press.

Kövecses, Zoltán. 2010b. "Cross-Cultural Experience of Anger: A Psycholinguistic Analysis." In *International Handbook of Anger: Constituent and Concomitant Biological, Psychological, and Social Processes,* eds. Michael Potegal, Gerhard Stemmler, and Charles Spielberger, 157-174. New York: Springer.

Kövecses, Zoltán and Péter Szabó. 1996. "Idioms: A View from Cognitive Semantics." *Applied Linguistics* 17(3): 326-353.

Lakoff, George. 1987. *Women, Fire, and Dangerous Things: What Categories Reveal about the Mind.* Chicago: The University of Chicago Press.

Lakoff, George. 1993. "The Contemporary Theory of Metaphor." In *Metaphor and Thought,* ed. Andrew Ortony, 202-251. Cambridge: Cambridge University Press.

Lakoff, George and Mark Johnson. 1980. *Metaphors We Live By.* Chicago: The University of Chicago Press.

Lakoff, George and Mark Johnson. 1999. *Philosophy in the Flesh: The Embodied Mind and Its Challenge to Western Thought.* New York: Basic Books.

Lakoff, George and Zóltan Kövecses. 1987. "The Cognitive Model of Anger Inherent in American English." In *Cultural Models in Language and Thought,* eds. Dorothy Holland and Naomi Quinn, 195-221. Cambridge: Cambridge University Press.

Lakoff, George and Mark Turner. 1989. *More than Cool Reason: A Field Guide to Poetic Metaphor.* Chicago: The University of Chicago Press.

Matsuki, Keiko. 1995. "Metaphors of Anger in Japanese." In *Language and the Cognitive Construal of the World,* eds. John R. Taylor and Robert E. MacLaury, 137-151. Berlin: Mouton de Gruyter.

Niemeier, Susanne and René Dirven, eds. 1997. *The Language of Emotions.* Amsterdam: John Benjamins.

Ortony, Andrew and Terence J. Turner. 1990. "What's Basic about Basic Emotions?" *Psychological Review* 97: 315-331.

Piirainen, Elisabeth. 2007. Phrasemes from a cultural semiotic perspective. In *Phraseologie: Ein internationales Handbuch der zeitgenössischen Forschung,* 1. Halbband, eds. Harald Burger, Dmitrij Dobrovol'skij, Peter Kühn, Neal R. Norrick, 208-219. Berlin: Walter de Gruyter.

Rauland, Marco. 2008. 『뇌과학으로 풀어보는 감정의 비밀』. 전옥례 옮김. 서울: 동아일보사.

Rohrer, Tim. 2007. "Embodiment and Experientialism." In *The Oxford Handbook of Cognitive Linguistics,* eds. Dirk Geeraerts and Hubert Cuyckens, 25-47. Oxford/New York: Oxford University Press.

Schwarz-Friesel, Monika. 2007. *Sprache und Emotion.* Tübingen: A. Francke Verlag.

Song, Buseon. 2003. "Emotion Metaphors in Korean." PhD diss., Ball State University.

Stemmler, Gerhard, Marcus Heldmann, Cornelia A. Pauls, Thomas Scherer. 1998. *Fear and Anger Specificity in Somatovisceral Responses.* Marburg: Universität, Fachbereich Psychologie.

Teegen, Frauke. 1994. *Körperbotschaften: Selbstwahrnehmung in Bildern.* Reinbek: Rowohlt.

Weigand, Edda, ed. 2004. *Emotion in Dialogic Interaction: Advances in the Complex.* Amsterdam: Benjamins.

Wierzbicka, Anna. 1999. *Emotions across Languages and Cultures: Diversity and Universals.* Cambridge: Cambridge University Press.

Wilce, James M. 2009. *Language and Emotion.* Cambridge: Cambridge University Press.

Yu, Ning. 1995. "Metaphorical Expressions of Anger and Happiness in English and Chinese." *Metaphor and Symbolic Activity* 10: 59-92.

4

감정어의 의미 확장과 변화
– '공포'와 관련된 감정 중심으로

안 미 경

1. 머리말

감정을 분류하는 기준은 언어·문화권 별로 상이하지만 행복, 슬픔, 화, 공포, 놀람 등과 같은 인간의 기본적인 감정은 모든 언어에 나타난다 (Ekman, 1973, 1993, 1994; Wierzbicka, 1999). 이와 같은 기본적인 감정 중 특히 '공포' 혹은 '두려움'은 모든 언어와 문화에 있어 반드시 존재하는 감정이다. 이 논문에서는 인간의 기본적인 감정 중 특히 '공포'나 '두려움'을 나타내는 표현들이 시간의 흐름에 따라 어떤 의미양상을 띄게 되는지 살펴보고자 한다. '공포'나 '두려움'의 의미와 관련된 영어 부사어에는 terribly, awfully, dreadfully, horribly등이 있다. 이들 단어는 그 어원적인 의미를 '공포'나 '두려움'에 두고 있지만 오늘날에는 (1)의 예에서 볼 수 있듯이 '매우, 아주'의 의미 즉 영어의 exceedingly, extremely와 같은 강조의 의미를 지닌 부사어로 많이 쓰인다 (예선희 2007).

(1) a. I am terribly sorry for your inconvenience.

b. The chocolate looks awfully good.

c. His father looked dreadfully ill.

d. I am horribly bored.

위의 예문 (1)에서와 같이 감정을 나타내는 표현이 의미 변화를 거쳐 다른 의미로 쓰이는 경우는 범 언어적으로 많이 나타난다. 한국어 전라 방언인 '겁나게'도 '겁이 나다'라는 의미에서 예문(2)에서 볼 수 있듯이 '아주 많이'라는 정도를 나타내는 의미로 의미 변화를 겪었다. 또한 '공포'나 '두려움'의 의미를 갖고 있는 중국어 (만다린) 恐怕도 (3)에서처럼 의미 변화 과정을 거쳐 고유의 의미를 상실하고 '아마도' 라는 의미를 나타낸다. 다시 말해, 恐怕가 확실성의 정도 'degree of certainty'를 나타내는 epistemic marker로 쓰이는 것이다 (Yap, Chor, & Wang, 2012).

(2) a. 그는 겁나게 먹었다.

b. 그는 겁나게 멋있다.

(3)

這	個	外地	人	恐怕	也	不	知道
Zhè	*gè*	*Wàidì*	*rén*	***kǒngpà***	*Yě*	*bù*	*zhīdào*
This	cl	non-local	people	Fear	Also	neg	know

'(As for the Beijing hand-pulled noodles, you know what),
non-locals probably don't know about it either.'
(*Data from 1982 Běijīng Dialectal Survey* 1982年北京話調查資料)

(Yap, Chor, & Wang 2012에서 재인용)

본 연구에서는 위에서 살펴본 바와 같이 '공포'나 '두려움'을 나타내는 표현들 중 영어의 terribly, 한국어의 '겁나게', 중국어 恐怕가 원래의 의미를 상실하고 다른 의미를 가진 부사로 어떻게 쓰이게 되었는지 그 의미 변화과정을 은유, 환유, 주관화 현상과 같은 의미기제를 바탕으로 살펴 볼 것이다. 또한 영어, 한국어, 중국어의 비교 연구를 통해서 언어 및 문화 현상의 보편성과 개별성을 모색해보고자 한다.

2. 의미 변화를 가능하게 하는 기제들(mechanisms)

본고에서는 (4)에서 보듯이, 은유, 환유, 일반화 및 주관화와 같은 의미 변화를 가능하게 하는 기제(mechianisms)와 개념을 바탕으로 '공포'와 관련된 단어의 의미 변화 과정을 설명할 것이다.

(4) a. 은유 'metaphor'(Lakoff & Johnson 1980, Claudi & Heine 1986, Matisoff 1991, Sweetser 1988, 1990, Bybee & Pagliuca 1985, Heine et al. 1991a & b)

b. 환유 'metonymy' (Taylor 1989, Traugott & König 1991, Heine et al.1991a)

c. 문맥적 재해석 'context-induced reinterpretation' (Heine et al. 1991 a & b)

d. 일반화 'generalization' (Bybee 1988, Bybee et al. 1994)

e. 주관화 'subjectification' 및 상호 주관화 'intersubjectification' (Traugott & König 1991)

은유(metaphor)는 '어떤 대상을 다른 종류의 대상으로 경험하는 것으로 구체적인 것으로부터 추상적인 것으로의 전이'(Lakoff & Johnson 1980, Claudi & Heine 1986)를 일컫는다. Lakoff & Johnson (1980: 3-4)에 따르면 인간의 개념자체가 은유적이므로 '우리가 생각하는 방식이나 우리가 경험하는 방식, 그리고 우리가 매일 살아가면서 하는 일들은 결국 모두가 은유의 문제이다'는 것이다. Heine et. al.(1991: 204)은 '은유 사용의 보편성은 언어학자들이 은유화 행위의 영역이라고 생각하기 어려울 정도의 영역에까지 확산되어 있다' 고 한다.

환유(metonymy)는 '어떤 방식으로 한 대상이 다른 대상에 연속성을 가지고 있을 때에 그것을 이용해 그 연속성 있는 대상을 지칭하기 위해 쓰는 수사법의 일종'이다 (Heine et al. 1991a; 이성하 1998). Traugott & König (1991: 210)에 따르면 그 연속성의 종류를 사회-물리적, 사회-문화적 경험상의 연속성, 부분-전체 관계의 연속성, 발화상의 연속성으로 나누었다. 환유적 전이는 두 실체나 사건간의 인접성으로 인해 유발되므로 존재론적 영역(ontological domain)의 변화는 일어나지 않는 반면 은유는 존재론적 범주(ontological category)의 변화를 겪는다고 주장한다 (이성하 2002, Heine et al. 1991 a & b).

은유에 의한 의미 변화는 대개는 담화와는 독립적으로 일어나는 반면 환유적 변화는 문맥적 상황이나 언어외적 상황에 의존하게 된다. 이러한 환유적 변화는 문맥적 재해석에 의한 것이다 (Heine et al. 1991 a & b). 일반화(generalization)란 구체적인 의미를 가진 어휘소가 점점 특수성을 상실하여 점차 적용범위가 넓고 추상적이고 더 일반적인 의미를 갖게 되는 의미 변화 현상을 일컫는다 (이성하 2002, Bybee et al. 1994).

주관화(subjectification)란 명제(proposition)와 외연(extension) 위주의 의미에 화자가 자신의 관점을 투사함으로서 덜 주관적인 의미에서 점점 더 주관적인 의미의 방향으로 의미가 변화해 가는 과정을 말한다(이성하 2002). Traugott & König (1991: 208-209)에서는 (5)에서와 같은 의미-화용적 경향을 제시하고 있다.

(5) a. 의미-화용적 경향 I: 외적인, 기술된 상황에 기초한 의미로부터 내적인, 평가/인식/인지에 기초한 의미로 변화한다.

b. 의미-화용적 경향 II: 외적 또는 내적인, 기술된 상황에 기초한 의미로부터 텍스트에 기초한 의미로 변화한다.

c. 의미-화용적 경향 III: 상황에 대한 화자의 주관적인 신념/태도의 의미가 점점 더 강 한 주관적인 신념/태도를 의미하는 것으로 변화한다.

상호주관성 (intersubjective)이란 담화상에서 화자와 청자의 관계를 고려하는 화용적인 기능을 말한다 (Traugott & Dasher, 2002). 상호 주관성은 청자의 체면을 손상시키는 행위 'face-threatening act'를 피하거나 완화시켜서 대화가 원만하게 진행되도록 하는 화용적인 작용을 일컫는다. Traugott & Dasher (2002)에 따르면 의미는 주관적인 의미에서 청자를 고려하는 상호주관적인 의미로 변화하는 경향이 있다고 한다.

3. '공포'나 '두려움'을 나타내는 표현들의 의미 변화

3.1 *terribly*의 의미 변화

본 장에서는 '공포'와 '두려움'과 관련된 영어 부사어 terribly의 의미 변화 과정을 살펴보고자 한다. terribly는 동사 terrify에 형용사 어미 -able과 부사 어미 -ly가 붙어서 만들어진 단어이다. 아래의(6)에서 볼 수 있듯이, terrify는 terror를 어근으로 하며 terror는 'to tremble(떨다)'을 뜻하는 인구어(IE.)의 ters-에서 왔다. 이후 라틴어(L.) terrere 'to frighten (놀라다)'와 중세 불어(MFr.) terreur를 거쳐 중세 영어(ME)에 들어와 terrour의 형태로 쓰였다(예선희 2007).

(6) a. terribly: terri(fy)+able+ly

b. terror: IE. ters-, to tremble 〉 L. terrere, to frighten 〉 MFr. terreur 〉 ME. terrour

(7) terribly:

(a) (b) dreadfully, in a terrible manner;

(c) (d) exceedingly, extremely, excessively, very greatly

a. Impertinent synners...drawendowne to hell moost terribly or feerfully.(1526. Pilgr.Perf)

b. We heard a hollow burst of bellowing Like Buls, or rather Lyons, It strooke mine eare most terribly.(1610. Shakespeare)

c. It raines and snowes terribly.(1604. E. Grimstone)

d. I am terribly out of spirits this morning.(1833. Dickens)

(Oxford English Dictionary 1991, 2nd ed. 예선희 2007에서 재인용)

(7a)와(7b)에서 terribly는 '무섭게, 무시무시하게'의 의미로 쓰이고 있다. (7a)의 drawendowne to hell moost terribly는 '가장 무시무시하게 지옥으로 떨어져'라는 의미이며 (7b)의 strooke mine eare most terribly는 '나의 귀를 가장 무섭게 때린다' 라는 뜻이다. (7c)와(7d)에서는 terribly가 '아주, 매우, 몹시'라는 새로운 의미를 나타낸다. (7c)의 의미를 살펴보면

‘비와 눈이 몹시 심하게 내린다’ 라는 뜻이며 (7d)는 ‘나는 오늘 아침 아주 정신이 나갔었다’의 의미로 해석된다. 이와 같이 terribly는 ‘무섭게, 무시무시하게’라는 ‘공포’나 ‘두려움’을 뜻하는 의미에서 화자의 주관적인 심리나 평가를 나타내는 ‘매우, 몹시’라는 정도를 나타내는 의미로 발전하였다 (예선희 2007, 2012).

그렇다면 ‘무섭게, 두렵게’라는 의미가 ‘매우, 몹시’라는 의미로 어떻게 변화 할 수 있었을까? 무서움과 공포를 느낄 때 나타나는 소름 끼치고 놀라게 되는 현상은 아주 훌륭하고 경이로운 현상을 경험할 때도 나타난다. 이와 같이 소름끼치고 놀라는 감정이 환유의 과정에 의해 원형적 의미가 상황적으로 연결되는 것이다. 즉, ‘무섭게’의 의미와 ‘아주, 매우’라는 의미는 ‘떨림’ 혹은 ‘놀라움’이라는 심리적 인접성(psychological contiguity)을 갖고 있다. 나아가 문맥적 재해석(context-induced reinterpretation)을 통해 ‘무서움’이나 ‘두려움’을 느끼는 물리적 영역에서 화자의 주관적인 심리나 평가를 나타내는 인식적 영역으로 은유적 전이가 일어난 것이다. terribly의 이러한 의미 변화 과정은 아래의 (8)과 같이 단계별로 나타낼 수 있다 (예선희 2007, 2012).

(8) 제 1 단계: ‘무시무시하게’라는 의미만 지닌다.
제 2 단계: 은유적 전이와 환유에 에 의해 ‘몹시, 매우’의 의미가 암시되고 반복된다.
제 3 단계: 함축의 관습화에 의해 암시적 의미인 ‘몹시, 매우’가 실제 의미의 일부가 된다.

(9) 은유적 전이 과정
물리적 영역 〉〉 인식적 영역

영어 terribly는 또한 주관화에 의해 '무시무시하게, 무섭게'라는 외연적 의미에서 자신의 관점이 투사되어 점점 더 주관적인 의미로 변해 가는 것이다. 다시 말해 terribly는 주관화에 의해 '무섭게'라는 원형적 의미가 탈색되어 '매우, 아주'와 같은 의미를 가진 정도를 나타내는 부사로 쓰이게 된 것이다.

3.2 '겁나게'의 의미 변화

전라방언에서 사용하는 '겁나게'는 (10)에서 보듯이 '매우, 아주' 혹은 '아주 많이'의 의미를 지니는 화자의 주관적인 심리나 평가를 나타내는 정도 부사이다. 이는 전라 방언의 형용사 '겁나다'의 부사형인 '겁나게'에서 파생된 것이다. '겁나다'는 두 가지 의미로 쓰인다. 하나는 전라방언에서 사용하는 '매우 많다'의 의미를 가진 형용사이고, 다른 하나는 현대 국어에서 표준어로 사용하는 '무섭거나 두려운 마음이 생기다'는 의미를 가진 동사이다. '겁이 나다'의 뜻을 가진 '겁나다'는 사람의 심리적인 상태를 보여 주는 동사인데 비하여,'매우 많다'의 의미를 가진 '겁나다'는 자연이나 물건의 물리적인 상태를 나타내는 형용사임을 알 수 있다 (이태영 2011, 2012; 김은영 2004).

(10)

겁나게 [부」

-「1」 '매우'(전라,충남)

-「2」 '아주'의 방언(전라,충남) 〈표준국어대사전〉

겁나게〈부〉굉장히 〈전남방언사전〉

(이태영 2012: 70)

'겁나게'의 의미를 예문 (11)에서 살펴보자. 전라방언 부사 '겁나게'는 '겁나게 예쁘다'와 같이 서술어에 형용사가 오면 '아주, 매우, 몹시'와 같은 의미를 가진다. 반면 '돈을 겁나게 벌다'와 같이 서술어에 동사가 오면 '아주 많이'의 의미를 지닌다.

(11) a. 그녀는 겁나게 예쁘다
b. 그는 돈을 겁나게 벌었다.

3.2.1 '겁나다'의 의미 변화

전라방언의 형용사 '겁나다'는 '겁이 나다'에서 파생된 것이다. '겁이 나다'는 국어사 문헌에서 18세기에 나타나는 표현으로 이 표현이 '겁나다'로 어휘화가 되고 전라방언에서는 '겁나다'로 쓰이면서 '매우 많다'의 뜻으로 의미 변화를 일으킨다. 명사 '겁(怯)'은 '무서워하는 마음 또는 그런 심리적 경향'을 일컫는다. 명사'겁'은 이미 중세국어에서부터 많이 사용되어 온 어휘로, 주로 단일어가 많이 사용되었지만 '비겁(卑怯), 황겁(惶怯), 기겁(氣怯)'과 같은 한자어, 복합어도 많이 사용되었다. 형태론적으로는 '겁'에 접미사가 연결된 '겁쟁이, 겁보, 겁쑤러기'와 같은 어휘들이 발달하였다 (이태영 2011, 2012).

중세·근대 국어에 주로 쓰이던 '겁하다'는 (12a)에서 보는 것처럼 명사 '怯'에 동사 파생 접미사 '-하다'가 연결되어 '怯하다'로 쓰이다가 16세기에 '겁하다'로 쓰이게 되었다. '겁하다'와 같은 뜻을 가진 '겁뇌다 / 겁내다'는 (12b)에서 보는 바와 같이 18세기부터 나타나면서 '겁하다'는 문헌상으로 20세기 초까지 사용되고 쓰이지 않는다. 현대 국어에서는 '겁내다'가 쓰이게 되었다. '겁내다'와 유의적인 뜻을 가진 '겁을 먹다 / 겁먹다'는 19세기말부터 쓰이기 시작한다.

(12) a. 예문 머키난ᄂᆞᆫ무란ᄅᆞᆫ주으리며 머큐매 난 젼차로 부드러우며 怯하야 勇티 몬고〈1461능엄경언해 8,128a〉

b. 그 시위할 때를 당하야 몬뎌 스사로 의심하고 겁내여광난하고 실조하난ᄒᆞᆫ형상을 제 또ᄯᅩ일일히 친문 하오시난ᄂᆞᆫ아뢰ᄅᆡ자복하니 〈1756천의 소감언해 4,44a〉

(이태영 2012에서 재인용)

'겁이 나다'에서 어휘화한 '겁나다'는 (13)에서 보는 것처럼 현대국어에서는 '무섭거나 두려운 마음이 생기다'는 뜻으로 쓰인다. 국어사전에서 '겁나다'는 '겁이 나다'에서 온 것으로 보고 '나다'의 의미에 중점을 두어 동사로 취급한다. 그러나 '겁나다'는 형용사인 '두렵다, 무섭다, 놀랍다'와 유의어 관계를 갖고 있다. 따라서 '겁나다'는 의미상으로 심리적인 상태를 나타내는 형용사에 가깝다. 현대 국어 사전에서 '겁나다'가 동사로 처리되는 것은 '겁나지 않는다, 겁난다'와 같이 일반동사와 활용이 같다는 점이다. 그러나 '겁나다'는 '마음이 무섭거나 두렵다'의 의미를 갖는 것이기 때문에 의미상으로는 형용사라 할 수 있다 (김은영 2004; 이태영 2012).

(13) 쇼뎨 과연ᄯᆞᆯ딸을 잘ᄀᆞ가라쳐시미 업사되ᄉᆞ인옹될ᄌᆞ자의 후의랄ᄅᆞᆯ밋덧더니 이 말을 드라니ᄀᆞ가장 겁나난도다. 〈17xx완월회맹연권147,19a〉 (이태영 2012에서 재인용)

'겁이 나다'는 일단 '무서운 마음이 생긴'의 의미를 갖지만 '약간 겁이 나다', '매우 겁이 나다'와 같이 '겁'의 강도를 달리 표현 할 수 있다. 그러나 '겁나다'는 '겁난 모습, 겁난 얼굴'에서와 같이 '겁을 먹은' 모습을 표현하기 때문에 '약간 겁이 나다'와 같은 의미가 아니라 '매우 겁이 나다'의 의미를 갖는다. 물론 '약간 겁난 얼굴'이란 표현이 불가능한 것은 아니다. 그러나 일반적으로 '겁이 나다'에서 파생된 '겁나다'는 이미 겁이 난 상태를 표현하는 것이기 때문에 상당히 겁이 난 상태를 표현하는 어휘로 굳어진 것으로 볼 수 있다 (김은영 2004; 이태영 2012).

'겁이 나다'는 지역에 따라 방언 분화를 달리하였다. 강원도, 경기도, 경상남북도에서는 '겁나다'가 '무섭고 두려운 마음이 생기다'라는 의미로만 쓰인다. 그러나 전라남북도, 충청남북도에서는 '겁나다'가 '아주 많다'의 의미로 의미 변화하여 '무섭고 두려운 마음이 생기다'의 의미와 공존한다. '겁나다'가 '무섭다'라는 의미에서 '아주 많다'라는 의미로 변화한 과정은 (14)와 같이 나타낼 수 있다.

(14) 겁이 나다 〉〉 겁나다 [동]'무섭고 두려운 마음이 생기다'
[형]'두렵다, 무섭다'
〉〉 겁나다 [형]'아주 많다'

'무섭고 두렵다'라는 의미의 '겁나다'는 환유에 의해 아주 많다'라는 의미로 의미가 확장되었다. 무서움과 공포를 느낄 때 나타나는 감정은 환유의 과정에 의해 원형적 의미가 '아주 많다'라는 의미의 '겁나다'와 상황적으로 연결되는 것이다. '무섭다'의 의미와 '아주 많다'라는 의미는 '놀라움'이라는 심리적 인접성(psychological contiguity)을 갖고 있다. 그러므로 '겁나다'가 갖는 '많다'의 의미도 '무섭고 두려운' 수나 양, 정도를 나타내기 때문에 '매우 많다, 굉장하다, 엄청나다'는 의미를 갖게 되는 것이다.

'적은' 수나 양을 가지고 '무섭고 두려운' 마음이 들기는 어렵기 때문에 원래 가지고 있는 의미나 수나, 양, 정도를 극단적으로 나타내는 쪽으로 가게 된 것이다. '겁나다'에 그런 의미가 포함되어 있기 때문에 '겁나다' 앞에 '아주, 매우'와 같은 최상급의 부사를 허용하지 않는다. '많다'는 수효나 분량, 정도 따위가 일정한 기준을 넘다'의 의미를 갖는다. 표준어에서 '매우 많다'의 의미를 가진 한 단어로 '엄청나다, 굉장하다'가 있지만 이 '엄청나다'는 전라 방언에서 많이 사용되지 않는다. 실제로 한국 구비 문학대계를 살펴보면 전라도에서는 '아주 많다', '매우 많다'는 거의 사용하지 않는다. 또한 '엄청나다, 엄청나게, 엄청'등의 어휘를 아주 적게 쓰고 있으며 '굉장하다'의 경우에는 '엄청나다' 보다 훨씬 많이 사용하고 있다.

또한 '엄청나다, 굉장하다'와 '겁나다'는 그 의미가 약간 다르다. '아주 많다'라는 의미의 '겁나다(아주 많다)'는 사람이 인정하기 어려운 극단적인 범위까지를 포함한다는 점에서 '엄청나다'와 '굉장하다'와는 상이하다. 그러므로 이 방언의 화자들은 '매우 많다'를 표현해야 할 하나의 단어가 필요 했을 것이다. 따라서 '겁나다'의 의미를 '사람이 인식하는 수효나 분량, 정도가 기준보다 훨씬 넘다'는 의미를 갖고 있는 것이다 (이태영 2011, 2012).

3.2.2. '겁나게'의 의미 변화

전라방언의 '겁나게'는 (15a)의 예문에 있는 바와 같이 '겁이 나게'에서 파생된 부사이다. 전라방언에서 '겁나게'는 형용사인 '겁나다'와 같이 두 종류가 있다. '아주 많다, 굉장하다, 엄청나다'의 의미로 쓰이는 '겁나다'에서 파생된 전라방언 '겁나게'는 (15c)에서 보듯이 '아주, 매우' 또는 '아주 많이'와 같은 의미로 쓰인다. 또 다른 의미의 '겁나게'는 (15b)와 같이 '겁이 나게, 겁이 날 정도로'의 원형의 의미로 쓰인다.

(15) a. 빚이 겁이 나게 많다
b. 빚이 겁나게 (겁이 날 정도로) 많다

c. 빚이 겁나게 (엄청나게, 굉장히, 매우) 많다

(16) 그러고 이러고 즈그 어매가 들응게 사내키를 검나게, 겁이 나게. 무척 많이. 꽈 놨거든. 아 한발 두 발 열 두 발 〈6-2, 전남함평군편 578p.〉

(이태영 2012에서 재인용)

(16)의 문학 작품에 쓰인 '겁나게'의 예문을 보면 '겁나게'가 '겁이 나게'와 함께 '아주 많이'란 뜻으로 쓰이고 있음을 알 수 있다. 이를 통해서 우리는 '아주, 매우'의 의미를 갖는 부사 '겁나게'가 여전히 '겁이 나다'의 의미까지 포함하고 있음을 알 수 있으며, '겁이 나다'의 표현이 수량이나 정도의 극단적인 상태와 관련이 있음을 알 수 있다. '겁나다'와 유의어 관계에 있는 표준어 '엄청나다, 굉장하다, 대단하다' 등의 부사형 '엄청나게, 굉장하게, 대단하게'가 사전에 어휘로 등재되지 않는 반면 전라방언인 '겁나게'는 사전에 부사로 등재될 정도로 높은 생산성을 보이고 있다 (이기갑 1997).

(17a)와 같이 대체로 '겁나게' 뒤에 동사가 오면 '겁나게'는 '아주 많이, 아주 오래, 아주 크게'등의 의미를 갖는다. (17b)처럼 '겁나게' 뒤에 형용사가 오면 '겁나게'는 '아주, 매우'의 의미를 갖는다. '겁나게'가 부사나 부사형 앞에 놓이면 '아주, 매우'의 의미로 그 부사를 수식한다. 이 때 자연의 현상을 나타내거나, 극단적인 행위나 모습을 보이는 경우에는 여전히 '겁이 나다'의 의미를 포함하고 있다. 한국 구비 문학대계에서 예를 뽑아 제시하면 다음과 같다.

(17) a. 돈을 겁나게 벌다, 호랭이가 겁나게 죽다, 돈을 겁나게 짊어지다, 비가 겁나게 쏟아지다, 아주 겁나게 시원하다, 돈을 겁

나게 주다, 공박을 겁나게 하다, 겁나게 기다리다.

b. 겁나게 잘 살다, 겁나게 예쁘다, 겁나게 크다, 겁나게 좋다, 겁나게 많이 열다, 겁나게 무겁다, 겁나게 부자가 되다, 겁나게 친하다, 겁나게 깊다, 겁나게 길다, 겁나게 친절하다, 겁나게 춥다

(이태영 2012: 85)

'무시무시하게'라는 의미의 '겁나게'가 정도를 나타내는 의미로 확장된 그 의미 변화 과정을 살펴보면 (18)과 같다.

(18) '겁나게'의 의미 변화 과정

제1 단계: '무섭게'라는 의미만 지닌다.

제2 단계: 은유적 전이에 의해 '아주 많이'의 의미가 암시되고 반복된다.

제3 단계: 환유와 의미의 일반화에 의해 '아주, 매우'의 의미로 일반화 된다

제4 단계: 의미의 관습화에 의해 암시적 의미인 '아주, 매우'가 실제 의미의 일부가 된다.

'겁나게'가 '무섭게, 겁이 날 정도로'라는 의미에서 '아주, 매우'라는 의미로 의미 변화를 한 것은 은유와 연관이 있다. 영어 terribly와 유사하게 공포를 느끼는 물리적 영역에서 '아주, 매우'라는 화자의 주관적인 심리나 평가를 나타내는 인식적 영역으로 은유적 전이가 일어난 것이다.

(19) '겁나게'의 은유적 전이

물리적 영역 〉〉 인식적 영역

3.3 중국어 恐怕의 의미 변화

중국어(만다린)에서 '공포'나 '두려움'을 나타내는 동사 恐怕(kongpa)의 의미 변화 과정을 살펴보자. 恐怕의 의미는 (20)에서 보듯이 '무서워하다, 두려워하다'의 의미를 나타낸다. 이음절의 恐怕(kongpa)는 '공포'를 나타내는 단음절의 두 동사, 즉 恐(kong)과 怕(pa)의 합성으로 생긴 동사이다. '공포'를 나타내는 동사 恐(kong)이 (21)에서 보는 바와 같이 고대 중국어에는 존재하지만 현대 중국어(만다린)에서는 쓰이지 않는다. 반면 怕(pa)는 (22)에서 보는 바와 같이 중세 중국어에 등장했으며 오늘날까지 계속 쓰이고 있다 (Yap, Chor, & Wang 2012; Wang 1982).

(20)

昨	來	新	拜	右	丞相
Zuó	*Lái*	*Xīn*	*Bài*	*yòu*	*chéngxiàng*
Yesterday	come	New	take.office	right	prime.minister

恐怕	泥	塗	污	馬	蹄
Kǒngpà	*Ní*	*Tú*	*Wū*	*Mǎ*	*Tí*
Fear	Earth	Besmear	Dirty	Horse	Hoof

'The prime minister, who has just assumed office, arrived yesterday. There was fear(〈'Government officials feared') that the earth would be smear the horse' shooves.'
(*Guānniú*官牛 Official Cow, a poem by Bái Jūyì, 772-846 AD, Tang dynasty, Bái 1979: 85) (Yap, Chor, & Wang 2012 에서 재인용)

(21)

子	曰	:	學	如	不	及
zǐ	*yuē*		*xué*	*rú*	*bù*	*jí*
master	say		learn	as.if	neg	reach

猶	恐	失	之
yóu	***kǒng***	*shì*	*zhī*
as if	fear	lose	3sg

'The Master said, "Learn as if you could not reach your object, and were always **fearing** also lest you should lose it."'
(*Analects* 8.17, 5th centuryBC, *transl.* James Legge)
(Yap, Chor, & Wang 2012에서 재인용)

(22)

如何	此	貴	重	,
Rúhé	*Cǐ*	*Guì*	*Zhòng*	
Why	This	Expensive	Significant	

卻	怕	有	人	知。
Juè	*pà*	*Yǒu*	*Rén*	*Zhī*
Nonetheless	fear	exist	People	Know

'Why is it so expensive and significant?
I nonetheless **fear** that somebody knows (of its existence).'
(*Lìchūn* 麗春 Beautiful Spring, by Tu Fu, 712-770 AD, Tu 1999: 877)
(Yap, Chor, & Wang 2012 에서 재인용)

(20)의 恐怕는 '겁을 내다'라는 의미를 나타내며 당 왕조시대의 시에서 발췌한 것으로 최초로 입증된 것이다. (20)의 예문의 恐怕는 '두려워하다, 무서워하다'라는 의미가 강하다. 그 반면 (23)에 예시된 恐怕는 (20)에서 제시된 恐怕에 비해 '두려워하다'라는 의미가 다소 약하다. 그리고 또한 (24)의 恐怕는 '두려워하다'의 의미 보다는 '걱정하다'에 가까운 의미를 갖고 있다 (Liú 2011; Yap, Chor, & Wang 2012).

(23)

但是	他們	也	不	恐怕	戰爭
Dànshì	*Tāmen*	*Yě*	*Bù*	***Kǒngpà***	*Zhànzhēng*
However	3pl	Also	neg	Fear	Warfare

'They, however, also do not **fear** of warfare.' (*TheVictory of* Bolshevism, Bolshevism 的勝利, by Lǐ Dàzhaō, 1918)
(Yap, Chor, & Wang 2012 에서 재인용)

(24)

門	人	過往	人	多	,
Mén	*Rén*	*Guòwǎng*	*Rén*	*Duō*	
Door	people	Pass	People	Many	
恐怕	驚	他	驢	。	
Kǒngpà	*Jīng*	*Tā*	*Lǘ*		
Worry	frighten	3sg	Donkey		

'Since there are so many people passing by the house, he **worries**(this) will frightenhisdonkey.'
(*Dūnhuáng Biànwénjí Xīnshū* 敦煌變文集新書, 10th century)
(Yap, Chor, & Wang 2012에서 재인용)

이와 같이 恐怕는 '겁내다, 두려워하다'라는 감정을 나타내는 동사에서 '걱정하다'라는 의미로 '공포'나 '두려움'의 의미가 약화되었다. 또한 (25)의 예문에서와 같이 '아마도' 라는 확실성의 정도를 나타내는 epistemic adverbial로 의미기능이 변하였다. 또한 이 동사 恐怕는 '아마도'라는 의미 외에 (26)에서 볼 수 있듯이 담화상에서 청자의 체면 손상을 막거나 청자를 고려해서 단언이나 직접적인 표현을 피하는 pragmatic softner로 발전하였다 (Yap, Chor, & Wang 2012; Yang, Wong, & Yap 2012)

(25)

恐怕	它	是	姻緣	未	斷	，
kǒngpà	*Tā*	*Shì*	*Yīnyúan*	*Wèi*	*Duàn*	
Fear	3sg	cop	destiny.of.marriage	not.yet	Break	

三言兩句	成合	了	。
sānyánliǎngjù	*Chénghé*	*Le*	
a.few.sentences	Form	pfv	

'**Probably** because the destiny of their marriage remains unbroken, they(finally)got married with a few sentences (by the match-maker).' *Xiǎosūntú* 小孫屠, Ming dynasty, 14th - 17th century;citedinLiú 2011) (Yap, Chor, & Wang 2012에서 재인용)

(26)

我	現在	很	忙	，	今天	恐怕	不	行	了	，
Wǒ	*Xiànzài*	*Hěn*	*máng*		*jīntiān*	*kǒngpà*	*Bù*	*Xíng*	*Le*	
1sg	Now	int	Busy		today	Fear	neg	Okay	sfp	

我	叫	秘書	盡快	給	你	安排
Wǒ	*jiào*	*Mìshū*	*Jǐnkuài*	*Gěi*	*Nǐ*	*Ānpái*
1sg	Ask	secretary	as.soon.as.possible	Give	2sg	arrange

個	時間	好	吧	？
Gè	*Shíjiān*	*Hǎo*	*ba*	
cl	Time	Good	sfp	

'I'm very busy now. **I'm afraid** I'm not able to meet with you today.
I'll ask my secretary to arrange another time for you as soon as possible, okay?'
(*Huánnǐ Qiánshēngyuán* 還你前生緣, by Cén Kǎilún)
(Yap, Chor, & Wang 2012에서 재인용)

恐怕는 화자가 담화상의 결과에 대해 100%확신하지만 화자의 발화가 청자에 미칠 수 있는 부정적인 영향을 최소화 시키고자 할 때 쓰인다. (26)의 예문을 살펴보면 화자가 청자와의 만남을 위해 시간을 할애하지 못하는 상황이다. 화자는 이 상황을 수습하고 또한 화자가 청자의 제안을 거절 했을 때 생길 수 있는 청자의 체면손상(face threatening act)을 최소화하기 위해 恐怕를 쓰는 것이다 (Yap, Chor, & Wang 2012).

위에서 살펴본 바와 같이 중국어 (만다린) 恐怕는 '공포'나 두려움'과 같은 감정과 연관이 있는 '물리적인 영역(physical domain)'에서 확실성의 정도(degree of certainty)를 나타내는 '논리적인 영역'(logical domain)으로 은유적 전이, 즉 영역의 전이를 하였다. 또한 (26)에서 살펴본 바와 같이 恐怕는 담화상에서 청자의 체면손상을 막기 위한 화용적인 전략으로 쓰이기도 한다. 다시 말해 恐怕는 담화상에서 청자를 고려해서 발화를 절제하거나 주저하는 hedge 혹은 pragmatic softner의 역할을 하는 것이다. 그러므로 恐怕는 '논리적인 영역'에서 '화용적인 영역'으로 은유적 전이를 하였다고 볼 수 있다. 恐怕의 의미 변화 과정을 단계별로 살펴보면 (27)과 같다.

(27)

제1 단계: '무서워하다, 두려워하다'라는 의미만 지닌다.

제2 단계: 은유적 전이에 의해 '아마도'의 의미기능 (epistemic adverbial)이 생겨난다.

제3 단계: 은유적 전이에 의해 pragmatic softner의 의미기능으로 변화하였다.

제4 단계: 의미의 관습화에 의해 1단계의 의미뿐만 아니라 2, 3단계의 의미도 恐怕의 의미의 일부가 된다.

또한 恐怕의 은유적 전이 과정을 (28)과 같이 나타낼 수 있다.

(28) 恐怕의 은유적 전이 과정

물리적인 영역 〉〉 논리적인 영역 〉〉 화용적인 영역

4. 맺음말

본 연구에서는 인간의 감정 중 '공포'나 '두려움'을 나타내는 언어표현들 중 특히 영어의 terribly, 한국어의 '겁나게', 중국어(만다린)의 恐怕가 어떤 의미 변화와 의미확장 과정을 거쳤는지 살펴보았다. terribly, '겁나게', 恐怕는 형태통사적인 변화에 있어서는 상이하지만 유사한 의미확장 과정을 겪었다. terribly는 '공포'와 같은 감정을 나타내는 표현에서 '아주, 매우'와 같이 정도를 나타내는 부사로 의미 변화 하였다. '겁나게'도 terribly와 유사하게 '공포'나 '두려움'을 나타내는 의미에서 '아주, 아주 많이'와 같이 화자의 주관적인 심리나 평가를 나타내는 부사로 의미확장하였다. 또한 중국어의 恐怕도 '공포'를 나타내는 동사에서 '아마도'라는 확실성의 정도를 나타내는 epistemic adverbial로 의미 변화를 하였고 더 나아가 담화상에서 청자를 고려해서 단언이나 직접적인 표현을 피하는 pragmatic softner로 발전하였다.

이와 같이 terribly, '겁나게', 恐怕가 유사한 의미 변화를 갖도록 가능하게 한 것은 '공포'나 '두려움'이라는 같은 어원을 공유하고 있기 때문이다. Bybee et al. (1994)의 어원 결정 가설(Source Determination Hypothesis)에 따르면 terribly, '겁나게', 恐怕의 '공포'나 '두려움'이라는 유사한 어원으로 인해 정도를 나타내는 부사로 유사하게 의미확장을 할 수 있었다. 언어의 의미 변화 과정을 살펴봄으로써 개별언어시스템이 언어발달의 보편적인 원리와 어떻게 연관되어 있는지 또한 개별언어와 독립적으로 인간의 보편적인 인지 원리에 의해서 의미 변화가 가능한지를 분석한 데 본 연구의 의의를 찾을 수 있다.

참고문헌

김은영. 2004. “국어 감정동사 연구.” 박사학위 논문, 전남대학교.

국립국어원. 1999. 『표준국어대사전』. 두산동아.

이기갑 외. 1997. 『전남방언사전』. 전라남도.

이성하. 1998. 『문법화의 이해』. 한국문화사.

이태영. 2011. 『전라북도 방언 연구』. 역락.

이태영. 2012. 『국어사와 방언사 연구』. 역락.

이태영. 2012. “전라방언 ‘겁나게’의 어휘사.” 『한국언어문학』 제 83집.

한국정신문화연구원. 『한국구비문학대계전체』.

Bybee, Joan L. 1988. “The Diachronic Dimension in Explanation.” In *Explaining Language Universals,* ed. John A. Hawkins, 350-379. Oxford: Blackwell.

Bybee, John L. and W. Pagliuca, W. 1985. “Cross-Linguistic Comparison and the Development of Grammatical Meaning.” In *Historical Semantics, Historical Word Formation,* ed. J. Fisiak, 59-83. Berlin: Mouton de Gruyter.

Bybee, Joan L., W. Pagliuca, and R. D. Perkins. 1994. *The Evolution of Grammar: Tense, Aspect, and Modality in the Language of the World.* Chicago and London: The University Chicago Press.

Claudi, U. and B. Heine. 1986. “On the Metaphorical Base of Grammar.” *Studies in Language* 10: 297-335.

Ekman, Paul. 1973. *Darwin and Facial Expression: A Century of Research in Review.* New York: Academic Press and Payday Loans.

Ekman, Paul. 1993. “Facial Expression and Emotion.” *American Psychologist* 48: 384-392.

Ekman, Paul. 1994. “All Emotions Are Basic.” In *The Nature of Emotion: Fundamental Questions,* eds. P. Ekman and R. Davidson, 56-58. New

York: Oxford University Press.

Heine, B., U. Claudi, and F. Hunemeyer. 1991a. *Grammaticalization: A Conceptual Framework.* Chicago: The University of Chicago Press.

Heine, B., U. Claudi, and F. Hunemeyer. 1991b. "From Cognition to Grammar." In *Approaches to Grammaticalization,* Vol. I, eds. E. Traugott and B. Heine, 149-187.

Lakoff, George and Mark Johnson. 1980. *Metaphors We Live By*. Chicago: The University of Chicago Press.

Liú, Xiǎoyǐng. 2011. "The Diachronic Evolution of Lexical Meaning and TCFL Vocabulary teaching - Take Kongpa as an Example." *Journal of Hebei University (Philosophy and Social Science)* 36(3): 61-64.

Matisoff, J. 1991. "Areal and Universal Dimensions of Grammatization in Lahu." In *Approaches to Grammaticalization,* Vol. II, eds. Elizabeth C. Traugott and Bernd Heine, 383-453.

Norman, Jerry. 1988. *Chinese.* Cambridge [Cambridge shire]; NewYork: Cambridge University Press.

Oxford English Dictionary. 1991. 2nd edition. Oxford: Clarendon Press.

Rhee, Seongha. 2002. "Grammaticalization of be-Derivative Prepositions in English." *Discourse and Cognition* 9: 147-167.

Su, Lily I-wen. 2011. "How Intersubjectivity Works in Conversation: The Use of *le* in Spoken Discourse." Paper presented at the Workshop on "Stance Marking Across Languages: Typological, Diachronic and Discourse Perspectives", Hong Kong Polytechnic University, July 18th-20th.

Sweetser, Eve Eliot. 1988. "Grammaticalization and Semantic Bleaching." *Berkeley Linguistics Society* 14: 389-405.

Sweetser, Eve Eliot. 1990. "From Etymology to Pragmatics: Metaphorical and Cultural Aspects of Semantic Structure." *Studies in Linguistics* 54. Cambridge: Cambridge University Press.

Taylor, John R. 1989. *Linguistic Categorization. Prototypes in Linguistic Theory*. Oxford: Clarendon Press.

Traugott, E. C. 1989. "On the Rise of Epistemic Meanings in English: An Example of Subjectification in Semantic Change." *Language* 65: 31-55.

Traugott, E. C. and R. Dasher. 2002. *Regularity in Semantic Change.* Cambridge: University of Cambridge Press.

Wang, Li. 1982. *Tugngyuan Zidian [A Dictionary on Cognates]*. Peking: Commercial Press.

Wierzbicka, Anna. 1999. *Emotions across Languages and Cultures: Diversity and Universals*. Cambridge: Cambridge University Press.

Wong, Tak-Sum, Ying Yang, and Foong Ha Yap. forthcoming. "On the Semantic Extensions of 'fear' Expressions *paa, hungpaa* and *taipaa* in Cantonese: Diachronic and Discourse Perspectives." Unpublished Manuscript, Hong Kong Polytechnic University, Hong Kong.

Yang, Ying, Tak-Sum Wong, and Foong Ha Yap. 2012. "A Diachronic Study of Epistemic *kǒngpà* in Mandarin Discourse." Unpublished Manuscript, Hong Kong Polytechnic University, Hong Kong.

Yap, Foong Ha, Winnie Chor, and Wang Jiao. 2012. "On the Development of Epistemic 'fear' Markers: An Analysis of Mandarin *Kongpa* and Cantonese *Taipaa*." In *Covert Patterns of Modality,* eds. Werner Abraham and Elisabeth Leiss, 312-342. Cambridge: Cambridge Scholars Publishing.

5

민족적 특성으로서 한국어의 '정(情)'과 러시아어 상응형 연구

안 혁

1. 서론

퍼스는 근대철학의 창시자인 데카르트의 회의론적 사고인 모든 것을 의심하는 것으로 사고하는 것을 반대하고, 검증이 가능한 전제에서 철학하기를 시작하고 논의의 다양성을 신뢰해야한다고 언급한다(고영복 1996). 언어에 대한 연구와 관련하여 퍼스의 검증은 언어 사용에 기반한 언어의 기능을 기술하는 과정에서 중요한 전제가 된다. 언어 기능은 언어 표현의 의미로 간주할 수 있으며, 의미의 가능한 한 객관적인 기술은 언어의 본질에 대한 연구와 언어사용자들의 의사소통적 특성을 밝히는 데 출발점이 된다. 인지언어학은 문법이 개념화라는 추론을 통해서 언어와 사고의 관련성을 명시적으로 언급하고 있다(Croft & Cruse 2004: 1). 한 언어표현의 의미는 단순히 한 형식에 상응하는 단일한 내용이 아니라, 내적인 복잡성을 가지는 개념이다. 이 개념은 독립적이지만, 이를 완전하게 이해하기 위해서는 다른 개념들과의 관계에 대한 인지가 필수적이다. 본 연구를 통해 인지언어학적 관점에서 개념단위를 언어자료를 기반으로 기술하고, 그 의미적 특징과 관계를 다른 개념단위들과의 관계 속에서 기술하고자 한다.

감정 혹은 정서(emotion)는 전통적으로 심리학의 연구대상이었다. 그러나 정서는 단순히 개인의 외부자극에 대한 심리적/생리적 반응에서 명명이라는 과정을 통해 문화적 의미를 부여받음과 동시에 새로운 기호로 변화한다. 이러한 과정은 퍼스의 세미오시스의 특징을 계승한다. 이 세미오시스라는 관점을 통해서 한 정서가 어떻게 개인적인 반응에서 언어공동체 구성원을 특징지우는 개념으로 변화하는가의 과정을 기술하는 것 역시 본 연구의 목적이다. 정서라는 개념을 지시하는 언어표현의 의미 스펙트럼은 언어자료의 분석을 통해 기술될 수 있다. 이는 한 언어표현의 의미가 독립된 모듈로서 작용하는 것이 아니며, 다른 의미를 가진 표현들과 결합함으로써 의미를 가지는 게슈탈트적이기 때문일 것이다. 이러한 게슈탈트적인 언어 표현의 의미를 정확하게 기술하는 것이 다른 문화 속에서 해당 상황을 동일하게 혹은 유사한 정도로 지칭할 수 있는 상응형을 찾는데 결정적인 역할을 할 것이라는 가설을 경험적 연구로 증명하고자 하는 것이 본 연구의 궁극적 지향점이다.

2. 본론

정서에 관련된 연구는 정서의 보편성에 대해 초점을 맞추고 있다. 그러나 세미오시스는 동일한 기호가 의사소통 속에서 다른 해석체와 상응함으로써 다른 기능을 수행할 수 있도록 하는 화용적 측면에서 정서의 생성과 변화에 대해 연구할 수 있는 틀을 제공한다.

우선 정서는 어원적으로 외부를 지향하는 운동을 나타낸다. 이 용어는 처음 일상에서 사용되기 시작했을 때 소란 혹은 소요를 의미했고, 사람들은 천둥을 대기의 'emotion'이라고 일컬었다(민경환, 이옥경, 김지현, 김민희, 김수안 2008: 3). 과학적 전통속에서 정서에 대한 정의는 여러가지 학문적 패러다임에 근거하여 시도되었다. 예를 들어, 다윈의 진화적 관점과, William James의 심리생리학적(psychophysiological) 관점, 그리고 Walter Canon의 신경학적(neurological) 관점, 프로이드의 심리역동적(psychodynamic) 관점, 그리고 1950년대에서야 나타나기 시작한 인지적 관점이 정서에 대해 정의하고자 하였다.[1)] 이러한 관점을 정리해보면 다음과 같다. 정서는 일정한 자극에 대한 반응으로 관찰자에 의해 추론되는 것이다(Plutchik 2001: 345). 이 정의에 따르면 정서는 인지, 느낌 그리고 행동의 세 가지 측면을 포함한다. 그리고 정서는 동기가 되는 사건 혹은 결과적 행동에 대한 복합적인 평가와 그 의미에 의존적이다. 이를 달리 말하면, 정서는 사람과 문화에 따라 다르게 나타난다고 할 수 있다. 그러므로 한 문화 속에서 나타나는 정서를 다른 문화에서 어떤 식으로 표현하는가에 대한 연구는 문화의 번역 혹은 소통 가능성이라는 차원에서 매우 유용하다고 할 수 있다.

2.1. 한국문화 속의 정(情)

한국어에서 정이라는 개념은 한국어를 사용하는 민족적 특징(national character)으로서 한국의 문화적 특징을 잘 나타내는 것으로 알려져 있다. 정의 불가능한 특성은 다음의 글에서 잘 나타난다.

> 한국어의 순수한 마음
>
> 정이라는 단어는 한국어에서 번역하기 매우 어려운 단어이다. 이 단어는

1) 개별 관점의 명칭은 Plutchik (2001: 344)에서 인용되었으며, 자세한 내용은 민경환, 이옥경, 김지현, 김민희, 김수안 (2008)의 제1부를 참고.

한국인들의 가장 특징적인 성격을 보여주는 단어의 하나이기 때문이다. 일반적으로 영어로는 affection 혹은 sincerity, devotion으로 번역되고, 우정과 애정 같은 단어들의 접미사로 사용된다. 그러나 정의 어원이야말로 정의 중요한 문화적 특성을 가장 잘 설명한다. 중국어에서 파생된 단어는 마음과 파란색을 의미하는 두 부분으로 구성된다. 파란색은 영어의 흰색처럼 한국어에서 자주 순수함과 연합되며, 그래서 정은 순수한 마음으로 번역될 수 있이며, 이는 친구들과 사랑하는 사람을 순수한 마음으로 소중하게 생각하는 것에 자부심을 갖기에 적절하다고 할 수 있다.

정과 관련된 최선의 은유는 두 사람 사이의 우정이 해변의 표면에 물이 솟아오르는 것과 유사하다는 것이다. 이 관계가 정신적 혹은 육체적인 것과 상관없이 물은 표면으로 너무 급하게 솟아오르지 않는다. 대신에 천천히, 신중하게, 꾸준히 올라온다. 그 본질이 정이다.

한국인은 친절하고 따뜻한 마음을 가진 사람들이라는 것을 자랑스러워 한다. 세계의 문화들이 우정과 사랑을 과대평가하는 것이 사실이지만, 한국에서 두 개념은 정이라는 단어 속에서 그들만의 고유한 문화적 특성을 가지며, 그 단어를 한국어에서 가장 의미있는 단어들의 하나로 만들어 간다. (모닝캄 대한항공 기내잡지.)[2]

---

2) 본문은 다음의 블로그 (http://blog.daum.net/_blog/BlogTypeView.do?blogid=03ate&articleno=2765719#ajax_history_3)에서 재인용된 것으로 그 원문은 다음과 같다.
The pure heart of Korean language
The word jeong is an extremely difficult word to translate from Korean because it embodies one of the most striking personality qualities of Korean people. Usually translated in English as affection, sincerity or devotion, it is also used as a suffix for the words friendship ujeong, and love aejeong. However, it is the etymology behind jeong that best illuminates the true meaning behind this very important cultural characteristic. The word is derived from the Chinese character which itself is composed of two radicals, meaning heart and blue. Since the color blue is often associated with purity in Korean much like the color white is in English, the word jeong can then be translated as pure heart, which is fitting because Koreans pride themselves on cherishing friends and loved ones with a pure heart.
The best metaphor surrounding jeong has it that when a friendship blooms between two people, it is similar to water rising to the surface of a beach. Whether the relationship is platonic or romantic, the water never rushes to the surface too quickly; instead, it comes up slowly, thoughtfully, patiently. That, in essence, is jeong.

이외에도 다양한 정에 대한 개념과 정의, 설명이 온라인과 오프라인에서 발견된다. 이는 정의 개념적 모호성에 대한 간접적 증거라고 할 수 있다.

이러한 정의 객관적 정의가 불가능한 것처럼 보이는 것은 정이라는 개념이 문화적 의존도가 높은 것에 기인한다.

문화에 대한 간략한 정의를 사전을 통해 파악하고자 한다. 문화란 사회 구성원에 의해 공유되는 지식-신념-행위의 총체. 도구의 사용과 더불어 인류의 고유한 특성으로 간주된다. 문화를 구성하는 요소에는 언어, 관념, 신앙, 관습, 규범, 제도, 기술, 예술, 의례 등이 있다. 문화의 존재와 활용은 인간 고유의 능력, 즉 상징적 사고(언어의 상징화)의 능력에서 기인한다.[3)]

연세한국어사전은 문화를 다음과 같이 정의한다.

> 문화
> 1. 한 사회의 예술, 도덕, 문학, 종교 따위의 정신적 활동의 전통
> 2. 정신적 가치와 아름다움에 관계되는 사회적 분야나 활동: 가을엔 문화 행사가 많다.
> 3. 어떤 분아에 진제직으로 나타나는 특징직인 흐름이나 일빈직인 경향: 인쇄 문화, 언어 문화 등.

백과사전이나 해석사전의 문화에 대한 설명은 큰 차이를 보인다고 할 수 없다. 그렇다면 다른 언어문화 속에서 문화에 대한 정의는 어떤 차이를 보이는가에 대한 고찰이 필요하다. 러시아어에서 문화는 사전 속에

Koreans pride themselves on being a kind, warm-hearted people. While it is true that cultures of the world overvalue friendship and love, in Korea the two concepts have their own cultural flair reading the word jeong, making it one of the most meaningful words in Korean.

3) 브리태니카 백과사전의 온라인 버전에서 인용된 것이다. 그 소스는 http://preview.britannica.co.kr/bol/topic.asp?mtt_id=32329 이다.

서 다음과 같이 정의된다.

культура в Большой Толковый Словарь
1. 사회, 정신적인 삶에서 인간이 이루어놓은 것의 총체
2. 사회 발전에서 특정한 시기의 고고학적 기념비의 공유
3. 예술분야와 관련된 인간활동 영역
4. 인간의 활동 영역이나 생활조건의 높은 발전 정도
5. 교양
6. 식물의 재배

러시아어에 *культура*라는 단어의 등장은 18세기 말에서 19세기 초로 추정된다. 그러나 현재 문화의 개념 자체는 다른 언어임에도 불구하고 커다란 차이를 보이지 않는다. 문화는 정신적 활동의 역사적인 총합으로 간주된다. 여기서 총합은 게슈탈트적인 특성과 관련된다. 다시 말하면, 문화는 언어, 전통, 사회 등의 수많은 하위 범주로 구성된 거대 범주적 현상이지만, 그 하위 범주들의 총합이 문화와 동일시 될 수 없는 자신만의 특성을 가진 독립 범주라고 할 수 있다.

2.2. 세미오시스

세미오시스는 하나의 과정이다. 이 과정의 세 요소는 기호로 작용하는 것, 기호가 지시하는 것, 문제의 그것이 그 해석자에게 기호가 됨으로써 해석자에게 주는 영향이다. 세미오시스의 이 세 요소는 각각, 기호매체(sign vehicle), 지시체(designatum), 해석체(interpretant)이다. 그 해석자(interpreter)가 네번째의 요소가 될 수 있다(Morris 37). 이것을 모리스는 다음과 같이 다시 정리한다.

In semiosis something takes account of something else mediately.

여기서 첫번째 무언가는 해석자가 되고, taking account of 의 행위는 해석에 해당하며, 그 뒤의 something else는 지시체가 되고, 그 매체가 되는 것이 매개체인 기호 매체의 역할이라고 볼 수 있다. 기호와 대상(object)의 관계가 세미오시스의 의미적 차원이라면, 기호와 해석자의 이항적 관계는 세미오시스의 화용적 차원이다. 기호화 다른 기호와의 관계는 세미오시스의 통사적 차원이다.

정서의 연구는 이러한 세미오시스를 잘 보여준다. 정이라는 기호 매체의 지시체는 특정한 대상을 가진다. 그 의미적 측면이 호감이나 성실성 같은 개념으로 번역될 수 있다면, 번역되기 어려운 측면은 기호 매체의 해석자와의 관계인 세미오시스의 화용론적 차원이라고 볼 수 있을 것이다. 그리고 기호 매체와 연어 관계(collocational relation)에 있는 다른 기호들과의 관계를 조망함으로써 정이라는 기호의 통사적 차원과 더불어 앞의 두 차원에 대한 고찰도 가능할 것이다.

2.3. 정의 개념적 은유

정서에 대한 연구는 언어학의 영역에서도 흥미로운 연구주제가 되어왔다. 레이코프의 '화(anger)' 분석이 감정 용어(emotion terms)에 대한 인지의미론적 입장을 피력하는 시작점이 되었다(Lakoff 1987). 커베체쉬는 최근의 연구를 통해 감정이 은유라는 인지적 개념화 작용을 통해 표현되고, 형성된다는 내용을 다양한 언어를 통해 검증하고 있다(Kövecses 2000, 2002). 임지룡은 한국어의 다양한 감정의 개념화 양상을 일련의 연구를 통해 연구하였다(임지룡 2001ㄱ, 2001ㄴ, 2001ㄷ, 2001ㄹ, 2001ㅁ, 2005). 안혁(2012)에서는 정과 한이라는 가장 한국적 정서를 잘 드러내는 감정어를 러시아어로 번역하는 과정에서 상관성에 대한 연구를 하였다. 본 연구에서는 나익주(2006)의 연구에 기반하여 인지언어학적 관점 중 개념적 은유의 공식으로 정의 개념화 과정을 고찰하고자 한다.

레이코프와 존슨의 존재론적 은유라는 개념은 시각적으로 가용하지 않은 내용을 시각적으로 가용한 것으로 여김으로써 인지가능하게 만들어주는 개념적 메커니즘이라고 할 수 있다. 그러므로 첫 번째 존재론적 은유의 공식은 "정은 물건이다"로 정할 수 있다. 레이코프와 존슨의 은유의 공식은 두 관련 도메인이 "A는 B이다"의 형식으로 표현되고, 두 도메인은 의미적으로 연결된다(Lakoff & Johnson 1980: 3-6). '정'이 구체적인 개체로 간주될 때, 우리는 정과 관련하여 다양한 목적을 충족할 수 있다. 더 구체적으로 말하면, 우리는 '정'을 지시할 수 있고, 양화할 수 있으며, '정'의 특정한 국면을 식별할 수 있다. '정'을 어떤 사건의 원인으로 간주할 수 있으며, '정'과 관련하여 어떤 활동을 수행할 수 있다.

(1) ㄱ. 맺은 첫정
ㄴ. 부부의 정 / 어머니의 정

나익주는 이에 대해 '-의'는 정이 어떤 소유자에게 속하는 구체적 물건들 중의 하나로 간주된다고 언급하고 있지만, 단순히 '-의'의 사용이 소유가능한 구체적 물건이라는 해석을 함의한다고 볼 수 없다.

(2) 그 여자에게 정을 둔 사내는 많다.

처소동사 '두다'는 행위자가 대상에게 정을 가진다는 것을 의미하며, 첫 번째의 개념적 은유인 정의 존재론적 양상에 대한 언급의 유효성을 보이는 예라고 할 수 있다. 이와 더불어 양화의 개념 역시 정의 존재론적 은유를 입증한다. '정이 많다'나 '정이 없다'라는 표현이 그 예가 된다. 또한 의 개념에서 양화를 통해 정의 존재론적 은유를 입증한다.

나익주는 원인의 식별 기준이 되는 다음의 예문 역시 정이 물건이다라는 개념적 은유와 관련되는 것으로 보는데, 그 근거의 기반이 약하다고 보인다.

(3) 사사로운 정 때문에 일을 그르치지 말라.

하지만 이동의 표현이나 다른 수식어 혹은 술어와 결합할 때 존재론적 은유의 특성이 완연히 나타난다.

(4) 정만을 남겨놓고 어이 홀로 떠나갔느냐?

두 번째로 정은 끈적끈적한 물건이라는 개념적 은유가 정의 개념화 과정에서 중요한 역할을 한다. 구조적 은유는 정의 제한된 지식을 확장하는데 매우 효과적이며, 다른 구조적 은유처럼 정의 특성을 효과적으로 소통시킨다. '붙이다', '떼다'라는 술어와 결합이 위의 개념적 은유 추론의 근거가 된다. 그러나 빈도상 '붙이다'보다 '떼다'가 상대적으로 빈번하게 사용된다. 이는 인지언어학에서 언급하는 끈적끈적함은 정의 발생이나 제거가 쉽지 않다는 함의를 가진다.

(5) ㄱ. 철수는 아무데도 정을 붙이지 못하고 떠돌았다.
ㄴ. 정을 떼는 것이 얼마나 힘든데 독한 년이지.

세 번째로 정은 그릇 속의 액체로 개념화된다. 감정은 일반적으로 그릇 속의 액체로 개념화되고 인간의 몸은 그러한 감정을 담는 그릇으로 이해된다(Kövecses 2002: 93-98; Lakoff 1987: 380-415). 한국어의 정이 감정의 한 하위유형이라는 것을 인정한다면, 정이 몸이라는 그릇에 담긴 액체로 간주되는 구조적 은유를 자연스럽게 추론할 수 있다.

(6) ㄱ. 사람은 정이 깊이 들면 헤어지기 힘들다.
ㄴ. 명희는 딸에게 정을 듬뿍 쏟았다.

네번째로 정은 자양분으로 개념화된다. 영어에서 사랑은 자양분(nutrient element)으로 개념화된다. *I thrive on love*와 *He is sustained by love*의 예를 들 수 있다(Kövecses 2002: 81-3; Gibbs 1994: 147). 자양분으로 정의 사상을 보면 두 대상의 관계에 기반한 상호작용의 인과적 측면에 초점을 두고 있다. 포화상태를 지향하는 결핍된 상태의 변화를 함의한다.

(7) ㄱ. 어머니 품을 떠나 외롭게 자라난 그는 정에 주리고 정에 목말라했다.
ㄴ. 성희는 계모 밑에서 정을 제대로 받지 못하고 자라서 성격이 비뚤어졌다.

다음으로 정은 귀중한 소유물이라는 개념적 은유이다. '베풀다', '헤프다'라는 술어와의 상응을 고려하면 돈과 비슷하다. 그러나 더 기본적인 은유의 메카니즘을 찾는다는 점에서 귀중한 물건이라는 근원영역의 선택이 더 적절한 것으로 간주된다. 이와 더불어 교환의 의미가 이 개념적 은유에서 중요한 역할을 한다. 나익주 역시 이 은유에 '주다/받다'를 포함시켰다는 점에서 교환의 양상은 단순히 귀중한 물건뿐만 아니라 다른 많은 가치를 유발할 수 있는 개념이라고 할 수 있을 것이다.

(8) ㄱ. 영희는 내가 한때 정을 주었던 여인이다.
ㄴ. 정이란 줄때는 꿈속 같고 받을 때는 안타까운 그런 것이다.
ㄷ. 성희는 그 불쌍한 소녀에게 많은 정을 베풀었다.
ㄹ. 철수는 정이 헤프다.

마지막으로 정은 따스함이라는 개념적 은유를 고려해볼 수 있다. 온기의 존재(나익주 109)는 정의 한 특징적 측면을 반영한다. 이와 관련하여 "사랑은 불이다"라는 개념적 은유가 한국어에서 성립하는데, 정은 불의 전체적인 영상을 담는다기보다 특정 측면인 온기만을 함의한다. 하지만 불은 온기의 근원이 될 수 있다는 점에서 정은 따스한 온기를 내뿜는 불 혹은 모닥불 정도의 개념적 은유를 통해 사랑과 정의 유사성을 보이는 것은 이 정서를 더 잘 이해하는 한 선택이 된다.

(9) ㄱ. 어려운 때일수록 따뜻한 정을 나눕시다.
ㄴ. 연말의 훈훈한 정이 추위를 녹였다.

2.4. '정'의 러시아어 상응형

우선 '정'의 한국어 예문을 번역 후 러시아어 모국어 화자에게 검증된 자료를 통해 얻어진 상응한 표현들을 가지고 컴파일하면, 주로 любовь '사랑', эмоция '감정', отношение '관계'라는 어휘가 의미적으로 관련되어 있다는 것을 알 수 있다. '정'을 번역하는 과정에서 빈번하게 사용되는 개념을 표상하는 '사랑'이라는 어휘를 보면 특정 대상 사이의 호감을 '사랑'으로 번역하고 있다는 것을 볼 수 있다. 사랑과 관련되는 표현이 다음과 같은 예에서 사용되는 것을 알 수 있다.

(10) Материнская любовь
'어머니의 정'

(10)에서 보는 것처럼 남녀 간의 사랑과 부부간의 사랑, 그리고 부모와 자식 간의 사랑이 정으로 개념화 된다고 할 수 있다. 그러나 특정한 대상 사이의 사랑이 아닌 다른 감정도 정으로 개념화될 수 있다. 예를

들어,부부 사이의 정은 사랑으로 번역될 수 있고, 본 연구자도 개인적으로 “Супружеская любовь(부부의 사랑)”으로 번역했었다. 그러나 부부간의 정은 단순히 사랑만을 언급하지 않을 수도 있다. 이에 대해 다음과 같은 번역을 모국어 화자와 같이 도출하게 되었다.

(11) Супружеская привязанность ‘부부의 정’

위의 표현은 привязанность ‘애정, 호감, 집착’을 의미하는 어휘이다. 이는 러시아어의 사랑과는 다른 부부나 연인 사이에 발생하는 감정에만 사용하는 것으로 보이나, 혼용되는 경우도 국립 러시아어 말뭉치 속에서 발견된다.

(12) a. Дружба с Чепыжиным, любовь к дочери, привязанность к жене, его безнадёжная любовь к Марье Ивановне...
‘체프쥔과 우정, 딸에 대한 사랑, 아내에 대한 애정, 마리아 이바노브나에 대한 그의 희망없는 사랑’

b. Их привязанность и любовь к Толе казались ей неглубокими. (НКРЯ[4])
‘그들의 똘랴에 대한 애정과 사랑은 그녀에게 깊지 않은 것처럼 보였다’

(12)에서 보는 바와 같이 화자에 따라 두 어휘는 동일한 관계를 표현하는 데 사용될 수 있고, 다른 관계를 지칭할 수도 있다. 사랑이 강한 화력을 가진 불이라면, 정은 그러한 강함을 가질 수 있는 잠재력을 가진 약한 불이거나 사랑이라는 강한 불이 그 정점을 넘어선 따스한 불이기에 정의 번역에서 사랑과 정의 스펙트럼에서 가변적으로 나타나는 개념

4) Национальный корпус русского языка

이라고 할 수 있다. 이러한 가변성은 정으로 관련되는 대상에 따라 다르게 나타날 수 있다.

또 하나의 흥미로운 점은 러시아어에도 사랑과 증오의 유사성에 대한 문화적 인지가 존재하고 있다는 것이다. 한국어에서 소위 "미운 정"이라는 표현과 연관된다고 볼 수 있을 것이다. 실제로 "정"이라는 개념화 과정을 설명할 때 가장 어려운 부분 중의 하나가 바로 이러한 감정적으로 대립적인 양상이 실제로 동일한 어휘로 표현이 된다는 점이다. 그에 따라 개념적으로 대립적인 수식어구가 정을 수식하는 데 사용된다.

(13) От ненависти до любви – один шаг.
'정에서 노염이 난다'

"정에서 노염이 난다"는 표현을 번역하는 과정에서 러시아어에도 "От ненависти до любви – один шаг (증오에서 사랑까지는 한걸음이다)"라는 숙어적 표현을 찾을 수 있었다. 감정의 변화무쌍함을 잘 나타낸다고 볼 수 있다. 그리고 동시에 개념적 대상이 되는 감정의 하위범주 사이의 경계가 불분명함을 잘 보여주는 예라고도 할 수 있을 것이다.

한국어의 정은 상대방에 대한 긍정적인 감정뿐만 아니라 일반적인 감정을 대표하는 용어로 사용된다. 이에 대한 러시아어의 상응 표현은 다음과 같다.

(14) Глубоко запавшее в душу чувство
'찰거머리 정'

한국어의 관용적 표현인 위의 "찰거머리 정"은 동일한 개념적 은유가 비은유적 표현을 통해 번역된 것을 위의 예에서 볼 수 있다. 문자적 의미는 '영혼에 깊게 빠진 감정'이다. 이것에 대해 모국어 화자는 사랑이라는 어휘는 적절하지 않다고 언급하였다. 물론 문학/예술 텍스트에서 그러한 표현은 작가의 창의성에 따라 가능하지만, 일반적으로 정상적인 표현으로 보기는 어렵다.

정은 자주 특정한 관계와 의미적으로 관계된다. 사람들 사이의 관계는 감정은 아니지만, 관계를 유지하는 것은 상호간의 특정한 감정을 유지한다고 볼 수 있으며, 그로 인해 관계가 지속된다고 볼 수 있다. 이는 관계와 감정이라는 개념이 전체와 부분의 환유적 관계에 있다고 볼 수 있다.

(15) крепкие дружеские отношения
'두터운 정'

두터운 정은 러시아어로 '강한 친분관계'로 번역된다. 정은 친분이 있는 관계이고, 그것이 사랑이 되고, 특별한 감정으로 발전한다고 볼 수 있다. 그 시작은 흥미를 갖는 것이고, 이러한 내용은 많은 러시아어 표현에서 발견할 수 있다.

(16) Честно говоря, но у меня пропал весь интерес к этому университету (пропало все желание поступать в этот университет).
'솔직히 말해서 이 대학에 정 떨어졌어요'

예문 (16)에서 정 떨어진 것은 흥미가 없어지거나, 위의 경우에는 해당 대학에 입학하고자 하는 희망이 없어졌다는 것으로 번역할 수 있다. 위에서 정을 다른 대상에 붙을 수 있는 끈적끈적한 물건으로 개념화하는 은유의 한 표현인 "정을 떼다"는 정이 관계의 형성을 환유하고 떼는 행위는 관계하고자 하는 의도나 흥미가 없어지는 것을 표현한다.

(17) a. У меня пропал к Сонхи весь интерес из-за ее большого эгоизма / у меня пропало все желание общаться с Сонхи из-за ее эгоизма.
'성희의 지나친 이기심 때문에 오만 정이 다 떨어졌다'

b. Посмотришь на его выходки, так все желание пропадает с ним общаться (он отталкивает от себя своим поведением)
'그 자식 하는 짓을 보면 정나미가 떨어진다'

위의 예문 역시 화자가 성희라는 사람과의 관계를 유지하고자 하는 의도가 없는 상태를 정이 떨어진 것으로 표현하고 있다. 유사한 표현인 "정나미가 떨어졌다" 역시 동일한 방식으로 번역할 수 있다.

반대로 관계를 시작하는 "정이 들다" 같은 표현은 위에서 언급된 사랑이라는 어휘가 빈번하게 사용된다.

(18) За время благотворительного мероприятия Чольсу успел завоевать любовь многих селян.
'철수는 봉사활동을 하는 동안 마을 사람들에게 정이 들었다'

위의 문장에서 철수는 많은 마을주민들의 사랑을 얻었다는 의미로 번역된다. 여기서 사랑은 쟁취할 수 있는 물건이고, 그것의 획득은 정으로 대표되는 관계의 수립 혹은 성립을 의미한다. 그러나 다음의 예문에서는 정이 드는 것을 애정이 생긴다는 동사구를 사용하여 나타냄으로써 사랑과 애정의 구분이 모호함을 보여주고 있다.

(19) Если успеешь к кому-то сильно привязаться, то потом всегда разлука тяжела (тяжело расставаться с этим человеком)
'사람은 정이 깊이 들면 헤어지기 힘들다'

유사한 표현으로 ‘정을 쏟다’는 표현 역시 사랑의 어휘를 사용하여 번역된다.

(20) Мёнхи пыталась отдать / посвятить всю свою любовь дочери.
명희는 딸에게 정을 듬뿍 쏟았다.

정이 드는 경우와 유사하게 사랑이라는 감정을 전달할 수 있는 물건으로 개념화하여 표현하고 있다. ‘쏟다’라는 동사를 통해 알 수 있는 정이 단순히 물건이 아니라 그릇 속에 액체라는 개념화 양상은 사실 매우 복잡하다. 한국어에서는 정이 액체로 개념화되는 것이 상대적으로 러시아어보다 자주 관찰된다. 위의 ‘쏟다’의 경우 외에도 ‘넘치다’ 같은 동사구가 정과 같이 사용될 수 있다. 그러나 이는 번역하기 어려우며, 모국어 화자도 예외는 아니다. 이것을 번역에서 보여주는 공백으로 볼 수 있을 것이다.

(21) ?Под конец года чувства переливаются через край
‘연말이면 정이 철철 넘친다’

위의 예문에서 정이 넘친다는 사람들이 주위에 관심을 갖고 신경을 쓰는 상태를 의미하지만, 해당 내용을 любовь나 чувство 등의 어휘를 이용하여 러시아어로 번역하는 것은 어렵다. 이에 대해 상응하는 러시아어의 표현이 없다는 것은 한국어의 문화적 특성으로 이해하여야 할 것이다. 이렇게 정을 그릇 속의 액체로 개념화하는 다른 경우 역시 러시아어에서 번역될 수 있지만, 모국어 화자들과 소통하는 과정에서 자세한 설명이 필요한 경우였다. 예를 들어, 다음의 예에서 정이 흐르는 사회는 정이 있는 사회를 일컫지만, 단순히 있다는 것만을 의미하는 것이 아니라 충분한 정도로 있는 상태를 개념화한다고 볼 수 있다.

(22) Теперь будет тяжело восстановить прежние (дружеские / теплые) отношения в нашей фирме / компании.
이제는 우리 사회에 흥건히 흐르고 있던 정은 찾아보기 어렵다.

감정을 액체로 개념화하는 은유 중에서 다음의 표현들은 그 양상이 위의 예문들과는 상이하다고 볼 수 있다. 위의 예문들이 정이 한 사회적 감정으로 해석되고, 문화적 현상의 이름으로 나타난다면, 다음의 예문들은 개인적인 차원의 정을 보여주고 있다.

(23) a. Чонхи очень бездушная / черствая.
'정희는 정이 완전히 메마른 사람이다'

b. Он вырос один / без матери, обделенный материнской любви и ласки.
'어머니 품을 떠나 외롭게 자라난 그는 정에 주리고 정에 목말라 했다'

예문 (23a)에서 정이 메마른 것은 정희의 개인적인 문제이고 그래서 정희의 특성을 나타내는 형용사구로 번역될 수 있다. (23b) 역시 개인적인 상태를 표현하고 있지만, (23a)와 차이점은 위의 예들에서 액체가 사회적인 스케일을 반영하는 것이었다면, 여기서는 '목마르다'라는 동사와의 연어를 통해 개인 수준의 스케일 다운 현상을 잘 나타낸다고 할 수 있다.

정이 있고 없음이 개인적 차원의 문제로 표상되는 예문들 중에서 다음의 예문들은 흥미로운 점을 보여준다.

(24) a. Чольсу очень открытый (душой / откровенный) человек.
'철수는 정이 헤프다.'

b. Сонхи отдала всю свою любовь этой несчастной девочке.
'성희는 그 불쌍한 소녀에게 많은 정을 베풀었다.'

위의 예문은 정이 개인의 소유물, 특히 돈으로 개념화된다고 할 수 있다. 그러나 러시아어에서는 그러한 개념화가 나타나지 않는다. 그러므로 러시아어는 개방적인 같은 형용사를 통해 번역을 하고, '베풀다'라는 동사 역시 단순히 '주다'라는 표현으로 대치하게 된다.

한국어 속에서 나타난 정의 개념화 과정은 사랑, 일반적인 감정의 총체, 특정한 사람들과의 관계로 분류될 수 있다. 여기서 흥미로운 것은 정서적으로 상호작용하는 특정한 사람들이 있을 때는 일반적인 감정이나 관계가 아닌 사랑이나 호감을 표현한다는 것이다. 반면에 특정 개인의 성품이나 일반적인 집단의 정서를 논할 경우, 정의 의미적 스펙트럼은 다양하게 나타나며, 이러한 다양성을 러시아어의 한 어휘로 상응시키기는 어려운 것이 당연하다고 볼 수 있다.

정의 개념화 양상은 개인의 반응에서 비롯된 개념화라는 점에서 일반화하기 어렵다. 그러나 한국어와 러시아어라는 다른 문화적 배경을 가진 언어 속에서도 공통적으로 나타나는 부분은 존재한다. 예를 들어, 정이라는 것이 한 사람과 다른 사람 간의 관계 속의 상호작용이라는 것과 상호간의 긍정적인 감정이 존재를 전제한다는 것이다. 그러나 그것이 추후에 상대방에 대한 부정적인 감정으로 변화할 수 있다는 개연성을 포함한다. 위의 전제만 갖춰진다면, 그 후 상태나 감정은 긍정적이어야 할 필요는 없다. 실제로 감정은 뇌의 자극에 대한 제한된 반응을 해석하는 과정이라고 할 수 있다. 예를 들어, 최현석(2011)은 사랑, 증오, 분노, 슬픔 같은 감정의 생리적 반응과 신경과학적 관점에서 신경기관의 작용을 언급한다. 그중 뇌섬(insula)이라는 기관은 역겨움을 느낄 때 활성화되는데, 이 뇌섬은 증오, 사랑, 슬픔이라는 감정을 느낄 때도 역시 활성화된다. 물론 특정 뇌의 부분이 활성화되면, 특정 감정이 활성화되는 일대일 대응적인 상관관계가 성립된다고 할 수는 없다. 하지만 여기서도 언어외적 사건의 다양함은 무궁무진하지만, 그에 상응하는 인간의 인지적 대응이나 그것을 표현하는 언어는 한정되어 있고, 그로 인해 한 감정이 다양한 언어 형태로 표현되기도 하고, 다양한 감정처럼 보이는 것이 하나의 언어 표현을 공유하기도 한다.

정(情)에 대한 담론은 다양한 장르에 걸쳐 관찰된다. 여기서 언급하려고 의도했던 정이라는 감정이 과연 한민족을 대표하는 민족적 정서가 될 수 있는가에 대한 논의 역시 정이라는 언어 표현이 문학작품뿐만 아니라 일반적인 언어 상황 속에서 빈번하게 사용된다는 것이 언어적 관점에서 정이 감정과 관련되는 언어표현의 원형적 특성을 가진다는 것을 알 수 있다. 그러므로 정은 한국어 사용자들에게 원형적인 감정 용어라고 생각해볼 수 있다. 그러나 정이라는 어휘의 개념화 과정에서 한민족의 역사성과 문화적 특성이 융합되어 나타난 것이 분명한 민족 정서를 나타내는 어휘이다. 감정이나 정서는 앞에서 언급된 바대로 외부적 혹은 내적인 자극에 대한 심리적이고 생리적인 반응이다. 그 생리적 반응이라는 것이 매우 함축적이고 복합적이기 때문에 언어 표현이 상응하는 범위의 설정은 어렵다. 그러나 한국어 화자들은 정이라는 감정의 존재를 인지하고 있으며, 한국적인 특성이 그 감정 속에 있다는 것을 주지하고 있음은 분명하다. 그러므로 정을 민족 정서의 원형적 유형으로 분류하는 것은 가능하다고 할 수 있을 것이다.

단일한 언어 안에서도 감정을 정의하기는 어렵다. 문화적 배경까지 고려해야하는 언어 간의 상응관계는 더할 나위 없이 복잡하다. 그러나 인지적 관점에서 언어가 실재를 반영하고, 물리적, 생물학적으로 공유하는 점이 있는 인간들의 언어는 다양한 방식으로 감정의 개념화를 표상한다. 그러므로 본 연구의 의의는 단순히 한국어와 러시아어 사이의 동의어 관계 발견을 위한 것이 아니라 한 문화 속에서 개념화되는 사고의 본질을 밝히는 작업이라고 할 수 있다.

3. 결론

감정 혹은 정서는 기본적으로 한 개인의 자극에 대한 반응이다. 그 자극은 외적인 요인인 물리적 접촉이나 비물리적인 자극일 수도 있고, 자신의 내부에서 발생하는 자발적인 자극일 수도 있다. 감정으로 분류되는 모든 유형들이 공유하는 공통점은 자극에 대해 반응이 있다는 것이다. 그 반응 역시 생리적 결과물인 눈물 같은 것을 동반하거나 동반하지 않을 수 있다. 감정에 대한 연구는 다양한 학문 분야, 철학, 심리학, 의학, 언어학에서 다양한 방식으로 이루어져 왔다. 감정의 분류와 구분은 위의 연구의 근간이 된다. 이러한 구분은 인간의 보편적 특성으로서 감정에 대한 연구라기보다는 특정 사회문화 속에서 구성원들에 의해 공유되는 역사적, 문화적 특성의 반영 양상을 연구하는 것이다. 예를 들어, 이누이트 민족은 분노를 표현하지 않는다. 만약 화내는 사람이 있다면 '애 같은 행동'이라고 나무란다고 한다. 이의 배경에는 1950년대까지도 이누이트 민족이 겪어야 했던 북극 지역의 척박함이 그 원인일 것이다. 이러한 상황 속에서 분노는 집단의 결속력을 해치는 위험한 감정으로 간주되었기 때문일 것이다. 그리고 우리가 지상낙원으로 알고 있는 타히티의 자살률이 실제로는 높다고 한다. 이 행복할 것만 같은 곳에 무슨 일이 있는 것일까? 이에 대한 대답으로 타히티어에 슬픔이라는 개념을 나타내는 어휘가 없다고 한다. 그러한 감정적 변화를 아픔이나 질병이라는 개념으로 대치하는데 이러한 개념적 대치를 통해 슬픔을 질병으로 인지하고 이로 인해 자살이라는 극단적인 해결책을 찾는 것이 아닌가

하는 의견이 존재한다.[5)]

문화적 특수성의 연구에서 정(情)과 한(恨)은 한민족의 민족정서를 나타낸다고 알려져 있다. 이것은 위 정서가 한민족에게만 존재한다고 주장하는 것이 아니라 한국어 화자의 특별한 개념화 방식을 통해 언어적으로 실재하는 것으로 해석해볼 수 있다. 여기서 러시아어 화자들은 이와 유사한 자극-반응의 상황을 어떻게 언어적으로 개념화하는가를 고찰함으로써 두 상이한 문화간의 유사성과 차이점에 대해 연구하고자 했던 것이 본 연구의 목적이다. 한국어의 정은 사랑, 포괄적인 감정의 총체, 그리고 특정인과의 관계를 표현하는 것으로 나타난다. 그러나 사랑은 정보다 그 감정적 정도가 상대적으로 강한 것을 나타내며, 동시에 정은 사랑보다 상대적으로 정적이지만, 오랜 기간 동안 지속되는 경우를 지시하는 것을 예문을 통해 알 수 있었다. 정의 두 번째 속성으로 감정 전체의 환유적 표현으로 사용되는 것을 알 수 있었다. 이 경우, 정이라는 것이 상대방에 대한 관심, 흥미, 심지어는 증오를 포괄하는 감정으로 간주된다. 이러한 환유적 관계를 통해 한국어와 러시아어가 모두 애정과 증오가 개념적으로 상반되지만, 실제로 공유하는 부분이 있다는 것이 흥미로웠다. 그리고 이는 다양한 은유를 통해 개념화되는 것으로 나타난다. 정에 목마른 것은 애정이나 관심의 필요성을 나타내며, 정이 떨어지는 것은 관심이 없어지는, 즉 상대방에 대한 감정이 없다는 것을 은유적으로 나타낸 것으로 간주할 수 있다. 세 번째로는 위의 개인적인 관계들과 더불어 사회 속의 사람들 간의 관계를 정으로 개념화한다. 애정이 개인적인 감정의 원형이라면, 애정에 기반한 사회적 관계는 연말에 정이 넘친다거나 정이 메마른 사회 같은 은유적 표현으로 나타난다고 할 수 있다. 이러한 표현들의 러시아어 상응형을 통해서 두 언어문화의 차

5) 위의 내용은 2012년 영국, 런던에서 열린 영국인지언어학회의 기조연설자였던 조지 레이코프 교수의 강연에서 언급된 것이다. 후자의 개념적 대치에 대해 레이코프는 “hypocognition”이라는 용어를 사용하였다.

이점도 알 수 있었지만, 동시에 한국어의 정을 좀 더 객관적으로 인지하는 계기가 되었다. 언어적 자료를 통해서 두 언어 간의 차이를 경험론적으로 보이고자 한 것 역시 본 연구의 또 다른 목적이라고 할 것이다. 이를 통해 정서의 보편적 특성과 개별적 특수성을 적절하게 기술함으로써 인간 사고의 구조를 더 잘 이해하고 문화간 차이를 극복할 수 있는 상호 이해를 도모하는 것이 이와 관련된 궁극적 목표라고 할 수 있다. 이러한 궁극적 목적을 달성하기 위해서는 지루하고 어려운 작업인 특정 문화 속의 개별 감정에 대한 고찰을 바탕으로 하여 그 결과를 상호 비교함으로써 개별 감정의 본질에 접근할 수 있으며, 동시에 개별 감정의 연결된 감정의 의미적 네트워크를 구성할 수 있을 것으로 생각된다. 그러므로 본 연구의 후속 연구로서 한국어의 다른 감정인 슬픔, 한 등에 대한 논의와 러시아어와 다른 외국어 속의 상응하는 감정 용어에 대한 비교 논의가 추가적으로 뒤따라야할 것이라고 생각된다.

참고문헌

고영복. 1996.『사상사 개설』. 사회문화연구소.

민경환, 이옥경, 김지현, 김민희, 김수안. 2008.『정서심리학』. 시그마프레스.

안혁. 2012. "한국어 정(情)과 한(恨)의 러시아어 상응관계 연구."『슬라브어 연구』17권2호: 69-81.

임지룡. 2001ㄱ. "'미움'의 개념화 양상."『어문학』72호: 173-201.

임지룡. 2011ㄴ. "'두려움'의 개념화 양상."『한글』252호: 103-143.

임지룡. 2011ㄷ. "'긴장'의 개념화 양상."『담화와 인지』8권 2호: 205-227.

임지룡. 2011ㄹ. "'기쁨'과 '슬픔'의 개념화 양상." 『국어학』 37권: 219-249.

임지룡. 2011ㅁ. "'화(火)'의 개념화 양상." 『언어』 4권: 693-721.

임지룡. 2005. "'부끄러움'의 개념화 양상." 『어문학』 89권: 27-56.

나익주. 2006. "'정'과 '한(恨)'의 은유적 개념화." 『한국어 의미학』 20권: 91-120.

방영심, 이정화. 2007. "한국어에 나타나는 '한(恨)'의 개념화 양상." 『한국어 의미학』 22권: 95-121.

최현석. 2011. 『인간의 모든 감정』. 서해문집.

Croft, W. & Cruse, A. 2004. *Cognitive Linguistics*. Cambridge University Press.

Evans, Vyvyan & Green, Melanie. 2006. *Cognitive Linguistics: An Introduction*. The Edinburgh University Press.

Jakobson, Roman. 1959/1971. "On Linguistic Aspect of Translation." In *Selected Writings. II. Word and Language*. Mouton: The Hague, Paris.

Kövecses, Zoltán. 2000. *Metaphor and Emotion: Language, Culture, and Body in Human Feeling*. Cambridge University Press.

Kövecses, Zoltán. 2002. *Metaphor: A Practical Introduction*. Oxford: Oxford University Press.

Lakoff, G. and Johnson, M. 1980. *Metaphors We Live By*. Chicago: University of Chicago Press.

Lakoff, G. 1987. *Women, Fire, and Dangerous Things: What Categories Reveal About the Mind*. Chicago: University of Chicago Press.

Lakoff, G. 1993. "The Contemporary Theory of Metaphor." In *Metaphor and thought*, ed. Andrew Ortony, 202-251. Cambridge: Cambridge University Press.

Morris, C. 1938. "Semiosis and Semiotic." In *Writings on the General Theory of Signs*, 19-27. The Hague and Paris: Mouton de Gruyter.

Plutchik, Robert. 2001. "The Nature of Emotions." *American Scientist* 89(4): 344-350.

Wierzbicka, Anna. 1998. "'Sadness' and 'Anger' in Russian: The Non-Universality of the So-Called Basic Human Emotions." In *Speaking of Emotions: Conceptualisation and Expression,* eds. A. Athanasiadou and E. Tabakowska, 3-28. Berlin, New York: Mouton de Gruyter.

III

감정과 문학

6

1930년대 중후반 소설에 나타난 불안의 양상과 극복의 방식

김 은 정

1. 들어가기

민족적 비애와 더불어 일제 강점기 문학에 현저한 요소의 하나는 수많은 작품 내면에 담겨있는 고뇌의 그림자이다. 이 고뇌는 엄밀히 말하여 두 가지로 나누어 볼 수 있는데 우선 당시의 세계적인 사조나 분위기에 따른 세계고(世界苦)와 식민 통치하에 있는 피압박 민족으로서의 사회현실에 대처해야만 하는 고민인 것이다.

'과도기의 청년이 받은 불안과 공포의 번민 - 「標本室의 청개고리」에 몹시 불안을 느끼면서도 새로운 하믈레트의 출현에 통쾌감을 금할 수가 없었다'는 김동인의 말처럼 30년대 들어서는 이러한 고뇌 문제는 인텔리 계층의 역할이 증대됨에 따라 지식인을 통해 많이 다루어지고 있다. 유진오의 「김강사와 T교수」는 알려진 대로 지식인이 당시 사회체제에 적응, 타협하는 과정에서의 고민과 갈등 상을 구현한 작품이다. 또한 채만식은 「치숙」에서 당시 사회운동으로 옥살이를 하고 풀려 나와 병을 않으면서도 책만 읽는 아저씨를 지탄하는 친일적인 점원 청년을 통해 식민지 시대에 대처하는 문제를 역설적으로 제시하고 있으며, 현진건의 「술을 권하는 사회」는 일본유학을 마치고 돌아와 매일 술을 마시고 들어오는 남편을 통해 당시 일제 강점하의 한심한 현실에 대응해야 하는 지식인의 고뇌를 통렬하게 외치고 있는 것을 볼 수 있다.

또한 이 무렵 김팔봉이 일기체로 쓴 「젊은 이상주의자의 사」는 더욱 선명하게 식민지 체제에 대응하는 고뇌를 보여준 소설이라 할 수 있다. 위에 예를 든 작품은 식민 치하에서 살아가야 하는 지식인들이 다소 차이는 있더라도 개인의 삶과 당면한 대상과의 사이에서 당시를 풍미하던 민족주의 및 사회주의 등과 함께 어떻게 갈등하고 번민했는가 하는 문제를 다루고 있는 것이다.

이밖에도 가난하고 무기력한 당시의 문사들이 주인공이 된 예술가소설계열인 현진건의 「빈처」, 박태원의 「소설가 구보씨의 일일」, 이무영의 「창백한 얼굴」, 이효석의 「장미 병들다」와 룸펜 인텔리의 모습을 그린 채만식의 「레디메이드 인생」, 이상의 「날개」 등이 위의 식민지 시대의 고뇌를 표출하고 있는 셈이나 위의 작품들과는 그 두께에 차이가 있다. 이 시기의 퇴폐적인 경향을 띤 고뇌문학이 단순히 퇴폐만이 아니고 새로운 생명과 진리를 위한 고민이지만, 미흡한 취약성은 적지 않다. 그들의 태도가 보여주는 일종의 변형적인 저항성보다는 다분히 패배적인 센티멘털리즘에 안주하거나 번민에 잠긴 나머지 가로 놓인 앞의 상황을 극복하지 못한 답답함 역시 엄연한 일제 강점기 문학 특성의 하나임에 틀림없다.

좌절은 외부의 요인에 의해 초래되는 것으로 신경증 발병 요인 가운데 가장 명백하고 쉽게 밝혀낼 수[1] 있다고 프로이트는 말한다. 일제 강점기는 강점 치하의 지식인들에게 여러 형태로 자아상실을 경험하게 하

1) 프로이트, 『억압, 증후 그리고 불안』, 서울: 열린책들, 1997, 98쪽.

였으며, 이것은 좌절로 이어졌다. 1930년대 중·후반 일본의 군국주의 정책이 가시화되면서 조선의 정치·사회·문화는 일본의 팽창주의의 영향을 받게 된다. 즉 계몽 담론이 1930년대 후반에 들어오면서 통치 담론으로 변화하면서 하나의 습관이나 사람의 기호마저도 제도화하면서 신체를 통제하기 시작한다.

따라서 지각운동, 능력, 의도, 예상, 목적, 계획, 지능, 사고, 언어 등의 자아기능 중 일제강점치하의 지식인들에게 지각운동을 제외한 모든 것을 억제할 수밖에 없는 상황이었다. 이것은 억압의 결과이며, 정서의 문제로 억압과정에서 일어난 정서의 전환은 이드가 의도한 흥분 과정(만족, 충족)이 전혀 진행되지 않는다. 물론 억제가 반드시 병리적인 의미를 갖지 않기 때문에 언제나 증상을 동반하는 것도 아니다. 그렇다고 불안을 의식하지 않는 것도 아니다. 불안은 현실을 잠식하고 당대 지식인들의 능력, 의도, 예상, 목적, 계획, 사고 등을 억제하고 있기 때문이다.

당시 일본과 조선은 본토와 식민지라는 위치, 거리, 지리 등의 문제로 일본 본토와 식민지 조선의 제도와 일상에는 차이가 있다. 일본에서 정책이 제도화되었다하더라도 곧 바로 조선에 반영되었던 것이 아니라 시간적 거리를 두고 집행되었다. 여기에는 일본-조선, 본토- 식민지라는 거리와 위치의 문제가 작동하고 있다. 그 때문인지 일본이 총동원체제로 돌입한 직후에도 당시 창작된 작품에는 전운이 감지되지 않으며, 인물들 역시 제도 당시 체제와는 동떨어져 일상의 삶을 사는 것처럼 보인다. 그러나 일제 강점이라는 시대적 불안을 많은 작가들이 자신들의 '불안'으로 인식하며 점차 사회화되기에 이르는 과정이 있었다. 특히 이러한 불안의식은 병증으로 기호화 되기고 하고, 취미나 유흥의 몰입으로 나타나기도 한다.

따라서 이글에서는 일제 강점기 중·후반에 발표된 소설을 중심으로 강점치하의 지식인들의 심리를 불안의 양상을 통해 읽어보고자 한다.

지식인들이 등장하여 그를 매개로 자신들이 처한 비극적인 상황을 고발하거나 당대의 현실의 참 모습을 그려내는 소설들이 자주 발견된다. 지식인을 다룬 소설이 한시대의 인식체계와 도덕문제들에 더 민감한 반응을 보인다는 속성에 따라 식민지 시대의, 상황을 더 뚜렷하게 보여줄 수 있기 때문이다. 물론 이것은 검열제도에 의한 식민적 상황 때문에 작가들이 리얼리즘적인 작품을 쓰는데 제약이 따른 결과이기도 하다. 많은 소설이 주인공이 지식으로서의 본래의 역할을 행사하지 못한 채 물질적 정신적 양면에서 매우 어려운 삶을 유지해간다는 구상을 보여주는 단계에서 머무르고 있지만 선택의 폭이 좁고 삶이 생존과 직결됐던 민중들과는 달리 지식인들은 풍요롭지는 않지만 생존의 문제를 고민해야했던 민중들과 고민의 차원이 다르다는 점에서 일제강점치하의 한 계층의 면모와 의식을 엿볼 수 있을 것이다.

이 글에서 시기를 1934년~1937년으로 한정한 것은 1937년 중일전쟁 이후 본격적인 총동원체제에 돌입하면서 조선 사회의 인적·물적 자원의 총동원을 강제하였을 뿐만 아니라 내선일체를 통해 조선민중의 황국신민화에 박차를 가하는 시기였기 때문이다. 이 시기 자의 또는 타의로 많은 지식인들이 변절 또는 전향을 하는 까닭에 총동원체제 돌입 이후에는 지식인들의 감정이 억제되고 있기 때문이다.

여기서 주목해야할 지점은 총동원시기 이전이 이성적 정치시기였다면 총동원 시기는 이성적 정치에서 정서적인 것으로 전환한 파시즘적 시기라는 점이다. 정치는 감정적·정서적인 것으로 바뀌지만 오히려 당시 지식인들은 자신들이 처한 상황에 대한 감정을 억제하고, 동원과 친일이라는 통로를 통해 새로운 감정을 재생산하기 때문이다. 따라서 당시 조선의 지식인들의 감정의 문제는 총동원기를 전후하여 살피는 것이 바람직하다는 판단 하에 먼저 총동원기 직전의 모더니즘 소설을 대상으로 조선의 지식인들의 감성의 한 형태인 불안의식이 어떠한 양상으로 나타나는 지를 살펴보고자한다. 대상 텍스트는 박태원의 「소설가 구보씨의 일일」(『조선중앙일보』, 1934년 8월 1일부터 9월 19일까지 연재), 최명익의 「비오는 길」(『조광』, 1936.5-6), 유항림의 『마권』(『단층』, 1937.4)이다.

문학이란 결국 현실변혁의 가능성을 열어줄 뿐이지 문학을 통한 현실의 직접적인 변혁은 불가능함을 절감하게 한 카프 해산[2] 이후 문학계는 위축된 양상을 보이지만 20대 문인의 대거 등단으로 문단의 체질변화가 일어난다. 카프 해산 이후 1930년대 중·후반에 창작되는 작품을 크게 모더니즘과 전향문학으로 구분할 수 있다. 카프 해산이후 카프 맹원이었던 문학인을 중심으로 심리적·문학적 차원에서 전향 또는 전향문학이 등장하지만 전향문학에 전향에 따른 사상적 갈등과 그 내면화과정은 보이지만 갈등이 불안 의식으로 나타나지 않음으로 대상에서 제외했다. 따라서 이 글에서 모더니스트 문인으로 꼽히는 박태원, 최명익, 이상, 유항림의 작품을 대상으로 삼고자한다.

이 세 작가는 모더니즘 소설을 창작하였으며, 자살로 생을 마감한 이상을 제외한 박태원, 최명익, 유항림은 해방 후 이북에서 활동을 했다는 점에서 공통점이 있다. 또한 이 세 작가의 대상 자품들은 인물들이 독서, 관찰, 산책을 통해 권태와 무료함을 달래려 하고 있으며 현실을 회피하고 있는 점에서 공통점이 있어 불안의 양상을 보여 줄 수 있다고 판단했다.

---

2) 카프해소를 최초로 제의한 사람은 이갑기(이형림)이다. 이갑기는 문학부 집행위원으로 '지극히 곤란한 객관적 환경'과 '카프가 내포하고 있는 주체적 숙아'를 근거로 든다. 이갑기는 카프의 해소로 문학 활동의 당면적 한계를 직시하고 문학 활동의 자유로움이 더 이상 축소되지 않았으면 하는 바람 때문이었지만 검거 선풍과 카프지도부의 미숙한 대처는 그의 카프 탈퇴를 야기한다. 카프 해소론을 놓고 한효와 박승극이 대립하지만 김갑기의 견해를 따르는 박승극의 주장에 따라 남아 있는 맹원들에 의해 1935년5월 해산계를 제출함으로써 공식 해산된다.

2. 불안양상으로서의 회피

불안감은 징후적으로는 마음이 편하지 아니하고 조마조마하여 몸이 편안하지 아니한 것을 지칭하며, 사전적으로는 마음에 미안함, 특정한 대상이 없이 막연히 나타나는 불쾌한 정서적 상태. 안도감이나 확신이 상실된 심리 상태. 인간 존재의 밑바닥에 깃들인 허무에서 오는 위기의식을 의미한다. 박태원의 「소설가 구보씨의 일일」의 구보씨, 최명익의 「비오는 길」의 병일, 유항림의 『마권』의 만성이 느끼는 불안은 안도감이나 확신이 상실된 심리 상태와 인간 존재의 밑바닥에 깃들인 허무에서 오는 위기의식에서 비롯되고 있다. 그렇다면 작품을 통해 불안을 느끼는 인물들의 감정과 불안의 양상이 어떻게 표출되는지를 살펴보도록 하자.

2.1. 박태원: 「소설가 구보씨의 일일」에 나타난 불안 양상으로서의 회피

박태원의 「소설가 구보씨의 일일」의 구보씨는 동경 유학까지 하고 돌아와서 글을 쓰며 살아가는 인물이다. 그의 어머니는 직업과 아내를 갖지 않은 스물여섯 살짜리 아들이 외출을 하면 온갖 종류의 근심 걱정을 하며 하루를 보낸다. 아들의 직장과 며느리가 어머니에게 자랑거리이고 싶지만 현실은 그렇지 못하다. 「소설가 구보씨의 일일」은 1930년대 대공황 이후 시작된 경제적 문제인 취업 문제를 그 시작으로 삼고 있다. 1930년대 조선에서 경제적 변화가 보이는데 농업 중심의 경제 구조가 지속되는 가운데 점차 광공업을 비롯한 교육, 의료, 의약, 서비스업 등 이외의 다양한 직업이 성장하고 있었음에도 지식인들의 취업률은 매우 낮았다. 이것은 '글쟁이보다는 월급쟁이가 몇 갑절 낫다고 생각하지만 동경에 건너가 공부까지 하고 온 아들이 구하여도 일자리가 없다는 사실이 도무지 믿기지 않는다'[3]는 구보씨 어머니의 생각에서도 잘 드러난다. 여기서 어머니는 소설가를 직업으로 인식하지 않고 있음을 알 수 있다.

1930년대 소설 중 실직과 취업 때문에 고뇌하는 지식인들을 볼 수 있다. 채만식의 「레디메이드 인생」(『신동아』, 1934.5-7)에도 직장을 구하지 못하는 지식이 등장하며, 이광수의 「天眼記」(『조선문단』, 1935,4-5)에도 동경유학까지 다녀왔으나 뚜렷한 자리하나 확보하지 못한 채 가산을 탕진하는 황주사가 등장을 하는 것을 볼 때 당시의 지식인들의 취업이 쉽지 않았음을 당대 소설에서도 엿볼 수 있다. 「비오는 길」의 병일이나 「레디메이드 인생」에서처럼 직장을 하향 조정하면 취업이 어려운 것도 아니었으므로 선택의 문제가 되지만 지식인으로서 직업군의 하향이동은 쉬운 일이 아니었을 것으로 보인다. 취업을 했다하더라도 「마권」의 종서처럼 가정과 빵을 위하여 죽은 아버지의 친지를 찾아가 25원이라는 초라한 밥자리에 매달려 있기가 십상이다. 종서는 자신의 월급만으로는 생활이 불가능해 어머니의 삯바느질 삯을 보태 겨우 생활하는 처지로 혜경을 앞에 두고도 결혼 이야기를 꺼내지 못하는 실정이었음을 볼 때 취업을 한다하더라도 대부분이 궁핍한 삶을 면하기 힘들었음을 알 수 있다. 이러한 실정이기에 「天眼記」의 최기성처럼 만족할만한 자리가 아니면 취업을 하지 않는 편이 낫다고 생각하며 취업을 거부하는 룸펜지식인이 양산되었던 것이다.

최기성은 '신문화사'의 주필까지 하였으나 직장을 그만 둔 후 양복에 단장을 짚고 가슴에는 시계 줄을 차고 고급 요리점을 드나들며 허세를 부리지만 그는 자신의 행동에 자조적 정서를 느끼는 인물로 구보씨와는 욕망 차원이 다르다. 최기성은 신분의 수직적 상승을 웬만한 직업 갖기

---

3) 박태원, 「소설가 구보씨의 일일」 『북으로 간 작가 선집: 성탄제』, 서울: 을유문화사, 1988, 272-273쪽.

를 거부하는 것이지만 구보씨는 창작을 직업의 개념으로 인식하지 못하고 있는 데서 고민과 불안이 파생되는 것이다. 여기서 구보씨가 창작을 직업이 아닌 '써야하는 것'으로 인식하는 것은 구보씨가 자신의 소설의 가치를 원고료로 따지려 드는 사람의 상업주의적 사고에 불쾌감을 느끼는 것에서 드러난다. 이러한 불쾌감을 느끼는 구보씨지만 아예 상업적인 것에 관심이 없었던 것은 아닌 것으로 보인다. "구보는 의미몽롱한 웃음을 웃으며, 문득, 이 용감하고 또 무지한 사내를 고급(高給)으로 채용하여 구보 독자 권유원을 시키면, 자기도 응당 몇십 명의, 또는 몇백 명의 독자를 획득할 수 있을지 모르겠다고 그런 난데없는 생각을 하여 보고, 그리고 혼자 속으로 웃었다."[4]는 진술을 볼 때 문학의 상업주의적 유통구조를 구보씨가 아주 외면하고 있지 않다는 것을 알 수 있기 때문이다.

1930년대의 문학은 저널리즘을 통해 생산되고 소비되었다. 자본에 의한 문단과 저널리즘의 예속이 형성되고 있었던 것이다. 문학과 상업주의 사이의 고뇌 이것은 당대 문인들의 '진짜' 예술을 '어떻게' 창작할 것인 가하는 고민과 맥을 같이한다. 집으로 돌아가기 전 벗에게 '내일부터는 창작을 하겠다'고 말하는 점을 볼 때 구보씨도 산책을 마치지 전까지 소설가인 자신을 직업인으로서의 소설가로 인식하지 않았다는 것을 보여준다. 근대자본주의 화폐논리 속에서 직업을 갖는 다는 것은 곧 소비할 수 있는 돈을 번다는 것을 의미한다. 그러나 박태원에게 문학은 문학일 뿐 돈이 될 수는 없었기 때문에 소설가를 돈을 버는 행위인 직업으로 인식하지 않은 것 같다.

글쟁이는 가계에 도움이 되지 않았기에 경제활동으로 인식되지 않았던 당시, 소설가를 직업으로 인정받지도,[5] 인식하지도 못하는 현실 속

---

4) 박태원, 앞의 책, 321쪽.

5) 1930년대 자본의 논리에 종속되어 있는 예술가가 없었던 것은 아니었다. 가객,

에서 구보씨는 쇠약해진 시력 외에도 자신에게 찾아온 두통을 신경쇠약(neurasthenia)에서 기인한 것으로 판정하며, 자기의 왼쪽 귀의 기능에 스스로 의혹을 갖으며 별 까닭 없이 자신이 중이염에 걸렸다고 혼자 생각한 후 의학사전을 뒤져 자신의 이질을 만성습성(慢性濕性)의 중이가답아(中耳加答兒)라고 진단한다. 구보씨의 진단 놀이는 창작의 만족에서 오는 즐거움 기대했지만 가족에게 조차 소설가가 번듯한 직업으로 인정받지 못하는 상황에서 오는 불만족이 불쾌감을 유발함으로써 기대가 깨지고, 회피하고 싶은 현실에서 야기된 것이다.

구보씨는 자신이 방향성을 잃었을 때와 스스로에게 가책이라는 압박을 가할 때 두통을 느낀다. 구보씨의 첫 번째 두통은 집을 나와 광교 다리 모퉁이에서 한 군데도 자신이 갈 곳이 없다고 느낀 순간에 일어난다. 그리고 두 번째 두통은 자신이 소설을 쓰기 위해 모더놀로지(考現學)을 게을리 했다는 것을 느낀 순간에 찾아오는데 구보씨는 스스로 자신의 두통을 신경쇠약에서 오는 것으로 판단하고 있지만 이것은 불편함에서 오는 심인성 질환(psychosomatic)에 가깝다. 만성습성(慢性濕性)의 중이가답아(中耳加答兒)이라고 스스로 진단한 이질은 증세를 가지고 있으나 병원에 가서 직접 검사를 하면 신체적 이상이 나타나지 않는 점에서 구보씨의 판단처럼 신경쇠약에서 온 신경증이나 신체에 큰 병이 있다고 믿는 신체망상의 가능성도 있지만 현실을 병으로 회피하고 싶은 심리에서 비롯된 것으로 보인다. 기왕에 동경 유학까지 마쳤으나 취업이 되지 않는 현실, 아니 웬일인지 취업할 마음이 없는 것을 쇠약한 자신의 몸 상태로 돌리고 싶은 심리인 것이다. 이것은 보통학교만 졸업하고도, 고등학교만 나오고도 회사나 관청에 취직하여 일들만 잘하는 것을 알고 있는 어머니의 기대에 부응하지 못하는 자신과 무력감에서 오는 피로가

광대, 대중예술가, 구보와는 다른 의미의 문학인들은 자본의 논리에 철저하게 종속되어 있었다.

그를 신체망상으로 이끄는 것이다. “생활이 단조로울 때는 앓기라도 좀 했으면 하는 때가 있다”[6]며 학질이 걸리는 바라는 이태준처럼 구보씨 역시 일일의 무력감, 무료함을 병으로 소비하고자 하는 것이다.

그러나 두통은 자신의 처벌적 의미와 불안감에서 오는 스트레스에 의해 나타나고 있는 점을 볼 때 심인성에 가깝다. ‘갈 곳 없음-할 일 없음’, ‘창작의 욕망과 상치되는 지식탐구에 대한 게으름은 몸과 마음을 불쾌하게 하며 이에 대한 스트레스가 두통으로 발현되는 것이다. 구보씨가 집을 나와 모든 곳이 갈 곳이지만 그 어느 곳도 갈 곳이 없다는 것을 느끼는 순간은 특정한 대상이 없이 막연히 나타나는 불쾌한 정서적 상태로 상실의 순간이다. 그는 이러한 심적인 불편함을 두통으로 호소하는 것이다.

구보씨의 불쾌한 정서적 상태는 확신이 상실된 상태에서 나타나는 데 그는 행복을 찾기 위해 거리를 산책하면서 갈 곳이 있는 사람과 갈 곳이 없는 자신을 비교하며 걷는 것도 하나의 일이라고 스스로를 위안하지만 할 일 없음이라는 불편한 진실 앞에서 외로움과 슬픔의 감정을 접하며 두통을 느끼는 것이다. 두통 또는 현기증 뒤에 따라오는 피로감은 분명 신경쇠약의 한 증세이다. 그는 행복과 기쁨을 찾아 거리를 배회하지만 그에 따르는 감정은 외로움, 슬픔, 분노이다. 취업과 결혼이라는 어머니의 기대, 어머니의 기대에 부응하지 못하는 자신. 소설가라는 직업이 취업과 결혼이라는 생활을 방해한다는 사실, 생활인이 아니라는 사실에서 오는 불안을 신경쇠약에서 오는 두통, 현기증, 피로 증상 등으로 망각하고, 신체망상으로 전이시킴으로써 회피하고자 했던 것이다.[7]

---

6) 이태준, 「병후」, 『무서록』, 서울: 범우, 1993, 118쪽.

7) 구보씨의 병증은 개인적이 아닌 시대적인 것으로도 분석된다. 채호석은 피로, 중이염 등의 육체적 질병은 구보씨 자신과 세계사이의 부조화에서 오는 것이며, 내적 고통이 육체적 질병으로 표출되었다고 분석하고 있다. 채호석, 『한국 근대문학과 계몽의 서사』, 서울: 소명, 1999, 445쪽.

그러나 그는 산책을 통해 슬픈 어머니의 사랑을 깨닫고, '생활을 가지겠다', '좋은 소설을 쓰겠다' 결심한 후 한 개의 행복을 얻게 된다. 그가 게을리 했던 생활적 인간이 되는 것과 좋은 소설 창작에 대한 기대감은 그의 불안을 일시에 해소시키고, 산책으로 소비했던 느긋한 시간이 바빠지게 만들며, 어머니 기대에도 부응할 수 있는 여유를 갖게 만드는 것이다. 즉 구보씨가 체험하는 병리적인 현상은 현실과 미래에 대한 불안에서 온 것으로 그에게 있어 현실을 외면하고 도피할 수 있는 피난처가 되었던 것이다.

2.2. 최명익: 「비오는 길」에 나타난 신경증의 일환으로서의 불안

최명익의 「비오는 길」은 병일과 사진관 주인 이칠성의 짧은 만남을 통해 근대적 일상의 무의미성과 불안정성을 그리고 있는 작품이다. 이러한 고뇌와 자기 분열은 경제 대공황으로 인한 지식인의 사회적 몰락과 생활상의 불안정은 일제 파시즘과 직·간접적으로 연결되어 있다. 이처럼 당시의 시대상황과 결부된 지식인의 내면을 다루고 있는 점은 이상이나 박태원과 구별되는 최명익만의 특수성이라 평가되고 있다.

'비'라는 것은 감성적인 측면에서 우울감과 침울함, 그리고 개인의 고독함을 전달하는 매개체로 쓰이곤 한다. 최명익의 「비오는 길」에서도 '비'는 주인공 병일이의 우울하고 고독함을 드러내주는 매개이다. 비 외에도 「비오는 길」에는 주인공 병일이 가지고 있는 정서가 표현된다. 주로 그가 느끼는 감정은 불쾌감, 우울, 고독 등이다. 이러한 감정은 신경증의 다양한 표현의 다름 아니다. 그는 신원 보증인을 얻지 못한 탓에 공장 주인으로부터 꾸준히 의심을 받으면서 불쾌감을 느끼고, 나아가 불안감을 갖게 된다. 이때, 이 불안감은 신경증의 과정을 지속시킨다. 하루하루를 단지 먹고 살기 위해서라는 기본적 명제 하에 모멸감을 참으며 공장 회계 일을 하는 병일은 현실과의 괴리감을 좁히지 못하고 '궂은 비'같은 세상과 도태된 삶 속에서 사는 존재이다. 병일은 공장에서 사환 겸 서사로 일하고 있다. 병일이 집에 돌아와 시간을 보내는 방식은 도스토예프스키나 니체류의 책을 읽는 것으로, 그는 나름의 지식인에 속한다. 그러나 그가 공장에서 하는 일은 지식인의 전문성을 발휘할 수 있는 종류의 것이 아니다. 그렇다고 공장에서 기계와 접하며 생산에 종사하는 육체노동자 역시 아니다. 병일은 사무실 마루를 쓸고, 훔치고, 손님에게 차와 점심 그릇을 나르고, 수십 장의 편지를 쓰고, 장부를 정리하는 등의 소사와 급사와 서사의 일을 하는 잡역부에 가깝다. 더구나 취직한 지 이 년이 지나도록 신원보증인을 구하지 못해 주인의 끊임없는 불신을 받으며 직장에 근근이 다니고 있다.

집과 직장을 매일 오고가는 그 '길'은 병일의 무기력하고 무의미한 일상의 반복을 보여준다. 그러나 이칠성이라는 사진사를 만나게 되면서 병일에게도 조금의 변화가 일어난다. 책상 앞에 돌아와 '내 마음대로 할 수 있는 시간'이 모두 없어진 것을 새삼스레 느끼는 자신을 발견하게 되는 것이다. 병일은 이칠성의 소박한 꿈을 조소하면서도 어느새 사진관으로 다시 찾아와 술을 주거니 받거니 하는 모습, 속물인 사진관 주인을 가리켜 "청개구리의 뱃가죽 같은 놈"이라고 비난을 한다. 나아가 그는 휘황한 전등으로 빛나고 있는 평양의 시가에 살고 있는 십만, 이십만의 사람을 놓고 '그들은 모다 자기네 일에 분망한 사람들이다'라고 탄식한다. 그렇다면 자신의 불안정한 처지에도 불구하고 평양 시민 전체를 '그들'이라 부르며 자신과 차별화 시키는 병일의 이 오만함의 뿌리는 무엇일까? 자신은 어떻게 살아야 후회 없는 삶을 살 것인가를 고민하고 있다는 자의식을 들 수 있을 것이다. 그러한 자의식을 뒷받침하는 실질적 행위가 바로 독서인 것이다. 활자와는 무관한 삶을 살고 있는 공장 주인이나 사진관 주인 이칠성과 달리 그는, 독서를 통해 자신만은 참된 삶의 방향성을 탐색하고 있다는 지식인으로서의 자의식을 완성하게 된다. 그러나 그의 독서 행위의 실상을 살피면 그것은 퇴근 후 집에 돌아와 자신만의 시간을 가지는 일종의 '여가 행위' 에 지나지 않는다. 병일의 독서는 교양을 쌓는다는 중산층의 내적 위안 또는 지적 허영과도 거리가 멀고, 아무런 목적이 없다고 하나 굳이 목적을 찾는다면 아래의 인용처럼 자신의 생활에 몰두하는 시간을 가져 보기 위해서이다.

> 그렇다고 돈을 아껴서 책까지 안 산다면 내 생활을 무엇이 됩니까? … 나 역시 무슨 목적이 있어서 보는 것이 아닙니다. 하고는 어떻게 살아야 후회 없는 일생을 살 수 있는가 하는 즉 사람에게는 사람이란 무엇인가? 하는 의문이 있다는 것을 알고 나도 그것을 알아보려고 한 적도 있었지만 지금은 고학도 할 수 없이 된 병약한 몸과 이년 내로 주인에게 모욕을 받고 있는 나의 인격의 울분한 반항이 - 말하자면 모두 자기네 일에 분망한 세계에서 나도 내 생활을 위하여 몰두하는 시간을 가져보겠다는 것이 나의 독서요.[8)]

근대화에 비판적인 그가 독서에 몰두하여 확보할 수 있는 것은 공적인 시간과 분리된 자신만의 시간이다. 이것은 근대화에 비판적인 그가 이분화된 근대의 시간을 욕망함으로써 근대화의 일부분이 되고 있음을 보여준다. 그렇다고 병일이 자신의 현실인식 부족을 모르는 것도 아니다. "내게는 청개구리의 뱃가죽만한 탄력도 없고, 의액의 풀잎 같은 청기도 날카로움도 없지 않은가."라고 말하며 근대화되는 현실에 적응하지 못하는 자신을 반성하기도 한다.

이칠성은 현재의 삶에 만족하면서도 더 나은 미래를 위하여 풍요로워지고 싶어 하는 인물이다. 그의 욕망은 물불 안 가리고 돈을 쫓는 것이 아닌 철저하게 소시민적인 소탈한 꿈과 처자와의 단란한 가정을 꿈꾸는 행복에 있다. 병일은 이러한 이칠성의 삶의 방식을 거부하면서도 자신

8) 최명익, 「비오는 길」, 『북으로 간 작가 선집: 장삼이사』, 서울: 을유문화사, 1988, 105쪽.

의 삶에는 고독만이 존재할 뿐 목표나 행복이 없다는 점에서 이칠성의 삶에 대한 동경과 경멸이라는 이중적인 태도를 가지게 된다.[9] 이러한 이중적 태도는 공장 주인을 대하는 모습에서도 보이는데 병일은 주인의 신임을 얻기 위해 신원보증인을 얻으려 이리저리 궁리하면서도, 자신을 믿지 않는 주인에게 불쾌감과 함께 속물에 대한 경멸감도 같이 느끼는 것서도 드러난다. 그러나 이런 태도는 이칠성의 장질부사로 인한 갑작스런 죽음을 계기로 사라지게 되는데 병일은 다시 독서의 강행군을 계획하는 것이다. 병일에게 독서는 일정한 직업 없이 독서로 소일하던 채만식의 「창백한 얼골들」(1931)의 K가 세상에 대한 회의를 보인다는 점에서 비슷하나 독서를 통해 무력감과 체념을 느끼는 K와는 달리 삶을 영유하기 위해 독서의 강행군이라는 단절의 방식을 지정한다는 점에서 살아가는 방식이 다르다.

병일과 이칠성의 행복 관념은 다르다. 병일은 별다른 희망과 목표를 찾을 수 없음에도 사회층 누구나 희망하는 행복을 진짜 행복이라 믿지 못하며 그것이 관념화한 행복이라고 생각한다. 그것은 자신에게 희망과 목표가 없기 때문이다. 따라서 희망과 목표를 향하여 분투하고 노력하는 사람의 물결 가운데서 오직 병일이 자기만이 지향 없이 주저하는 고독감을 느낀다.

병일은 칠성으로부터 지정 간판 얻도록 하여달라는 부탁을 받은 후 머리가 아프고 우울함을 느끼고는 사진관으로의 발길을 끊는다. 병일에게 사진사의 관심은 짐스러울 뿐이었으며 자기 생활 중에 얻기 힘든 사색의 기회를 주는 길의 중도에 무신경하게 앉아 있는 사진사의 존재가 귀찮게 생각되었기 때문이다. 그가 칠성을 피하는 이유는 사회층의 속

---

9) 「소설가 구보씨의 일일」에서 구보씨도 가정의 '소시민성'에 경멸감을 가지려다 철회한다는 점에서 가정이 주는 행복에 대해 이중감정을 가지고 있다는 점에서 인식이 유사하다.

물근성과 물욕을 조소하지만 자신도 운명적으로 예속된 사회층임을 인식시키는 인물이기 때문이다.

그는 사진사를 피하며 미안함과 동시에 불안을 느낀다. 그러나 그가 느끼는 불안은 자신을 보존하려는 욕망에서 비롯된 것이며, 노방의 타인이라고 의식했던 타인의 시선에서 오는 것이다. 자기만의 생활을 위한 것으로 '독서'를 하며 사회층과 자신을 구별하려 했던 병일에게 지극히 생활적인 칠성의 모습이 도리어 외면하고 회피하고 싶은 현실이며 아픈 곳이었기 때문이다.

병일이 독서를 하는 장소인 하숙방은 자기만의 생활을 하기 위한 장소이며, 독서란 일상성의 지배에 대항하는 병일의 자기만의 폐쇄적인 세계인 것이다. 그는 고독을 느끼지 않기 위해 자기 생활의 하나로 독서를 선택하고 있으며, 사색을 통해 생활인과 자신을 구분하려 하지만 독서나 길 위에서의 사색조차도 현실에서 도피하고 싶은 불안 심리에서 비롯되었다고 볼 수 있다. 병일이 가지고 있는 문제의식, 즉 '어떻게 하면 후회 없는 인생을 살 수 있는가'라는 문제의식은 결국 냉혹한 현실 앞에서 어떠한 식으로도 해결할 수 없는 것이다. 병일이 되돌아간 '내용 없는 형식'으로서의 독서[10], 병일이 추구하는 지식은 과연 이 생활 속에서 필요한 것일까. 병일처럼 지식습득에만 몰두한다면 세상과 단절될 수밖에 없다.

병일이 독서에만 몰두하는 것은 불만족한 현실에 대해서 어떠한 행동도 취할 수 없다는 것의 표현이며, 이러한 회피만이 삶을 유지할 수 있는 방법이기 때문이다. 행복을 찾아 헤매는 구보씨와 행복을 원하면서도 행복을 믿지 않으며, 민중들이 원하는 행복을 조소하는 병일의 불안은 허무에서 오는 위기의식에서 파생된 것으로 보인다. 그러나 이들은 무의식적으로 이러한 불안을 신체망상이나 독서로 회피하려 하고 있는

10) 채호석, 앞의 책, 408쪽.

것이다. 병일과 구보씨의 차이는 구보씨는 허무에서 기인한 위기의식과 자기 검열을 통해 실존으로 도약하지만 병일은 다시 회피를 한다는 점이다. 구보씨의 행복 찾기의 일환으로의 '생활을 가지겠다', '창작을 하겠다'는 결심과 결혼이라는 어머니의 기대에 부응할지도 모른다는 그의 심리변화가 현실에 순응하는 것처럼 보일 수도 있지만 탈출구가 없어 보이는 현실에서 그의 결심과 심리적 변화는 자신이 거부하던 것에 대한 도전이라는 점에서 발전적이라 할 수 있다.

2.3. 유항림: 「마권」에 나타난 강박증적 불안

모더니즘의 형태를 띠면서 모더니스트의 자의식의 세계를 그리고 있는 유항림의 소설의 모태는 리얼리스트로서의 불안과 공포로 볼 수 있다. 「마권」의 만성은 마르크스주의에 경도되어 사회주의 운동을 하려다 현실의 폭력 앞에서 좌절하지만 그렇다고 생활에 쉽게 동화될 수도 없는 지식 계급이다. 그렇기 때문에 직업이 없는 그는 하루를 보내기 위해 일과를 정하고 생활규칙을 정한다. 그가 정한 생활규칙은 (1) 큰거리로 여럿이 짝지어 다니지 않을 것 (2) 걸음발 빨리 할 것[11] (3) 할 것이 없으면 우선 그리 반갑지도 않고 만나야 할 일도 없는 동무들이라도 차례로 한 번씩 찾아감은 무방함 (4) 단, 한 시간 이상의 장좌는 금물 등이다. 위의 규칙들은 자신이 무위·허무의 생활을 하고 있기 때문에 남들에게 한가한 사람으로 보이고 싶지 않아서 자기 연출을 하는 것이다. 그의 일기에는 '또' 라는 단어들의 나열이 될 수밖에 없다. 그는 '또'가 거듭되니 분주한 것도 같아 보인다며 자신을 위로하는 인물이다. 직업이 없는

---

11) 일이 있는 듯한 빠른 걸음걸이에 대해 채호석은 만성과 구보씨의 이러한 걸음걸이가 유항림이 그린 만성이 '좀더 의식적이라면, 박태원은 무의식적이라는 점에서 다르고, 바로 이 의식과 무의식의 차이가, 전혀 다른 소설의 결말을 낳는다'고 지적하고 있다. 채호석, 앞의 책, 434쪽.

지식인. 돈이 있는 집 자식이기에 굳이 일을 할 필요가 없기에 그의 삶은 더욱 무료하다.

만성은 이러한 자기 원칙을 지키기 위해 늘 놀이를[12] 찾지만 그는 분주해보여야하기 때문에 골프도 치다가 바쁘다는 핑계로 나와 버린다. 여기에서도 분주해 보이기 위한 연기는 계속된다. 한 게임당 시계 세 번 보기가 그것이다. 골프장을 나와 그가 딱히 갈 곳이 있었던 것은 아니다. 골프장을 나와서도 가도 좋을 곳을 찾느라 발보다 머리가 더 분주하다. 그의 하루의 일과는 가끔 골프치기, 도서관에 가서 신문의 열람자를 분류하거나 아무 책이나 집어 들기, 책 대출하기, 아버지에게 받은 돈 90원을 나눠 금융조합, 우편소, 은행 등 세 개 금융기관에 저금을 한 후 금융조합에 저금한 돈을 출금하여 우편소에 예금을 하며 하루를 보낸다. 이것은 일과라기보다는 따분한 놀이에 가까운데 일상이 무료한 만성은 무의미하게 시간을 죽이는 행위에 규칙성을 부여하면서 이것을 허송세월이 아닌 세상에 대한 자기 일을 하는 것으로 여긴다. 그러나 그의 행동은 타인의 시선을 의식한 것이었으며 일기를 통해 자신의 이러한 행동이 줏대 없다고 생각한다.

만성은 '중학교 4학년 때 독서회 사건으로 검사국으로 넘어갔다가 요행히 기소유예로 석방된' 전력이 있다 이를 두고 신형기는 "전향은 그들

---

12) 만성이 놀이를 과정으로 즐긴다면 이상의 「날개」에서의 나에게 놀이란 삶 자체이다. 이상의 「날개」의 '나'는 네 작품 중 유일하게 가정을 이룬 인물이지만 가장으로서의 역할은 하지 못한다. '나'의 일과는 잠자기, 뒹굴기, 밤에 아내 몰래 외출하여 방황하기, 화장품 놀이, 거울놀이와 옷 입기 놀이, 벙어리 속에 은화 넣기 등으로 무료한 일상은 「마권」의 만성과 다를 바 없다. '나'도 「마권」의 만성과 마찬가지로 놀이를 하며 하루를 보낸다. 은화 넣기 역시 손의 촉각을 즐기기 위한 놀이로 돈을 모우는 재미 때문이 아니다. 그러나 이러한 행위에도 권태를 느낀 나는 은화가 든 벙어리를 변소에 버린다. 그리고 아내에게 벼락을 맞기를 기다리지만 아내는 '나'를 방치한다. '나'는 몸이 허약 할 뿐만 아니라 게으르고 뭘 하고자 하는 의욕도 없다. 아내가 벌어주는 돈으로 살아가며 사회와 완전히 격리된 채 현실감각을 잃어버렸다. 때문에 '나'는 후각과 촉각만을 통해 자신이 살아 있음을 느낀다.

이 당국의 압박을 포함한 제반 상황의 결정성에 굴복했음을 뜻하며 이것은 정신적인 죽음을 의미한다[13]고 분석하고 있다. 신형기의 지적처럼 만성의 잉여적 생활은 실천의 좌절에서 온 절망감 때문이다. 그러나 그가 자신이 생활함에 있어 타인의 시선을 의식하는 규칙을 세우는 것은 전향이라는 정신적 죽음이 주는 두려움에 비롯된다. 두려움은 공포를 생성하고 공포에서 느껴지는 불안은 자아의 불안이다. 만성은 세상에 대한 자기의 일을 하기를 원한다. 하지만 그러한 시도는 일제의 압박에 의해 좌절되었다. 만성의 룸펜적 생활은 그가 전향 후 일과를 만들어 시간을 보내는 일 외에 다른 선택을 하지 못했기 때문이다. 이것은 전향자인 만성 나름의 신체제에 편입되지 않기 위한 또 다른 선택일지도 모른다. 그러나 만성이 자기 생활에 대한 규칙을 정하고, 타인의 시선에서 지식인으로서의 품위가 손상되지 않는 범위 안의 공간인 도서관, 골프, 예금 등의 놀이를 지속하는 것은 실천의 좌절에서 온 절망감과 절망감에서 야기된 불투명한 미래에 대한 불안 때문이다. 정신적 죽음 이후 세상의 변화를 위해 할 수 있는 일이 없다는 것 즉 인생의 좌표에 대한 상실감이 그를 전망에 대한 불안으로 이끌어 타인을 의식하면서도 세상의 변화와는 관계없는 놀이적 생활을 통해 최소한의 지식의 자존심을 지키게 하는 것이다.

불안 의식에 비롯된 가공된 생활을 하는 만성의 모습은 자신의 좌절을 타인이 눈치 채는 것을 두려워한다는 점에서 최명익의 「심문」(1939)에서의 아편에 빠져 생활하는 전향한 사회주의자 현혁이나 김남천의 「처를 때리고」(1937)에서의 차남수의 위선적인 삶과는 다르다. 그러나 전향을 통한 절망에서 야기된 불안을 회피하고 있다는 점에서는 이들과 다를 바가 없는 것이다. 되풀이되는 일상 속에서 혜경의 약혼 소식을 들

13) 신형기, 「유항림과 절망의 존재론」, 『일제 말기의 미디어와 문화정치』, 서울: 상허학회, 2008.6, 297쪽.

은 후 종서와 창세와 대화를 나눈 만성은 형해의 생활을 버렸을 때 다음에 붙잡는 것이 또 다른 형해일 것이 두려웠던 것이다. 그는 불행을 자각한 후 형해의 생활을 버리기 위해 동경행을 선택한다. 그는 청산이 아닌 과거를 버리는 쪽을 택한다. '과거와 현재 그리고 미래 간의 관계에 있어서, 현재가 가지고 있는 미래와의 연관성은 과거로부터 생겨난다고'[14] 벤야민은 보았다. 이때의 과거는 현재에도 생생하게 살아있는 과거이다. 만성은 동경에서 결심을 새로이 하여 현재를 미래의 과거로 만들기 위해 동경행을 선택한 것이다. 그러나 이론이 싫어졌다는 만성이 굳이 동경을 선택한 까닭은 버리기 위해서는 새로운 공간이 필요했기 때문이다. 현재를 규정하고 현재를 이루는 것이 과거이기에 자신의 연극을 생활로 보아 줄 새로운 공간을 통해 현재를 과거로 만들고자하는 것이다.

3. 불안에 파생된 자기 검열

심리적 불안의 일부는 회피에 의한 가책의 양상을 띠는데 이것은 인물들에게 우울, 두통, 피로감을 느끼게 하고 있다. 박태원의 「소설가 구보씨의 일일」에서 구보씨는 목적성을 잃었을 때 불안감이 두통과 피로로 발현되며, 최명익의 「비오는 날」의 병일도 양심의 가책을 느낄 때 열병과 두통에 시달린다. 이상의 「날개」의 '나'는 병증이라기보다는 무료한 삶 자체에 피로를 느끼는 인물이다. 반면 「마권」의 만성은 강박증에 가까우리만치 자신의 생활을 통제하고 검열한다. 이처럼 불안은 병증의 양상으로 드러나는데 세 작품 중 박태원의 「소설가 구보씨의 일일」의

14) 하버마스, 『현대성의 철학적 탐구』, 이진우 역(서울: 문예출판사, 1996), 23쪽.

구보와, 유항림의 「마권」의 만성은 자기 검열을 통해 자신을 현재를 벗어나려 한다. 이 둘은 자기 검열의 방식이 상이한데 구보씨가 무의식적 걷기를 통해 무의식적으로 자기 검열을 하고 있다면 만성은 의식적인 생활의 규율 통해 자신을 통제하고 일기를 통해 자신을 검열한다. 이 장에서는 이러한 자기 검열은 불안에서 파생된 것으로 보이는데 자기 검열 양상을 통해 두 인물의 선택을 살펴보고자 한다.

3.1. 산책을 통한 자기 검열

1930년대 근대화된 경성의 근대적 시설은 학교, 병원, 금융기관, 행정기관, 백화점, 다방, 카페 등의 건물과 교통수단인 전차, 자동차, 통신수단인 전화기 등 다양한 모습을 보인다. '모더니즘'이라고 명명된 일군의 문학은 경성의 도시화된 모습을 그리고 있으며, 서준섭이 「모더니즘과 1930년대의 서울」에서 1930년대 도시화와 모더니즘 문학과의 관련[15]에 대해 제기한 이후 연구되기 시작한 것이 산책자 모티프[16]로 경성과 당시의 분위기를 분석하는데 기여를 하였다.

산책은 단순히 휴식을 취하거나 건강을 위해서 천천히 걷는 일을 일컫는다. 박태원 소설의 주인공 구보씨의 경우 엄밀하게 말하면 산책이 아닌 배회에 가깝다. 그러나 산책의 기본적인 요소인 삽화적 시선이 보인다는 점에서 거리를 배회하는 박태원 소설의 주인공 구보씨도 산책자의 모습을 띤다. 그럼 지금부터 무려 12시간 이상을 정처 없이 걷다 새

---

15) 서준섭,「모더니즘과 1930년대의 서울: 역사적 모더니즘의 재평가를 위한 문학사회학적 연구1」, 서울: 『한국학보』, 일지사, 1986년 겨울, 90-128쪽.

16) 최혜실, 소설가 구보씨의 일일에 나타나는 산책자 연구모더니즘 소설의 전형에 대한 일고찰」, 서울: 『관악어문』13, 서울대학교국어국문학과, 1986, 191-207쪽.
박성창, 「모더니즘과 도시: 박태원 소설에 나타난 산책자 모티브 재고」, 서울: 『구보학보』5, 2010, 129-158쪽.
서지영, 「산책, 응시, 젠더: 1920-30년대 '여성 산책자'의 존재 방식」, 서울:「한국근대문학연구』21, 2010, 219-259쪽.

벽 두시가 넘어 집으로 돌아가는 구보씨를 따라가 보자. 구보씨는 집(다동)에서 나와 천변길- 광교- 종로- 화신상회- 조선은행 앞 - 장곡천정(소공동)의 다방-부청(시청) 앞- 남대문- 경성역-조선은행 앞- 다방- 종로 네거리- 종로 경찰서 부근 다료- 대창옥-황토마루 네거리(광화문통)- 다방-조선호텔 앞- 황금정(을지로)- 종각 뒤 술집-낙원정(낙원동)어느 카페 -광교모퉁이 카페- 종로네거리로 나와 집으로 향한다. 벤야민은 산책자의 모습에 대해 다음과 같이 정의하고 있다.

> 산책자의 모습 속에는 이미 탐정의 모습이 예시되어 있다. 산책자는 그의 행동 스타일을 사회적으로 정당화해야한다. 이를 위해서는 무심한 모습이 그럴듯하게 보이도록 하는 것보다 더 안성맞춤인 것도 없을 것이다. 하지만 실제로 그런 무심함의 이면에는 아무도 모르는 범죄자로부터 한시라도 눈을 뗄 수 없는 감시자의 긴장된 주의력이 숨어 있다.[17)]

그러나 위의 인용에서처럼 구보씨에게는 관찰자로서의 탐정의 모습이나 긴장된 주의력이 보이지 않는다. 그는 관찰자가 아닌 단순한 산책자라는 점에서 벤야민이 제시하는 산책자와는 구별된다.[18)] 그가 일반적 산책자와 다른 점은 앞에시 지적했듯이 그가 정치 없이 걷는다는 점이다. 집을 나온 구보씨는 가야할 곳을 정하지 못해 몇 번을 걸음을 멈춘다. 그가 근대화된 도시를 관찰하고 있지 않음은 그의 제한된 경성여행에서 드러난다. 구보씨의 걷기 여정을 보면 광화문, 화신백화점(지금의 종로1가 국세청), 낙원동, 조선은행을 12시간이나 맴돌고 있음을 알 수 있다. 구보씨의 맴돎은 '갇혀 있는' 현실을 빗댄 것인 수도 있지만 그가

---

17) 발터 벤야민, 『거리의 산책자』, 서울: 새물결, 2008, 61쪽.
18) 「마권」의 만성도 도시를 배회하며 근대적인 건물과 놀이를 향유하는 인물이지만 그의 의식적인 걸음 속에서도 관찰은 보이지 않는다. 그것은 타인을 의식하며 분주한 듯한 걸음을 걷고 있기 때문인데, 그는 자신이 정한 가야할 곳만을 목표로 걷기 때문에 관찰할 여력이 없는 것이다.

경성을 관찰하는 것이 아니라 시야에 들어오는 것('보는 것'이 아닌 '보이는 것')을 통한 행복을 찾기에서 비롯된 것일 수도 있다. 아이들 데리고 있는 젊은 내외를 보며 가정에 대한 부러움을 느끼고, 행복을 찾고 싶어 하며, 차 안에서 시야에 들어 온 작년에 선을 봤던 여자를 통해 짝사랑을 떠올리며, 오후 두시 다방에서 일 하러가지 못한 젊은이들을 보며 약간의 금전이 가져다 줄 행복을 손꼽아 보기도 한다. 다시 걷기를 시작한 후에도 시야에 들어 온 젊은이를 통해 어린 시절을 회상하고, 경성 역에서 옆에 앉은 노파와 중년 신사를 보면서도 그는 끊임없이 그들이 어떤 사람일까에 대해 생각한다. 시야에 들어오는 것에 대한 연상 작용과 감정은 구보씨로 하여금 어린시절이나 짝사랑의 추억으로 이끌기도 한다. "거리를 쏘다니다가 추억에 잠겨 도취에 빠지곤 하는 산책자는 눈앞에 감각적으로 나타나는 것뿐만 아니라 종종 단순한 지식, 죽은 데이터까지 마치 몸소 경험하거나 직접 체험해본 것처럼 자기 것으로 만들어버리는"19)데 구보씨는 적극적 관찰은 아니지만 눈에 보이는 것을 통하여 추억에 빠지고, 단순한 지식을 직접 보는 것처럼 상황을 재구성한다는 점에서 산책자의 기본 본질에서는 벗어나지 않는다.

그런데 '보이는 것'에 의해 파생된 구보씨의 추억과 단순한 지식에 의존한 상상은 그로 하여금 끊임없이 자기 검열을 하게한다. 자신과 세계 사이의 부조화에 속에서 고뇌하던 그가 검열을 통해 자신이 찾는 것이 행복임을 간파하게 하는 것이 산책인 것이다. 구보씨의 12시간의 산책 속에는 풍경의 즐김이나 새로움의 습득은 보이지 않는다. 도시적 건물은 단순히 피사체일 뿐이어서 이에 대한 감흥도 없다. 비치는 것, 보이는 것을 통해 순간순간 자신의 모습과 비교하며 자신을 검열할 뿐이다. 구보씨의 목적성 없는 외출에는 무기력과 문화병으로서의 우울 그리고 피로가 동반된다. 우울과 피로는 불안의 한 증세이다. 취업에 대한 의지

19) 발터 벤야민, 앞의 책, 11쪽.

가 없음에도 동경유학을 다녀와서도 어머니가 원하는 직업을 갖기 못했다는 점은 무의식적으로 어딘가에는 나보다 앞선 누군가가 존재하며, 자신의 삶이 온전하지 못하다는 불안감으로 인도한다. 구보씨의 어머니에게 온전한 남자란 취업과 결혼을 한 남자이기 때문에 하루 종일 돌아다니는 아들이 걱정스러울 밖에 없는 것이다. 구보씨는 어머니의 이러한 욕망과 심정을 애써 외면하지만 산책을 하며 스쳐 간 젊은 내외 사이에 있는 아이를 보며 가정을 생각하고, 창작에 대한 고뇌에 종지부를 찍으며, 회피해왔던 결혼이라는 어머니의 욕망을 수용하고자 하는 것[20]은 일일 체험 속에서 자기 검열을 통해 자신이 찾는 것이 행복임을 자각한다. 이러한 자기 검열은 불안에서 파생되는 것으로 산책을 통해 병증으로 회피하려던 자신의 현 모습을 직시하게 함으로서 삶의 태도를 결정하게 한다. 따라서 집으로 돌아가는 걸음이 바빠지는 것은 자신을 지키는 선에서의 타협점을 찾아냈기 때문이며, 이를 통해 세계와의 부조화에서 기인한 불안이 해소(물론 완전한 해소는 아니다)되었기 때문이다.

반면 「마권」의 만성도 도시를 산책하지만 그는 의식적으로 걸음걸이를 통제함으로서 산책에서 그 어떤 결론도 도출해내지 못하는 것이다. 이것이 의식과 무의식의 차이일 것이다.

3.2. 생활의 검열

「마권」의 만성은 무료함을 달래기 위해 끊임없이 일거리를 찾는 인물이다. 그는 늘 바쁜 걸음으로 도서관, 양복점, 은행 등을 돌아다닌다. 그리고 일기를 쓰며 자신의 생활을 검열한다. '또'라는 말 밖에 쓸 말이 없음에도 그가 일기 쓰기를 멈추기 않는 것은 그것이 자신의 생활을 검열하는 행위이기 때문이다. 그는 자신이 정해 놓은 규칙을 지키고 있는

20) 구보는 실제로 1934년 이정애와 결혼을 하고 1936년 아이를 얻는다.

지를 일기 통해 검열을 한다.

그의 바쁜 걸음은 '할 일 없음'을 감추기 위한 연극이며, 생활 계획의 일환인 규칙 준수 내용인 것이다. 이러한 분주한 걸음걸이 때문에 할 일이 없는 그가 S상회에 봉직하고 있는 종서보다 더 바빠 보인다. 이러한 그의 걸음걸이에 종서는 그의 뒷모양을 보며 자기를 조롱하는 것처럼 느낀다. 그가 만성에 불쾌감을 느끼는 것은 그의 분주한 걸음걸이가 자신이 사회변혁에 대한 불이 꺼졌다는 것을 확인 시키는 것 같기 때문이다. 불이 꺼졌다는 사실을 냉정한 마음으로 해결할 수 없었기에 그의 계획된 걸음걸이를 보며 꺼림칙한 생각이 들며 용서하고 싶지 않다는 생각이 드는 것이다.

이처럼 만성은 생활의 규칙을 만들어 행동함으로써 자신이 검속되기 이전과 다르지 않음을 타인에게 과시하고 있는 것이다. 만성은 실패에 대한, 불이 꺼져 버린 것에 대한 양심의 가책을 분주함으로 잊고자 하였던 것이다. 이러한 생활의 검열이 존재감 없음, 자신의 삶에 자신감 없음에서 야기된 두려움과 불안감에서 비롯되었다는 것을 만성은 모르지 않는다.

> 자기를 속이고는 살지 못할 인간이 있을는지도 모른다. 그러나 그것을 큰 고함 치면서도 살고 있는 인간이 있다. 자기의 무력을 알고는 살 수 없는 사람이 있을는지도 모른다. 그러나 그것을 알면서도 살고 있는 인간은 너무나 많다. 생활의 궁핍은 이론에 배부르는 법은 없다. 그것은 궁핍의 생활에 자위를 줄 수는 있을는지도 모른다. 그러나 머지않아서 궁핍의 생활은 몸서리치지 않고는 견딜 수 없이 된다. 이론의 마술성도 매력을 잃게 되는 때 그 이론 자체가 그 생활의 일 단면임을 알게 된다. 개구리와 같이 어둠을 탄식한다. 몸서리친다. 다시 자위의 방법을 찾는다. 일시적인 줄 알면서도 다른 마술에 매혹되고 만다. 형해(形骸)의 생활에 이론은 처음부터 필요치 않은 것이다. 인간의 문제는 생의 문제다. 생의 칩거를 변명하려는 인간의 문제는 그 패러독시컬한 매력으로 약간의 자위를 베풀어 준다. 무의 형해를 분장하고 다른 그것과 자기의 그것을 구별하려고 한다.[21](밑줄- 인용자)

위의 인용에서처럼 만성은 자신의 실패와 이에 대한 탈출구 없음을 자각하고 있기 때문에 생활의 규칙과 이에 대한 검열로 행해를 분장하려 하였던 것이다. 그러나 자신을 속이고 어떻게 살며, 그렇게 안일을 구하는 것이 양심의 명령이냐는 종서의 일침에 자신의 연극과 같은 생활에 대한 신념이 깨지면서 불안이 증폭된다. 그렇기에 만성은 뒤이어 말하는 창세의 말은 듣지 않고 골목으로 달음질쳐 피하면서 동무들의 말을 의미 없는 언제든지 돌에 맞아 또는 밟혀 죽을 수 있는 개구리들의 지껄임으로 치부해버리는 것이다.

자신의 행동이 '자신을 속이는 짓'이라는 종서의 말에 만성은 불행을 자각하게 되고, 불행과 불안을 느끼지 않기 위해 동무들이 없는 즉 자신을 아는 사람이 없으며, 자신이 세운 규칙이 통할 수 있는 낯선 곳 동경행을 선택하게 되는 것이다. 이것은 그가 역으로 배웅 나온 종서에게 지난 밤 종서를 잠시 경멸했음을 고백하고 그것을 개성의 문제로 치부하는 것에서 그가 동경으로 가서도 여전히 생활의 규칙과 이에 대한 검열을 통해 자위하면서 살 것임을 보여준다. 그에게 생활의 규칙은 자신의 나약함을 감추는 한 개의 포즈에 불과하기 때문이다.

위에서 볼 수 있듯 구보씨의 자기 검열이 태도 결정에 영향을 미친다면 만성의 이러한 생활의 검열은 세상을 속이고 타인의 시선을 통해 안정을 얻기 위함이다. 만성의 끊임없는 회피와 도피는 총동원기에 들어서 신체와 의식을 박탈당한 조선인으로서 자기 방어의 한 기제로 나타나고 있다.

21) 유항림, 이재복편, 『유항림 단편집』, 서울: 지만지, 2010, 99쪽.

4. 나오기를 대신하여: 불안의 요인인 '어떻게 살 것인가'와 '무엇을 할 것인가'

일제 강점하에서 지식인들이 느끼는 불안 양상 중 일부는 우울, 피로, 두통 등의 병증으로 발현되기도 하며, 취미나 유흥의 몰입으로 나타나기도 한다. 이러한 인물들의 불안은 시대에 의해 유발된 것으로 이들의 가장 큰 고민은 결국 '어떻게 살 것인가'에 대한 존재의 의미에 대한 문제이다. 시대적 특수성은 '어떻게 살 것인가'인가에 대한 고민은 '무엇을 할 것인가'에 대한 문제를 파생시키시며 지식인들을 불안 속으로 이끌었다. 1920년대는 어떻게 살아야할지를 규정하고 실천에 옮기려는 노력이 있었고, 따라서 이를 위해 무엇을 할 것인지 대한 방향성을 찾아가는 시기였다. 그러나 문단의 경우 카프해산은 문단에 보이지 않는 내상을 입혔으며, 시대적 상황이라는 불의의 습격 또는 포위 속에서 어떻게 살 것인지에 대해 재정립을 해야 하는 상황 속에 놓이게 되었다. 이러한 상황은 정신적 혼돈을 가져왔고 자신의 입장을 정하지 못한 채 우울에 빠졌다. 실천 그리고 좌절의 체험은 '어떻게 살 것인가'가 아닌 '어떻게 살아야 하는가'로 의미 변화를 하며 이를 위해 '무엇을 할 것인지'에 대한 물음으로 되돌아온다.

'무엇을 할 것인가'에 대한 문제는 어떤 길을 선택해야하는가의 문제가 아니라 알고 있는 길을 따라 행해야할 실천적인 단계가 무엇이며 어떻게 나가야할지에 대한 문제이다. 그럼에도 작품 속의 인물들이 '어떻게 살 것인가'와 이를 위해 '무엇을 할 것인가'에 대해 불안을 느끼며 회피하고 있는 것은 실패와 좌절 속에서 스스로의 정체성을 찾지 못했기 때문이다. 박태원의 「소설가 구보씨의 일일」, 최명익의 「비오는 길」, 유항림의 「마권」은 바로 이지점에서 다시 시작하여 '어떻게 살 것인가'와 '무엇을 할 것인가'에 대해 묻고 있다.

이에 대한 박태원, 최명익, 유항림의 답은 제각기 다르다. 박태원의 「소설가 구보씨의 일일」에서 구보씨에게 '무엇을 할 것인가'에 대한 인식은 명확하다. 소설 제목이 '구보씨의 일일'이 아니라 '소설가 구보씨의 일일'이라 명명된 것에서 그가 무엇을 할 것인지에 대한 답이 이미 나와 있는 상태이다. 그에게는 창작이 있기에 '무엇을 할 것인가'에 대한 고민을 굳이 할 필요가 없었다. 그에게 '어떻게 살 것인가'는 '무엇을 할 것인가'와 동일한 문제였고 동일한 답을 가지고 있었기 때문이다. 그러나 취업과 가정을 욕망하는 어머니에 의해 '어떻게 살 것인가'에 대한 문제가 제기되면서 그의 고민이 시작되는 것이다. 따라서 그의 심리적 불안감을 보여주는 산책은 구보로 하여금 '어떻게 살 것인가'인가를 결정하는 장이 된다.

최명익의 「비오는 길」의 병일은 독서를 통해 스스로를 소시민적 사회층과 분류할 뿐 '어떻게 살 것인가'인지에 대한 목표를 명확하게 드러내지 않으며 하루하루를 버티고 있다. 이러한 분류 속에서 병일에게서 명확하게 드러나는 것은 '무엇을 할 것인가'이다. 이칠성을 만나 잠시 자신이 해야 할 일이 무엇인지에 대해 흔들리기도 하지만 그의 죽음 이후 독서에 더욱 강행군을 해야겠다는 그의 결심은 '무엇을 할 것인가' 에 대한 결정이다. 이 결정 속에서 '어떻게 살 것인가'에 대한 병일의 선택이 담겨 있는데 그가 택한 것은 관계의 정리이다. 자본과 개인, 시민사회와 개인의 관계를 독서로 단절함으로써 일신의 불안을 차단하려 하는 것이다.

유항림의 「마권」의 만성은 실천의 실패와 좌절을 겪은 후 '무엇을 할 것인가'인지에 대한 좌표를 잃어버린 대표적인 인물이다. 실패와 좌절을 겪은 후 그의 삶은 형해의 삶이 되어 버렸기에 그에게 '어떻게 살 것인가'는 중요하지 않다. 따라서 작품 속에서 끈질기게 할 일을 찾아 헤매는 인물이다. 특히 실천의 실패와 정신적 죽음의 경험을 통해 '어떻게 살 것인가'라는 목표가 사라진 그에게 알고 있는 길을 따라 행해야할 실천적인 단계가 무엇이며 어떻게 나가야할지에 대한 문제조차 막혀 있는 것이다. 이것은 선택의 문제임에도 실패와 좌절의 경험은 그를 두려움으로 이끌어 '어떻게 살 것인가'에 대한 문제를 회피하게 만드는 것이다. 따라서 만성에게는 '어떻게 살 것인가'는 물론 '무엇을 할 것인가'가 중요하지 않다. 다만 세상의 시선 자신을 지식인 룸펜이 아닌 검속 전의 자신의 모습으로 보아주기를 갈망할 뿐이다. 현재의 자신의 삶이 자신을 속이는 것이라는 사실을 벗에 의해 직시하게 되면 불행을 느낀 그가 취하는 방법은 '어떻게 살 것인가'에 대한 결정이 아니라 모두를 속일 수 있는 공간인 동경으로 장소 이동을 통해 현재의 삶 형애의 삶을 지속하는 것이다. 따라서 그의 행위 속에는 '어떻게 살 것인가'에 대한 문제는 소거되어 있으며 지금의 상태를 유지하기 위해 '무엇을 할 것인가'만이 남아 있다.

박태원, 최명익, 유항림은 아주 다른 개인들이나 시대병인 불안에 시달리는 인물들을 통해 존재의 의미를 묻고 있다는 점에서 공통적 요소를 가지고 있다. 작품에서 당대의 삶에 대한 환멸을 직접적으로 말하고 있지는 않다. 그러나 이들 모두 사회로부터 어느 정도 소외되어 있음을 알 수 있다. 이것은 시대상황 속에서의 선택의 문제와도 연관이 깊은 데 민족적 선택이 개인적 선택으로 이행되면서 각성된 인물인 매개자가 사라져 버린 것에서도 찾을 수 있다. 매개자의 실종은 개인의 선택에 있어 실패에 대한 불안을 가중 시킨다. 이러한 상황 속에서 인물들은 '어떻게 살 것인가'라는 명제에 의해 '무엇을 할 것인가'를 선택하는 것이 아니라 '무엇을 할 것인가'를 통해 '어떻게 살 것인가'를 결정하는 뒤바뀐 선택을 하게 되는 것이다.

참고문헌

[기초자료]

김남천, 단편선 『맥』, 문학과지성사. 2006.
박태원, 『북으로 간 작가 선집: 성탄제』, 을유문화사, 1988.
이태준, 『무서록』, 범우, 1993.
유항림, 이재복편, 『유항림 단편집』, 지만지, 2010.
최명익, 『북으로 간 작가 선집: 장삼이사』, 을유문화사, 1988.
『한국대표문학전집 12 : 대표 단편 13인 집』, 삼중당, 1977.

[단행본]

김재용외, 『한국 근대 민족 문학사』, 한길사, 1997.
조남현, 『한국지식인소설연구」, 일지사, 1984.
상허학회 편, 『일제 말기의 미디어와 문화정치』, 상허학회, 2008.6.
채호석, 『한국 근대문학과 계몽의 서사』, 소명, 1999.
발터 벤야민, 『거리의 산책자』, 새물결, 2008.
프로이트, 『억압, 증후 그리고 불안』, 열린책들, 1997.
하버마스, 『현대성의 철학적 탐구』, 이진우 역, 문예출판사, 1996.

[논문]

서준섭, 「모더니즘과 1930년대의 서울: 역사적 모더니즘의 재평가를 위한 문학사회학적 연구1」, 『한국학보』12호 4권, 일지사, 1986, pp. 90-128.
서지영, 「산책, 응시, 젠더: 1920-30년대 '여성 산책자'의 존재 방식」, 『한국근대문학연구』21, 2010, 219-259.

최혜실, 소설가 구보씨의 일일에 나타나는 산책자 연구: 모더니즘 소설의 전형에 대한 일고찰」, 『관악어문』13, 서울대학교국어국문학과, 1986, pp.191-207.

7

역사이야기의 심리적 해석과 추체험의 문제

– '슬픔'의 감정을 주제로 한 소설 『백범』을 중심으로[1)]

윤 유 석

1. 머리말

역사 드라마·소설·영화 등 다양한 형식의 역사서사물을 통해 역사이야기가 창작되고 소비되고 있다. 이러한 역사서사물들이 대중들의 관심을 받으면서 '역사의 문학성'과 '문학의 역사성'에 대한 문제가 역사학과 문학계에서 활발하게 제기되고 있다.[2)] 특히 역사교육 분야에서 역사이해와 역사적 상상력 신장을 위한 내러티브 구성과 감정이입의 문제는 활발하게 논의되고 있는 주제이다.[3)]

---

1) 이 글은 필자의 박사논문인 「역사문화자원의 소통과 스토리텔링 방안 연구 : 자서전 『백범일지』의 서사를 중심으로」 (한국외국어대학교, 2010)의 내용 일부를 주제에 맞게 재구성하여 수정보완 한 것임.

2) 이와 관련해서는, 박진, 「역사서술의 문학성과 역사소설의 새로운 경향」, 국어국문학, 2005; 조정래, 「역사적 서사 유형 연구-1950년대 장편 농민소설을 중심으로」, 어문학, 2011.; 임상우, 「역사 서술과 문학적 상상력」, 문학과 사회, 1992; 오창은, 「역사소설의 확장과 역사철학의 빈곤」, 실천문학 91, 2008. 등의 논문 참조.

이러한 논의들의 중심에는 역사, 엄밀히 말하면 역사서술이 대중과의 소통을 위해 다양한 형식과 내용으로 이루어져야한다는 인식의 변화가 있다. 과거에 대한 기억과 이야기를 대중들이 서로 공유하고 공감하면서 이야기하고 커뮤니케이션 할 수 있어야한다는 것이다. 사회의 이러한 현상을 주목한 언론학자 강준만은 자신의 저서 『역사는 커뮤니케이션이다』(2007)에서 대중문화로 자리잡아가고 있는 역사 소재 드라마, 영화, 소설 등이 역사에 대한 현대인들의 커뮤니케이션 방식이라고 설명하고 있다.

역사를 대중과 커뮤니케이션 하는 대표적인 방법 중에 하나가 바로 문학이다. 국어교육학자 송희복은 다음과 같이 역사와 문학의 연관성을 언급한다. "역사와 문학은 인간의 기억을 공유한다. 역사는 모든 경험의 기록이자 과거 경험의 재연(re-enactment)이다. 사람들에게 과거의 경험은 대부분 잊혀지거나 사라진다. 과거와 현재를 이어주는 것이 있다면 그것은 구비전승물, 역사기술물, 서사물 등의 기록을 통해서이다. 이때 문학과 역사는 문자 행위를 통해 과거의 경험을 기억하거나 상기하려고 한다는 점에서 서로 비슷하다."[4] 그는 역사와 문학이 인간의 기억을 공유하는 경험의 기록이라는 점에서 매우 긴밀한 친연관계를 맺고 있다고 말한다. 그래서 송희복은 소설가들이 역사소설을 통해 한 시대의 역사 인물을 오늘날 삶의 지평에서 새롭게 형상화하고 재구성해 각자의 담론으로 만들어간다고 보았다. 이러한 그의 주장을 뒷받침하는 것이 역사학자 로버트 V. 다니엘스의 다음과 같은 주장이다.

3) 이와 관련한 논문은 조창익, 「감정이입을 통한 역사 수업이 주는 재미」, 중등우리교육 128, 2000; 조남희, 「감정이입적 역사이해에 대한 비판적 고찰」, 부산교육대학교 석사학위논문, 2009.; 이수정, 「내러티브 구성을 통한 역사적 상상력 신장 방안 연구」, 서강대학교 교육대학원 석사학위논문, 2005; 조승래·김한종, 「역사 교육에서 감정이입의 문제」, 역사교육연구회 역사교육 73, 2000. 외 다수

4) 송희복, 「역사와 문학을 보는 관점-장보고계 역사소설의 비교 및 전망」, 한국어문학연구, 제56집, 2010, 417쪽.

역사는 인간의 집단적 경험에 대한 기억이다. 인간의 집단적 경험에 대한 기억이 잊혀지거나 무시될 때 우리는 인간으로 존재할 수가 없게 된다. 역사가 없다면 우리는 우리가 누구인지, 또는 우리는 어떻게 하여 존재하게 되었는지를 전혀 알 수 없게 되고, 마치 집단적기억상실증의 희생자가 된 것 같이 우리의 정체를 암흑 속에서 더듬거리며 찾는 신세가 되고 만다. (......) 역사는 지나간 세대들의 영광과 용맹을, 범죄와 고난을 보여줌으로써 우리는 격려하기도 하고 분노하기도 한다. 역사는 현실 생활의 드라마이며, 문학예술의 한 가지이며, 그 자료가 사실에 입각하여 있다는 점에서 특이한 호소력을 지닌다.[5)]

역사와 문학의 친연관계를 보여주는 대표적인 사례가 김구의 자서전 『백범일지』와 김별아의 소설 『백범』이다. 김구는 자신이 경험한 한국근대사의 경험을 기억에 의지해 자서전 형식으로 기록해 남겼다. 자서전『백범일지』는 김구가 들려주는 한국근대사 이야기인 셈이다. 한편 소설 『백범』은 후대의 사람이 『백범일지』를 읽은 후 자신의 해석, 지식, 상상력을 더해 창작한 역사이야기이다.

소설 『백범』은 『백범일지』 속의 인물과 사건을 재실행하면서 김구의 1인칭 전지적 시점에서 김구의 한국근대사 이야기를 새롭게 스토리텔링 한 김별아의 2008년도 작품이다. 자서전 『배범일지』와 소설 『배범』의 가장 큰 차이는 전자는 김구 자신의 경험을 서술한 것이고 후자는 그것을 읽으면서 김구와 당대인의 삶을 추체험하고 이를 주관적으로 해석한 작가 김별아의 서술이라는 점이다. 그렇다면 소설 『백범』에는 한국근대사에 대한 김별아의 해석과 추체험이 어떻게 서술되었을까?

이글에서 필자는 서사학과 인문학 이론을 바탕으로 역사에 대한 작가의 해석과 추체험에 따른 텍스트의 변화를 고찰하였다. 인문학은 해석학의 아버지라 불리는 딜타이(Wilhelm Dilthey)의 정신과학 이론과 역사

5) 로버트 V. 다니엘스, 김괘상 역, 『어떻게 그리고 왜 역사를 연구해야하나? (Studying History-how and why)』, 평단문화사, 1999, 12쪽, 송희복, 418쪽 재인용.

인식과 서술의 문제를 철학적, 서사적, 해석학적 관점으로 설명한 인문학자 리쾨르(Paul Ricoeur)의 이론, 역사 인식과 서술의 문제를 다룬 역사학자 콜링우드(R.G. Collingwood)와 휴즈(H. Stuart Hughes)의 역사철학이론, 인간은 열등감을 극복하면서 사회공동체의 욕망을 추구한다는 개인심리학자 아들러(Alfred Adler)의 이론을 바탕으로 역사와 역사인물이 한 작가에 의해 어떻게 재실행되고 심리적으로 해석되면서 새로운 이야기로 창작되는가를 고찰하고자 한다.

2. 자서전 『백범일지』와 소설 『백범』의 서사 비교

김구가 『백범일지』의 상·하권을 쓰던 1928년과 1941년은 그가 53세, 66세가 되던 해이다. 그 시점에서 자신의 기억에 의존해 기록한 것이 『백범일지』이다. 리쾨르는 죽은 선조들의 시간은 기억을 더듬어 들려주는 조상들의 이야기를 통해 시간이 지나는 동안에도 연속적으로 펼쳐지게 된다고 말한다.[6] 보다 철학적으로 말한다면, 과거의 시간은 언어적 담화로 표현됨으로써 존재할 수 있다.[7] 리쾨르의 논리에 따르면 김구가 자신의 기억을 더듬어 기록한 『백범일지』는 우리의 조상이 들려주는 선조들의 시간이자 언어적 담화로 표현된 과거의 시간이다. 그리고 후손

6) 폴 리쾨르, 김한식 역, 『시간과 이야기3-이야기된 시간』, 문학과 지성사, 2004, 223쪽.

7) 위의 책, 212쪽. 리쾨르에 따르면, 물리적으로 '현재'라는 시간은 과거화 되고 미래화 되는 사이에서 존재하지 않는다. 단 현재라는 시간을 갖기 위해서는 누군가 말해야 한다. 즉 어떤 사건과 그 사건을 말하는 담론이 일어남으로써 현재가 표시된다고 그는 설명한다. 따라서 달력에 표시되는 연대기적 시간이 체험된 시간으로 바뀌기 위해서는 담론과 관련된 언어적 시간을 거쳐야만 하고 발언의 날짜를 모른다면 미래나 과거라고 말할 수 있는 어떠한 날짜도 없다고 그는 말한다. 같은 쪽.

들은 『백범일지』를 통해 김구가 들려주는 한국의 근대 시간을 경험하게 된다.

자신의 기억에 의존해 기록된 『백범일지』의 내용은 '기억의 불확실성'이라는 한계를 지닌다. 김구도 서문에서 밝힌 바, "다만 유감스러운 것은 오래된 사실들이라 잊어버린 것이 많다는 점이다, 그러나 일부러 지어낸 것은 전혀 없으니 믿어주기 바란다."는 기억의 한계를 분명히 하고 있다.

리쾨르가 말한 단절된 세대 간의 시간과 경험을 연결시켜주는 '이야기'는 이처럼 선조들의 '기억'에 의존한 이야기이다. 리쾨르는 말한다. "'조상들의 입에서 얻어들은 이야기'를 통해 죽은 자들의 시간, 선조들의 시간이 역사적 과거와 '기억' 사이에 다리가 놓이고 그 기억들의 고리를 거슬러 올라가 역사의 연속선상에서 보게 되면, '나'와 관련이 없었던 '너'였던 선조들이 '우리'라는 관계로 변하게 된다."[8] 『백범일지』도 김구의 기억에 의존한 이야기이지만 이 이야기는 현재의 나와 과거의 너를 연결시켜줌으로써 그들은 현재 우리의 역사 경험을 대변하는 '우리'의 선조가 된다.

김구는 자신이 경험했던 많은 사건과 인물 중에서 특별히 '의미 있다'고 여기는 것들을 기록해 『백범일지』를 완성했다. 다시 말해 자신이 경험한 모든 사건들을 기록한 것이 아니라 그 시간의 경과 속에서 연속되거나 연결되는 의미 있는 경험들만을 선별해 그 의미의 맥락에서 자신의 삶을 표현한 것이다. 따라서 『백범일지』는 김구가 경험한 사건들 중에서 '독립운동'이라는 담화에 해당하는 것을 선택적으로 구성해 서사물로 만든 것이다. 김구가 선별해 기록한 『백범일지』의 주요 사건들을 논제로 정의하면 다음과 같다.[9]

---

8) 리쾨르, 앞의 책, 223쪽.

9) 프랭스, 제랄드, 최상규 역, 『서사학이란 무엇인가』, 예림기획, 1999, 95-97쪽.

(1) 김구가 1876년 황해도 해주에서 태어난다.

(2) 김구가 동학교도가 되어 동학혁명에 참여한다.

(3) 김구가 스승의 제안으로 청국을 시찰한다.

(4) 김구가 치하포에서 일본인을 살해한다.

(5) 김구가 인천감리서에서 감옥 생활을 한다.

(6) 김구가 감옥을 탈옥해 삼남지방을 여행한다.

(7) 김구가 마곡사에서 스님이 되어 불도를 깨닫는다.

(8) 김구가 고향에 돌아와 예수교로 개종한 뒤 전도와 신학문을 교육한다.

(9) 을사늑약이 체결되자 김구가 신민회에 들어가 활동한다.

(10) 김구가 고향에 돌아가 사범교육 활동에 전념한다.

(11) 김구가 안명근의 안악사건과 신민회 사건으로 고문을 받고 수감생활을 한다.

(12) 김구가 출옥 후 고향에서 농감생활을 한다.

(13) 김구가 상해에 망명해 대한민국임시정부의 경무국장이 된다.

(14) 김구가 사상 갈등을 해결하기 위해 국민대표대회를 실시하고 국무령을 선포한다.

(15) 김구가 이봉창과 윤봉길 의거를 계획해 실행한다.

(16) 김구가 상해를 탈출해 광동에서 피신 생활을 하며 선상에서 지내다

(17) 김구가 장개석을 만나 군관학교 양성 계획을 세우다.

프랭스에 의하면 하나의 서사물은 어떤 세계에서 일어나는 일련의 사건들을 이야기한다. 그래서 서사물은 그 세계에 관한 명제들을 표현하고 있다. 여기에서 명제란 하나의 문장으로 표현할 수 있는 있는 논제-논평(topic-comment) 구조물이다. 문장은 최소한 하나나 둘 이하의 별개 기본열의 변형으로 되어 있다. 개개의 명제는 각기 하나씩의, 단 하나의 사건과 상황에 연결되며 하나하나의 명제는 표현된 세계에 관해 새로운 정보를 제공한다. 여기에서 사건(event)은 상태적인 것과 행동적인 것을 포함한다.

(18) 김구가 5당 통일운동을 하다.

(19) 김구가 중일전쟁이 발발한 남경을 피해 피난생활을 하다.

(20) 김구가 전시수도 중경에서 7당 통일회의를 하다.

(21) 김구가 광복군을 창설해 광복 전쟁을 위한 군사를 양성하다.

(22) 김구가 일본이 항복하자 조국으로 귀국하다.

(23) 김구가 귀국 후 삼남지방과 서부지방을 순회하다.

정의된 사건의 흐름에서 보듯이 『백범일지』는 한국근대사의 여러 사건들을 중심으로 이야기가 전개된다. 김구가 이러한 사건들을 이야기로 구성해 전달하고자 했던 메시지는 '민족의 생명력'이다. 즉 자신이 경험한 한국근대사 사건을 '민족의 생존을 위해 헌신한 사람들의 이야기'라는 담화로 이야기하고 있는 것이다. 이것이 사건들을 연결하는 플롯이자 사건들이 배열되는 담화의 주제이다. 김구가 이야기하는 많은 인물과 사건들은 모두 민족의 생존을 위해 헌신한 사람들이었다. 그가 『백범일지』를 저술한 것도 다음 세대에 그 생명력이 이어지길 바랐기 때문이다. 이러한 서사 목적은 서문에 잘 나타나 있다.

> 이 책에 나오는 동지들 중에 대부분은 생존해서 독립의 일에 헌신하고 있으나 이미 세상을 떠난 이도 많다. 최광옥, 안창호, 양기탁, 현익철, 이동녕, 차이석 이들은 모두 이제 없다. 무릇 난 자는 다 죽는 것이니 할 수 없는 일이거니와, 개인이 나고 죽는 중에도 민족의 생명은 늘 있고 늘 젊은 것이다. 우리는 우리의 시체로 성벽을 삼아서 우리의 독립을 지키고, 우리의 시체로 발등상을 삼아서 우리의 자손을 높이고, 우리의 시체로 거름을 삼아서 우리의 문화의 꽃을 피우고 열매를 맺어야 한다. 나보다 앞서 세상을 떠나간 동지들이 다 이 일을 하고 간 것을, 나는 만족하게 생각하고 감사하게 생각한다. 내 비록 늙었으나 이 몸뚱이를 헛되이 썩히지 아니할 것이다.(김구, 15)

리쾨르는 연대기적 시간에서부터 체험된 시간을 다시 만나기 위해서는 이러한 담론과 관련된 언어적 시간을 거쳐야만 한다고 말한다. 달력에 표시되는 연대기적 시간은 그것을 체험한 누군가에 의해 말해지는 언어적 시간을 거칠 때 체험된 시간이 된다. 그래서 현재라는 시간을 갖기 위해서는 그 시간의 사건을 말하는 누군가의 담론이 일어나야한다. 그의 주장에 따르면 아무리 완전하고 확실한 날짜라 할지라도, 이를 말하는 발언의 날짜를 모른다면 그것이 미래나 과거라고 말할 수 없다.[10] 자신이 경험한 사건과 인물을 이야기함으로써 한국근대사라는 과거를 우리에게 체험시키고 있다는 점에서, 『백범일지』는 김구에 의해 담화된 한국근대사 이야기이다.

한편 김별아는 김구가 이야기한 사건에 자신의 지식과 감성을 더해 사건들을 재구성한다. 하지만 소설에서는 『백범일지』에서만큼 많은 인물과 사건을 이야기하지 않는다. 소설에서 서사의 중심이 되는 인물은 김구, 김구의 아버지 김순영, 어머니 곽낙원, 부인 최준례, 여인 여옥과 주옥생, 동지였던 이봉창과 윤봉길, 모두 8명이다. 여기에서 이야기되는 인물들은 역사적으로 중요한 인물이라기보다 한국근대사를 살아낸 그 시대의 아버지, 어머니, 부인, 여인, 사나이들의 전형이다.

소설 『백범』은 해방을 맞아 귀국길에 오르는 김구가 과거를 회상하는 방식으로 이야기가 전개된다. 12장의 소제목으로 구성되어 있는 각 장의 내용은 김구를 중심으로, 그 주변 인물인 김구의 아버지, 어머니, 약혼자, 일본인, 이봉창, 윤봉길, 주애보 등을 서사의 중심에 두고 있다. 각 장의 중심 내용을 사건별로 정의하면 다음과 같다.

(1) 김구가 환국행 비행기에서 과거를 회상한다.

(2) 김구가 일본인을 살해한다.

---

10) 리쾨르, 212쪽.

(3) 상놈이었던 김구의 아버지는 효심이 깊고 자상했다.

(4) 마음 좋은 사람이 되기 위해 김구가 끊임없이 배우고 가르치다.

(5) 일본인들의 탄압 속에서 꿋꿋이 살아가다.

(6) 독립운동가들이 가족의 희생, 배신, 고립감과 싸우며 외국에서 활동하다.

(7) 이봉창이 독립을 위해 폭탄을 던지다.

(8) 윤봉길과 독립운동가들이 자신을 희생해 독립의 희망이 되다.

(9) 중국인 저보성과 주애보가 피신 중이던 김구를 숨겨주다.

(10) 어머니가 자식을 위해 헌신하고 독립을 위해 헌신하다.

(11) 독립운동노선을 통일시키고 미국과 연합작전을 준비하던 중 광복을 맞다.

(12) 환국행 비행기로 김구와 일행이 서울에 도착하다.

『백범일지』와 소설『백범』의 이러한 서사 제시 방식의 차이는 담화에 따른 스토리 구성상의 차이에서 기인한다. 그 시대를 살아간 선조들의 희생적인 삶을 이야기하고자 했던 김구는 그들이 겪었던 사건들을 시간 흐름의 순서로 구성했다. 반면 그들의 삶의 의미를 이야기하고자 했던 김별아는 각 인물과 사건에서 느껴지는 슬픔의 의미별로 연대기적 시간을 해체하고 재결합하는 방식으로 이야기를 전개한다.

그래서『백범일지』가 사건 중심의 선형적 시간 구성으로 서사를 제시한다면 소설『백범』은 '슬픔'을 주제로 시간을 비선형적으로 구성하고 있다. 아래의 표에서 알 수 있듯이『백범일지』의 시간이 순차적인 것에 비해 소설『백범』의 시간대는 서로 겹쳐있다. 이는 김별아가 '슬픔'을 담화로 시간을 재구성하고 있기 때문이다.

소설『백범』은『백범일지』를 텍스트로 하여 한국근대사의 인물과 사

〈표 1〉『백범일지』와 『백범』의 서사 시간 비교

『백범일지』	
목차	연도
황해도 벽촌의 어린시절	1876-1892
시련의 사회 진출	1892-1895
질풍노도의 청년기	1895-1898
방랑과 모색	1898-1905
식민의 시련	1905-1915
망명의 길	1915-1919
상해 임시정부 시절	1919-1932
이봉창과 윤봉길의 의거	1932
피신과 유랑의 나날	1932-1937
다시 민족운동의 전선으로	1937-1940
중경 임시정부와 광복군	1940-1942
해방 전후의 대륙	1942-1945
조국에 돌아와서	1945-1947

『백범』	
목차	연도
이륙	1945
냉혹한 슬픔	1880-1896
쓰라린 슬픔	1876-1900
아련한 슬픔	1892-1902
슬픈 밥	1878-1915
자욱한 슬픔	1919-1924
고독한 슬픔	1900-1932
뜨거운 슬픔	1932
흐르는 슬픔	1932-1937
거룩한 슬픔	1876-1937
슬픔의 축제	1938-1945
착륙	1945

건을 해석하고 그것을 다시 자신의 이야기로 풀어낸 창작물이다. 그래서 소설 『백범』은 『백범일지』의 텍스트 내적 요소를 담고 있는 한편, 거기에 언급되지 않은 지식이나 감정, 설명이나 해석 등의 텍스트 외적인 내용이 더 추가됨으로 한국근대사에 대한 김별아의 담화를 표현하고 있다. 그래서 『백범일지』가 김구의 생각과 기억, 이해, 소망을 이야기하고 있다면 소설 『백범』은 김별아의 생각과 감정, 이해, 욕망을 담고 있다고 볼 수 있다.

이러한 차이는 각 서사의 초점화가 다르게 이루어지기 때문이다. 초점화는 초점화의 주체인 초점자와 초점화의 대상을 의미한다.[11] 『백범일지』의 초점자는 김구이고, 초점화의 대상이 자신의 외부세계에 맞추어져 있다. 반면 『백범』의 초점자는 김별아이고 초점화의 대상은 김구

11) 오닐, 패트릭 , 이호 역, 『담화의 허구』, 예림기획, 2004, 154쪽.

의 내면세계이다. 다시 말해 김구는 자신이 처한 시대의 상황, 인물, 사건 등의 외부세계에 초점을 두고 그것을 이야기하려 했다면 김별아는 그러한 사건과 상황, 인물을 대하는 김구의 내면세계, 즉 그의 생각을 이야기한다.

딜타이는 자서전에서 보여주는 생애를 이해하는 사람은 그것을 드러내 보여준 사람과 동일하다고 말한다. 왜냐하면 자기 삶의 역사 속에서 연관을 찾고 있는 동일한 인간이 그가 자기 삶의 가치라고 느꼈던 것, 삶의 목적으로 실현했던 것, 삶의 계획으로 기획했던 것들을 자서전 인물의 삶이 가지고 있기 때문이다.[12] 이러한 동일화가 있었기 때문에 김별아는 소설 『백범』에서 김구의 1인칭 시점으로 이야기를 전개해 나갈 수 있었다. 그렇다고해서 김별아가 김구가 될 수는 없다. 다만 김별아는 자신이 『백범일지』를 읽으면서 이해하고 해석한 김구의 이야기를 마치 자신이 김구가 된 것처럼 이야기해주고 있을 뿐이다.

3. 자서전 『백범일지』의 심리적 해석

역사학자 휴즈(H. Stuart Hughes)는 역사인물은 정신분석학적으로 접근해야한다고 말한다. 역사인물도 인간적으로 이해해야 하기 때문이다. 휴즈는 역사연구와 정신분석 연구의 중요한 탐구 대상이 인간의 동기라는 점에서 역사가도 정신분석가처럼 개인이나 집단이 왜 그런 행동을 했는지의 이유를 찾아야한다고 말한다.[13] 20세기 후반 이후 역사인식에서 요구되는 것이 정신분석이라고 확신하는 휴즈는 역사학에서 개별 인간과 그에 대응하는 타자간의 사상과 행위를 세밀하고 단계적으로 해명

12) 딜타이, 빌헬름, 이한우 역, 『체험·표현·이해』, 책세상, 2002, 32쪽.
13) 휴즈, H., 이순영 역, 『과학과 예술로서의 역사』, 풀빛, 1981, 56쪽.

하기 위해서는 정신분석학과 같은 '왜 그랬는가?'에 대한 동기 설명이 이루어져야 한다고 주장한다.[14)]

김구의 내면세계를 그린 김별아도 그에 대한 정신분석학적인 해석을 시도한다. 예를 들어 『백범일지』에서 김구는 어린 시절, 동네에 호랑이가 있었다는 외적 세계를 이야기한다. "우리 집은 적막한 산 입구 호랑이 길목에 있어서 밤에는 종종 호랑이가 사람을 물고 우리집 문 앞으로 지나가므로 문 밖을 나갈 수 없었다."라는 것이 『백범일지』에 등장하는 호랑이의 존재이다. 하지만 김별아는 이 호랑이를 김구의 꿈에 등장하는, 김구의 내면에 존재하는 사납고 거세지만 냉정하고도 치밀한 김구의 또 다른 자아로 표현한다.

> 내 안에는 짐승 한 마리가 살고 있었다. 호랑이 꿈에 시달리던 세상 처음의 기억 속에서, 나는 내 안에서 들썩이던 그것을 눈치챘다. 놈은 사납고 거셌다. 내 좁은 가슴골에서 마구발방으로 부대꼈다. 그런가 하면 놈은 냉정하고 치밀했다.(김별아, 22)

그리고 김별아는 호랑이가 나오는 산골에서 부모님이 일을 나간 동안 이웃 집 양반집 아이들과 놀다가 억울하게 매질을 당한 후, 부엌칼을 들고 가 복수하려 했던 일을 김구의 심리와 성격으로 연결해 이야기한다. 김별아는 다섯 살 소년의 경험과 정서를 김구의 성장과정과 연결해 과거제의 실패담, 동학운동에 가담해 저항과 반역을 꿈꾼 일, 그리고 복수의거를 위해 일본인을 살해한 일을 겪게 되는지 이야기 한다.

김구의 내면세계에 대한 김별아의 이러한 서술은 김구에 대한 심리적 해석을 시도하고 있는 것으로 볼 수 있다. 정신분석학자인 아들러의 주장에 따르면, 꿈은 한 개인의 활동과 행동 패턴을 비유나 상징으로 표현하고, 그 비유는 문제 해결의 통로를 제시한다. 우리의 성격은 일정한

14) 위의 책, 78쪽.

방향성을 가지고 있어서 문제를 해결하기 위해 고심할 때 결정을 내리기 위한 계기를 찾게 되고, 꿈은 이런 문제를 특정한 방식으로 해결하려고 할 때 필요한 감정을 고조시키는 역할을 한다. 다시 말해 꿈에는 어떤 식으로든 꿈꾸는 사람의 생각이 남아있고 그의 행동패턴을 암시한다는 것이다.[15)]

이러한 꿈과 내면세계에서 김별아가 발견한 것은 독립이라는 공동체의 소망과 목표를 향한 개인의 희생, 용기, 결단이었다. 정신분석학자 아들러에 따르면 이러한 특징은 인간의 본질 중의 하나이다. 아들러는 인간은 공동체에서 우위를 차지하기 위한 목표를 지향하며 행동한다고 말한다. 그의 개인심리학에 따르면 인간의 모든 정신 현상들은 목표를 지향한다. 그 목표를 이루기 위해 인간은 스스로 자신의 법칙을 만들어 행동하게 되는데, 그 목표 중에 하나가 공동체에 적응하는 것이다. 이때의 공동체는 가정, 조직, 사회, 국가의 범주로 확대 될 수 있으며 개인은 이 공동체에서 권력을 갖기 위해 다양한 방식으로 행동하는 '사회적 특성'을 지닌다. 그래서 인간의 정신은 개인이 각자 마음대로 움직일 수 있는 것이 아니라 공동체의 요구와 필연적으로 연결되어 있다. 공동체에서 안전과 적응을 보장해 줄 수 있는 우위를 차지하기 위해 개인은 자신의 과제를 해결할 수 있다는 낙관적인 태도를 갖게 되는데 그 예가 용기, 열린 마음, 신뢰감, 부지런함 같은 것이다.[16)]

김별아는 김구가 당시의 사회-역사적 환경의 공동체 속에서 어떻게 행동하는가를 주목한다. 김구는 빙산에 갇힌 거룻배를 끌어내 위험에 처한 사람들을 구한 작은 사건에서부터, 자신의 운명을 담보로 한 독립운동까지, 공동체의 독립과 자유를 위해 한 평생을 살아간 인물이다. 김별아가 주목한 김구의 이러한 모습은 공동체에 적응하고 거기에서 자신

15) 위의 책, 64, 118쪽.
16) 아들러, 알프레드, 라영균 역, 『인간이해 』, 일빛, 2009, 24-39쪽.

의 위치를 만들어 가는 한 인간의 모습이다. 여기에는 아들러가 발견한 인간의 본성이 있다. 아들러가 주장하는 바, "인간의 정신과 행동이 공동체와 연결되어 있고, 개인은 공동체가 요구하는 과제를 해결하는 방향으로 행동을 취함으로써 인간 정신이 공동체 지향의 행동패턴을 지니고 있다." 공동체의 운명과 연관된 김구의 삶은 아들러가 본 이러한 인간 본성의 한 측면을 보여주고 있다.

김구가 보여준 인간 본성의 또 하나의 측면은 열등감이다. 아들러는 "열등감, 불안감, 무력감이 삶의 목표를 세우게 하고, 그 목표가 구체화되도록 도와주고, 정신은 늘 열등감 때문에 생기는 괴로운 감정을 극복하기 위해 노력한다."고 말한다.[17] 김구도 '상놈'이라는 열등감을 극복하기 위해 과거시험을 보고, 천격과 빈격이 있는 못난 외모를 극복하기 위해 마음 좋은 사람이 되기로 결심한다. 김구는 17세가 되던 청소년기에 『마의상서』에서 자신의 상이 좋지 못함을 알게 되고 한동안 절망했다가 이를 극복하는 과정을 거친다. "이것을 보고 나는 상 좋은 사람보다 마음 좋은 사람이 되어야겠다고 결심하였다. 이제부터 밖을 가꾸는 외적 수양에는 무관심하고 마음을 닦는 내적 수양에 힘써 사람 구실을 하겠다고 마음먹으니 종전에 공부 잘하여 과거하고 벼슬하여 천한 신세에서 벗어나겠다는 생각은 순전히 허영이요 망상이요, 마음 좋은 사람이 취할 바 아니라고 생각되었다"[18]라는 고백에서 알 수 있듯이 김구는 자신의 열등감을 극복해 내적 수양이라는 새로운 삶의 목표를 깨닫게 되었다. 김별아는 김구가 자신의 열등감을 극복하고 삶의 목표를 이룬 모범과 귀감이 되었다고 보았고 이를 본문에 다음과 같이 표현한다.

> 생긴 대로 못난이로 살지 않기 위하여 나는 서산대사의 선시를 마음에

17) 아들러, 위의 책, 76쪽.
18) 김구, 앞의 책, 39쪽.

새겼다. 시를 외울 때면 내 마음에 설원이 펼쳐졌다. 나는 사라지고 끝없이 흰 눈밭에 오롯한 발자국만 남는다. 언젠가는 내 삶이 내 얼굴이 된다. 내 발자국은 뒷사람이 길을 찾는 표식이 된다. 마음씨 올바른 사람이 될 테다. 어지러이 갈팡질팡 헤뜨리지 않고 뚜벅뚜벅 내 길을 따라 걷는, 진실로 마음 좋은 사람.(김별아, 76)

이처럼 김별아는 김구라는 역사 인물을 인간 본성의 정신과 심리 상태와 결부하여 표현함으로써 역사적인 인물을 그대로 복원하기보다 그 안에서 인간의 본성을 드러내고자 하였다. 즉 김구의 전 생애를 '한국독립투쟁사'의 관점에서 바라보되, 열등감을 극복하고 사회 공동체의 선을 추구하는 인간의 본성을 드러낸 것이다.

앞서 말했듯이, 민족의 독립을 위해 자신의 열등감을 극복하고 그 안에서 우위를 차지하기 위해 노력하고 행동하는 김구의 모습에는 아들러가 말하는 사회적 존재로서의 인간 본성이 존재한다. 김별아는 『백범일지』에 등장하는 많은 인물들의 삶을 심리학적 측면에서 해석하고 지금의 나와 너에게도 있는 인간 본성의 모습을 투영해 그들의 삶을 이해할 수 있게 해준다. 이러한 심리적 해석을 통해 김별아는 그들이 느꼈을 다양한 감성들을 간접적으로 경험하게 되는데 이러한 심리적 체험이 기록된 것이 소설 『백범』이다.

4. 한국근대사의 재실행과 '슬픔'의 추체험

김별아는 소설 『백범』에서 근대 시기를 살았던 사람들의 절망, 공포, 두려움, 분노, 배신감 등에 대해 이야기한다. 이들은 『백범일지』의 등장인물에 대한 김별아의 역지사지 혹은 전위의 결과물이라 할 수 있다. 김별아는 소설에서 물에 빠져 죽을 수도 있다는 공포, 나라를 빼앗긴 수치심과 패배감, 남의 나라에서 이방인으로 떠도는 향수, 절망, 외로움, 만세운동을 할 때의 분노, 변절자들에 대한 배신감, 독립을 위해 목숨을 바치는 용기, 고문의 고통, 신분제의 억울함과 명성황후 시해사건, 강화도 조약의 억울함을 이야기한다.[19] 다른 시대와 다른 공간에서 일어난 사건에 대해 느끼는 이러한 감정은 『백범일지』와 한국근대사 관련 자료와 기록들을 읽으면서 김별아가 내적으로 경험한 감정들이다.

이처럼 타인의 위치에서 타인의 사고와 감정을 내부로부터 체험하는 것을 딜타이는 추체험이라 말한다.[20] 딜타이에 따르면 인간이건, 작품이건 그것을 진정으로 이해하게 되면 역지사지나 전위의 모방 혹은 추체험이 일어난다. 예를 들어 하나의 시에 담긴 모든 구절은 체험의 내적 연관을 통해 그것을 읽는 사람의 삶으로 환원되고 이러한 역지사지(易地思之) 또는 전위(轉位)를 경험하면서 정신적 삶의 총체성을 이해하게 된다. 이때 작동하는 최고의 방식이 모방 혹은 추체험이다. 추체험이 일어남으로써 다른 시대와 다른 공간에서 일어난 사건이 그것을 추체험하는 사람을 통해 지속적으로 연장되는 것이다.[21]

딜타이는 이것을 '체험의 시간성' 혹은 '역사성'이라고 말한다. 그의 설명에 따르면, 과거 자료들이 밝히고 있는 '객관적으로 파악된 사실'은 과거라는 역사적 시간성 외에도 어떤 의미를 통해 현대인의 삶과 연관된다. 그 의미의 측면에서 과거의 삶이 현실에서도 중요한 의의를 갖게 되는 것이다. 그에게 있어 시간성과 역사성은 내재되어 있는 의미를 해석하는 것이고 체험 역시 하나의 의미를 가지고 현재, 과거, 미래라는 시간의 역사적 범주에서 통일성을 가지고 이루어진다.[22]

---

19) 김별아, 앞의 책, 29, 33, 51, 103, 105, 107, 129, 138, 139, 189쪽.
20) 전영길, 「W. 딜타이가 본 정신과학과 자연과학의 문제」, 『역사, 사회, 철학』 제1권(제4호), 국제문화학회, 1990, 150쪽.
21) 딜타이, 빌헬름, 이한우 역, 『체험·표현·이해』, 책세상, 2002, 54-55쪽.
22) 위의 책, 166쪽.

그래서 딜타이에게 '역사성'이란 과거와 미래의 지평에서 현재를 이해하는 '체험의 시간성'을 의미한다. 딜타이는 이러한 체험 속에서 '나'와 '너'의 이해가 이루어진다고 보았다. 체험을 통해 이해를 하게 된다는 것은 체험 안에 정신적인 사고 작용이 일어나기 때문이다.[23] 딜타이는 인간이 자신의 실존을 인식하는 방법 중의 하나가 '체험'이라고 말한다. 딜타이에게 있어 삶은 형이상학적인 사색을 통해 인식되는 것이 아니라 체험하는 실재에 의해 존재하기 때문이다. 살면서 단순히 겪게 되는 것이 경험이라면, 체험은 시간의 연속선상에서 가치와 의미를 부여할 수 있는 '의미 있는' 경험이다. 그 의미로 인해 체험은 과거, 현재, 미래의 시간 흐름에서 현재와 '통일성'을 이루게 된다.

여기에서 딜타이가 말하는 통일성은 의미의 통일성이다. 현재를 중심으로 과거와 미래를 보았을 때 공통된 의미로 결합되는 삶의 부분들이 포괄적인 통일성을 갖게 될 때 '체험'이라고 부를 수 있다는 것이다. 서로 분리되어 있는 삶의 다양한 사건들이 어떤 의미로 통일성을 갖게 될 때 체험이 된다. '경험'이 그냥 살면서 겪게 되는 것이라면 '체험'은 공통된 의미를 갖고 있는 경험들이다. 다양한 경험은 공통된 의미를 중심으로 하나의 체험으로 묶일 수 있다. 따라서 딜타이는 일반적인 '경험'과 달리 보다 특수하고 제한된 용어로 '체험'이란 말을 사용하였다.[24]

의미의 통일성을 가지고 체험하는 역사는 단순히 역사 지식을 습득하는 것이 아니라 가치연관 된 의미를 가지고 역지사지의 상황을 체험함으로써 이루어진다. '우리가 『백범일지』에서 무엇을 체험할 것인가?'의 문제는 현재의 '나'가 의미부여하고 관심 있어 하는 것이 무엇인지 인식하고 그 의미를 삶의 실체로 보여준 특수한 사례를 『백범일지』에서 찾는 것에서부터 시작된다. 그리고 한국근대사의 한 인물과 그의 삶을 자

23) 위의 책, 166쪽.
24) 팔머, 앞의 책, 161쪽.

신이 부여한 의미에서 해석하고 자신이 그 사람이 되어보는 역지사지를 통해 추체험해보는 것이 필요하다. 이때 추체험은 감정이입이라는 감정적 요소와 사회적-역사적 맥락을 파악하는 지적인 활동과 함께 이루어지게 된다.

사회적-역사적 맥락을 파악하는 과정에서 역사의 재실행이 이루어진다. 딜타이의 영향을 받은 영국의 역사철학자 콜링우드(R.G. Collingwood)는 "모든 역사는 과거의 생각을 역사가 특유의 정신 속에서 다시 실행하는 것"이라고 단언한다. 역사가가 과거를 생각하는 것은 과거 시간을 다시 살기 위해서가 아니라 자신의 정신적인 사유를 위해 과거를 뒤돌아본다는 것이다.

과거를 재실행한다는 것은 정신 속에서 과거를 사유하고 과거가 다시 살아난다는 의미이다. 리쾨르는 과거가 '다시 살아남는다'는 것은 후손의 생각 속에서 '다시 실행된다'는 것이라고 말한다. 과거는 흔적을 남김으로써 살아남으려하고, 후손은 과거의 생각을 다시 실행함으로써 과거를 물려받게 된다는 것이 리쾨르가 생각하는 역사 인식이다. 그래서 그에게 있어 역사적 과정은 인간이 자기 고유의 생각을 통해 물려받은 과거를 다시 창조함으로써 스스로를 위해 인간 본성에 대한 이런저런 관념을 창조하는 과정이고, 과거를 다시 실행한다는 것은 자기 고유의 정신 속에서 그것을 다시 창조하는 것이다.[25] 김별아는 소설 『백범』에서 과거를 재실행하고 자신의 관념 속에서 그것을 재창조하고 있다. 그렇다면 김별아가 재실행의 대상으로 김구를 선택한 이유는 무엇일까?

"우리는 동일자, 타자, 유사자를 통해 과거를 잇달아 생각함으로써 과거에 관해 의미 있는 어떤 것을 이야기한다." 리쾨르의 말이다. 이때 동일자의 특징을 가지고 지금 과거를 '재실행'하는 것은 '시간'이라는 거리를 없애고 예전에 존재했던 것과 자신을 동일화하는 것(identification)

25) 리쾨르, 280쪽.

을 의미한다. 과거에서 현재와의 동일성을 찾으려는 시도는 과거의 사료를 해석하는 과정에서 상상력이 적용되고 이러한 상상력이 과거를 '재실행'하게 한다. 과거의 사료를 보고 그것을 해석하고 재실행하는 과정에서 현재 자신의 생각과 욕망이 반영되고 그것이 동일화 요소로 나타나기 때문이다.[26] 그래서 리쾨르가 주장하는 과거의 재실행은 시간의 재현이라기보다 동일자와 타자, 유사자를 통해 과거를 생각하고 관념을 창조하는 행위이다. 과거를 재실행하는 사람은 자신을 과거의 인물과 동일자로 환원하고, 타자성을 식별하며, 유사한 것으로 이해함으로써 과거를 재실행하게 된다.[27]

이러한 역사의 재실행과 재창작을 통해 역사는 다음 세대로 이어지고 연속되며, 사회 구성원들 사이에서 회자된다. 리쾨르는 역사를 재실행하는 이러한 이야기를 통해 과거를 재형상화하고 그 시간을 체험함으로써 현재의 사람들이 선조나 후손의 시간을 인식하게 된다고 말한다. 리쾨르에 따르면 우리는 동시대인, 선조, 후손이라는 세대의 연속선상에서 관념과 같은 사유도구를 만들어내고 사료와 문서의 도움을 받아 시간을 창조적으로 재형상화 한다.[28]

지금 우리가 과거를 재실행하고 그 시간을 체험하는 이유는 무엇일까? 콜링우드는 우리가 과거에서 답을 찾기 때문이라고 말한다. "역사에서 물음과 증거는 짝을 이룬다. 당신의 물음, 당신이 지금 제기하는 물음에 답할 수 있도록 하는 모든 것은 증거의 가치를 갖는다."[29] 콜링우드의 이러한 생각은 리쾨르에게도 영향을 미쳤다. 리쾨르에 있어서도 과거를 다시 생각한다는 것은 과거를 다시 사는 것이 아니다. 그에게 있어 역사 탐구는 '물음과 대답의 논리'에 의한 것이다. 그 물음은 자신과

---

26) 리쾨르, 273-276쪽.
27) 리쾨르, 위의 책, 304쪽.
28) 리쾨르, 앞의 책, 203-204쪽.
29) 리쾨르, 앞의 책, 278쪽.

타인, 그리고 인간을 이해하기 위한 인간의 본성과 심리에 대한 질문으로부터 시작된다.

김별아도 자신이 제기하는 물음에 대한 증거를 찾기 위해 『백범일지』의 이야기를 재실행한다. 작가의 말에서 밝히고 있는바, 김별아는 '공명정대함보다 불의가 더 판을 치는 세상에서 인간은 어떻게 사는가?'라는 질문을 가지고 『백범일지』를 읽었다.[30] 이 문제에 대한 삶의 증거를 찾기 위해 김별아는 한국근대사와 김구라는 시기와 인물을 주목했던 것이다.

이 질문을 가지고 김별아는 김구가 태어난 1876년부터 광복 후 환국하는 1945년까지의 70여년의 시간 동안 강화도 조약, 한말 조선의 외교정책, 청일전쟁, 명성황후 시해 사건, 안악사건과 105인 사건, 임시정부의 수립, 폭탄의거, 남경대학살 등의 과거를 재실행한다. 그리고 이 시기를 살아간 사람들의 삶에서 슬픔뿐만 아니라 억울함, 분노, 절망 등의 감정을 추체험한다. 김별아가 이야기한 이러한 감정들은 제국주의 침략과 일본의 식민지배로 인한 불공정하고 부당한 권력의 시대를 살아갔던 사람들의 감정이다. 이는 김별아가 한국근대사의 사회적-역사적 맥락에서 감추어진 삶의 상징과 의미를 감정적으로 추체험한 것이라 할 수 있다.

이러한 질문들을 통해 한국근대사에서 김별아는 불공정과 불의가 판치는 시대에도 인간은 살아갈 수 있다는 증거를 찾는다. 그 삶의 증거를 보여준 것은 비단 김구만이 아니다. 윤봉길, 안창호, 신규식, 안태국, 안중근, 이재명, 이봉창 등 자유와 평등, 평화를 꿈꾸며 살다 죽어간 독립운동가들이다.[31] 이들은 소설 『백범』에서 김구가 환상을 통해 이상국의 이상촌에서 만나게 되는 사람들로, 김별아가 찾은 삶의 증거, 불공정과 불의가 판치는 시대에도 잘 살아낼 수 있다는 삶의 증거들이다. 이들은 김별아가 한국근대사에서 찾아낸 인물들로 『백범일지』에서 언급되지

30) 김별아, 앞의 책, 286쪽.
31) 김별아, 위의 책, 273-276쪽.

않는 사람들을 포함하고 있다. 이처럼 김별아는 『백범일지』에 기록된 삶의 이야기들을 해석하면서 자신이 제기한 물음에 대한 답을 찾아간다.

김별아가 한국근대사에서 찾아낸 답은 '슬픔의 힘'이었다. 즉 불공정과 불의가 판치는 시대를 살아간다는 것이 슬프지만, 그래도 인간은 위대한 삶을 살 수 있다는 증거를 찾은 것이다. 그래서 김별아는 자신이 찾아낸 인물들의 삶의 이야기를 '슬픔'을 주제로 재구성해 들려준다. 이러한 주제의식은 제목에 잘 표출되는데, 〈표 2〉는 '슬픔'을 주제로 한 목차의 제목과 함께 주요 인물과 사건들을 정리한 것이다.

〈표 2〉 소설 『백범』 의 목차별 주요 인물과 사건

목차	김구 외 주요 인물	주요 사건
냉혹한 슬픔	마을 사람, 와타나베	호랑이 기질로 인한 유년기 사건들, 치하포 사건
쓰라린 슬픔	김순영(아버지)	신분제 차별에 대항한 아버지의 행적
아련한 슬픔	고능선, 여옥	배움과 가르침
슬픈 밥	고문 받는 독립지사들, 곽낙원(어머니)	고문, 옥바라지
자욱한 슬픔	최준례(부인)	임정 활동, 부인의 죽음
고독한 슬픔	이봉창	이봉창의 일본 생활, 동경 의거
뜨거운 슬픔	윤봉길, 안중근, 강우규	독립운동가들의 의혈 투쟁 활동
흐르는 슬픔	저보성, 주애보	윤봉길 의거 이후 김구의 피신 생활
거룩한 슬픔	곽낙원	어머니의 행적
슬픔의 축제	이운환, 독립운동가	이운환 저격사건, 광복 전의 독립운동 전선 활동

이처럼 김별아 자신이 추체험한 '슬픔'이라는 감정을 가지고 『백범일지』의 이야기를 재실행하는데 이는 추체험에서 끝나지 않고 작가 자신에게 변화를 가져오는 영향을 미치게 된다. '작가의 말'에서 김별아는

그 슬픔이 자신의 삶에 어떤 영향을 미쳤는지 말한다.

> 이십년 후에 다시 그것(『백범일지』-필자)을 읽은 나를 지배한 감정은 슬픔이다. 슬픔은 분노만큼 뜨겁지는 않지만 낮고 질기고 도도하다. (중략) 기어이 슬퍼하고 기꺼이 슬퍼하기 위해, 나는 좀 더 배우고 쓰고 살아내야 한다.(김별아, 287쪽, 작가의 말 중에서)

한 기자와의 인터뷰에서도 김별아는 자신이 추체험한 '슬픔'에 대해 언급한다. "작품을 쓰면서 1년여를 백범과 함께 살았다. 그 시간을 통해 그의 생이 슬픔으로 채워져 있다는 걸 느꼈다. 그래서 '슬픔'이라는 키워드로 김구를 읽어내려 했다. 범상한 사람이 아닌 이의 슬픔은 그 슬픔까지도 범상치 않다는 것 또한 알게 됐다."[32] 이러한 김별아의 감정은 소설 결말에서 주인공 김구의 독백을 통해 다음과 같이 표현된다. "슬픔을 아는 순간 슬픔을 참을 수 없었기에, 끝끝내 거대한 슬픔으로 살아남았다. 나는 이인(異人)이거나 영웅이 아닌, 다만 한 마리의 슬픈 짐승일 뿐이다."

김별아는 한국근대사를 살아낸 사람들의 삶에서 냉혹하고, 고독하고, 뜨겁고, 거룩한 '슬픔'을 느꼈다. 그리고 그 슬픔을 담화로 『백범일지』의 이야기를 재구성해 자신의 담론으로 이야기를 전개한다. 소설을 통해 김별아는 김구와 한국근대사를 슬프게 이야기하고 있지만 이 슬픔은 사건을 인과관계로 구성하는 플롯의 기능은 하지 않는다. 다시 말해 슬픔 때문에 사건이 일어나지는 않는다. 다만 인물과 사건을 슬픔을 주제로 재구성하고 있을 뿐이다.

불공정한 역사를 살아가는 인간의 길에 대한 질문을 가지고 있었던 김별아는 김구의 삶을 현재 자신의 삶과 연결하여 그 안에 존재하는 유사성과 특수성을 파악하고 그 추체험의 결과를 소설 『백범』으로 작품화

32) 오마이뉴스, "촛불집회에서 본 희망이 나를 돌아오게 했다", 2008-08-15.

하였다. 따라서 소설 『백범』은 "불공정한 역사를 인간은 어떻게 살아가는가?"라는 질문에 대해 김별아가 찾은 답을 이야기한 것이다. 김별아는 자신의 예술가적 직관과 상상력으로 『백범일지』에 등장하는 인물들의 삶을 다시 형상화하는데, 여기에서 한국근대사는 불공정과 불의라는 사회적-역사적 맥락과 상징으로 해석될 수 있다. 그리고 김구와 그가 이야기한 등장인물들은 불의의 시대를 살아낸 인간의 한 전형이자 삶의 증거이다.

딜타이는 예술가들이나 철학가들이 대상을 개별화하여 세계의 의미를 표현하고, 전형성을 토대로 개별성을 표현함으로써 전체적인 삶의 현실을 보여준다고 말한다. 개별화를 통해 역사 속 인간의 모든 세계는 삶 자체와 예술적 묘사, 과학적 탐구가 따로 분리되지 않고 총체적으로 우리에게 주어지게 된다는 것이다.[33] 소설가나 역사가가 자신의 글을 통해 우리 속에서 하나의 추체험을 불러일으키고 추체험을 통해 생애의 단편들이 채워진 결과들을 접하게 됨으로써 우리의 역사가 연속성을 갖게 된다고 딜타이는 말한다.[34] 그런 의미에서 우리 시대 발간된 소설 『백범』은 『백범일지』에 대한 김별아의 추체험의 결과가 그녀의 상상력과 문학성을 통해 또 하나의 작품으로 만들어져 우리 시대의 감성으로 선조들의 삶을 이해하는 한편 현재 우리의 삶을 돌아볼 수 있게 해주는 또 다른 텍스트가 된다.

역사를 추체험한다는 것은 과거, 현재, 미래를 관통하는 하나의 의미 안에서 구체적인 무언가를 체험하는 것이다. 우리가 역사 소재 소설, 드라마, 영화 속 등장인물들을 보면서 성취감이나 사랑, 두려움, 고통, 슬픔, 분노를 느끼거나 그들의 주장, 이념, 철학에 동조한다면 이는 인간으

33) 빌헬름 딜타이, 이기홍 역, 『정신과학과 개별화』, 지식을만드는지식, 2008, 83, 98쪽.

34) 빌헬름 딜타이(2002), 앞의 책, 54-55쪽.

로써 시간과 시대를 초월해 인간이 경험할 수 있는 하나의 의미로 통일되었기 때문에 가능하다. 역사이야기에서 이야기되는 시간의 사회적-역사적 세계는 현재와 다르지만 거기에 감추어진 인간 본연의 특징과 상징성을 이해하게 될 때 진정한 역사 체험이 이루어지게 되는 것이다.

5. 맺음말

김별아는 김구의 자서전을 읽으면서 김구와 자신을 동일화하고 당대의 삶을 추체험함으로써 한국근대사를 이해하게 된다. 이러한 동일화와 추체험을 김별아는 소설 형식으로 다시 스토리텔링 해 우리에게 한국근대사의 이야기를 들려준다. 『백범일지』의 추체험을 표현한 『백범』은 한국근대사 인물들의 삶에 대한 예술적 묘사이자 과학적 탐구가 총체적으로 이루어진 결과이다. 『백범일지』를 통해 추체험한 한국근대사를 소설로 표현했기 때문이다. 추체험은 다른 사람의 체험을 자기의 체험처럼 느끼는 것이다. 이러한 추체험을 바탕으로 역사이야기는 다시 새롭게 만들어진다.

『백범일지』를 텍스트로 삼고 있는 김별아는 굳이 인물을 익명화하지 않고 다만 그 역할별로 이야기를 재구성하였다. 그리고 시대는 변했지만 그 삶의 힘은 지금의 자신에게도 여전히 유효하다고 말한다. 소설『백범』은『백범일지』를 통해 체험한 선조들의 삶이 후손에게도 여전히 의미있음을 보여주고 있다.

오늘날 우리는 역사를 이야기하는 많은 작품들을 통해 역사를 인식하고 이해하게 된다. 이러한 작품들이 우리 앞에 오기까지, 작가들은 역사에 대한 끈질긴 재실행과 해석, 추체험을 통해 인간에 대한 탐구와 인간 본성, 삶에 대한 성찰을 하게 되고 거기에서 발견한 보편적인 가치와 의미를 작품으로 창작해 독자들에게 들려준다.

이렇게 창작된 작가의 담론은 역사를 이야기하는 또 하나의 담론이 되어 다시 새롭게 역사를 이해하고 인식할 수 있게 해준다. 김별아의 소설 『백범』은 역사이야기 창작에 있어 해석과 추체험이 얼마나 중요한 요소가 될 수 있는지를 잘 보여주고 있다. 또한 역사이야기는 과거에 있었던 사건과 사고를 단순히 재현한 것이 아니라 인간에 대한 보편적인 성찰을 통해 과거의 '그들'을 통해 지금의 '나'를 이해할 수 있게 해주는 것임을 보여주고 있다. 지금도 많은 역사이야기가 창작되고 수용되고 있다. 역사를 이야기하는 주체인 발화자의 주관적인 해석과 감정, 또는 자의식이 어느 정도 개입되느냐에 따라 역사이야기의 서술 방식은 달라질 수 있다. 역사가와 작가의 역사서술 방식과 내용이 달라지는 것은 이 때문이다. 그럼에도 불구하고 우리가 작가의 역사이야기를 통해 역사를 이해하고 인식하는 것은 그 안에 인간 본성에 대한 탐구와 이해, 보편적인 진리를 이야기하고 있기 때문일 것이다. 이는 역사가이든 작가이든, 역사를 이야기하는 모두의 지향점이며, 역사이야기를 창작하고 수용하는 또 하나의 이유일 것이다.

참고문헌

강준만, 『역사는 커뮤니케이션이다』, 인물과 사상사, 2007.

김구, 『백범일지』, 도진순 주해, 돌베개, 1997

김별아, 『백범』, 이룸, 2008.

양해림, 「딜타이에 있어서 개인, 사회 그리고 상호작용의 변증법」, 『철학연구』, 제44권, 철학연구회, 1999.

______, 「문화 해석학 연구:딜타이의 문화해석학」, 『해석학연구』, 한국

해석학회, 2000.

송희복,「역사와 문학을 보는 관점-장보고계 역사소설의 비교 및 전망」,『한국어문학연구』, 제56집, 2010,

Adler, Alfred,『인간이해 』, 라영균 역, 일빛, 2009.

Dilthey, Wilhelm,『체험·표현·이해』, 이한우 역, 책세상, 2002.

______,『정신과학과 개별화』, 이기홍 역, 지식을만드는지식, 2008.

Hughes, H. S.,『과학과 예술로서의 역사』, 이순영 역, 풀빛, 1981.

Lejeune, Philippe,『자서전의 규약』, 윤진 역, 문학과 지성사, 1988.

Palmer, Richard E.,『해석학이란 무엇인가』, 이한우 역, 문예출판사, 1988.

Prince, Gerald,『서사학이란 무엇인가』, 최상규 옮김. 예림기획, 1999.

Ricoeur, Paul,『시간과 이야기 3 - 이야기된 시간』, 김한식 역, 문학과 지성사, 2004.

Ⅳ 감정과 실천

8

취향의 기호
– 러브마크 생산에 대한 민족지적 관찰

고 경 난

> 우리는 소비자가 제품을 통해 자신의 자아를 표현하고자 하는 것을 알고 있다. 즉, 제품이 우리에게 무엇을 해주기 때문에 좋아하는 것이 아니라 그 브랜드가 우리를 가장 잘 표현해주기 때문에 좋아하는 것이다.
>
> - 김주호, 『중앙일보』

1. 들어가며

브랜드 이미지 회사의 설립자이자 디자이너로 활동하는 마크 고베(Marc Gobé)는 17개 언어로 번역된 저서 『감정브랜딩』(*Emotional Branding*)에서 브랜드의 성공은 상품의 패키지(package)로서의 브랜드가 소비자와 감정적인 레벨에서 교감할 수 있느냐의 여부에 의해 판가름 난다고 했다.[1)] 그는 감정이 한 브랜드가 소비자와 만나는 지점이고 다

1) Marc Gobé, *Emotional Branding: The New Paradigm for Connecting Brands to*

른 브랜드와 차별화되는 결정적인 방법이라고 본 것이다. 이러한 시각은 고베(Gobé)만의 것은 아니다. 감정은 최근 유행하는 브랜딩 담론에서 가장 빈번히 사용되는 단어 중 하나이다. 감정브랜딩 이론에 의하면 브랜드는 이제 감성을 자극하고 소비자의 감정을 이끌어내야 하는 "러브마크(lovemark)"이어야 한다.[2)]

사치 & 사치(Saatchi & Saatchi)사의 대표 케빈 로버츠(Kevin Roberts)의 저서로 인해 최근 브랜딩 담론의 주요 키워드로 떠오른 러브마크란 고객이 사랑하는 브랜드를 일컫는다. 로버츠에 의하면 현 시대 소비자들은 더 이상 사치스러운, 전통적인, 또는 특정 가치체계를 내세우는 브랜드를 찾지 않는다고 한다. 대신 이제 그들은 개개인이 각자 사랑하고, 보호하고, 또 집착하고 싶은 브랜드를 원한다는 것이다. 로버츠는 그 이유를 브랜드의 카리스마 때문이라고 주장한다. 로버츠의 러브마크 이론에서 카리스마의 3대 요소는 "신비함, 감각, 친근감"이다.[3)]

감정이 브랜드가 소비자와 교감할 수 있는 '지점'이고 카리스마적인 특성을 지녀야 하는 것이라면 이 담론을 수용하는 현재 기업들은 어떻게 소비자와 성공적으로 교감하는 소위 감정의 브랜드 러브마크를 만들고 있을까? 러브마크 만들기의 조직적 실천이란 과연 어떠한 사회적 과정일까? 조직 내에서 중요한 사회적 관계들 또 기업 대 사회의 가치들은 브랜드 만들기와 브랜드의 형태(brand form)에 어떤 영향을 미치고 있을까? 이 질문들을 시작으로 이 연구는 하와이(Hawai`i)의 한 주식회사에서 이년간의 인류학적 현지조사를 통해 수집된 자료를 바탕으로 현재 유행하고 있는 감정브랜딩이 개별 기업에 의해 실천되고 있는 양상을 실증적 사례를 통해 살펴보고자 한다.

People (New York: Allworth Press, 2001), 186.

2) Kevin Roberts, *Lovemarks: 브랜드의 미래*, trans. 양준희 (New York: powerHouse Culture Entertainment, 2004).

3) Ibid., 74.

지난 십여 년간 인류학적 사회-문화 분석에서는 감정, 감성, 감각과 같은 단어들이 등장하는 횟수가 점차 증가해 왔다. 인류학에서 감정을 주된 주제로 내세운 연구들은 주로 감정이 어떻게 국민국가의 정치 도구[4] 혹은 관료제의 통제수단으로[5] 이용되고 있고, 또 기업들의 상업문화 (재)생산에 사용되고 있는가에 대한 설명을 제공하는 데에 관심을 두어왔다.[6] 반면 응용인류학(applied anthropology)의 한 분야인 디자인 에스노그라피(design ethnography)에서는 감정이 소비행위와 직결된다는 인식하에 기업들이 내부적으로 감정에 대한 다양한 연구들을 시행하고 있음을 알리기도 했다.[7] 사실 인류학에서 전통적으로 감정은 중요한 개념이었으나 하나의 연구 주제로 재조명되기 시작한 것은 최근의 일이다.[8] 이 연구가 차별화되는 것은 '감정의 문화'라고 일반적으로 해석될 수도 있을 하나의 현상을 '감정에 대한 (메타)담론으로 인해 존재하고 생성되는 문화'라고 바라보고 그 과정에 대한 관찰을 통해 러브마크를 설명해 보고자 한다는 점이다.

마르셀 다네시(Marcel Danesi)는 『브랜드들』(*Brands*)에서 "브랜드가 감정에 강하게 호소하는 이유는 그것이 감정에 크게 호소하는 아이디어를 대신하는 기호이기 때문(brands have a strong emotional appeal because they are signs standing for ideas that have great emotional appeal)"이라고

---

4) Danilyn Rutherford, "Sympathy, State Building, and the Experience of Empire," *Cultural Anthropology* 24, no. 1 (2009), 1.

5) Andrea Muehlebach, "On Affective Labor in Post-Fordist Italy," *Cultural Anthropology* 26, no. 1 (2011), 59.

6) William Mazzarella, "Branding the Mahatma: The Untimely Provocation of Gandhian Publicity," *Cultural Anthropology* 25, no. 1 (2010), 1.

7) Sarah JS Wilner, "Strangers or Kin? Exploring Marketing's Relationship to Design Ethnography and New Product Development," *Ethnographic Praxis in Industry Conference Proceedings*, no. 1 (2008), 286.

8) Scott J. Michaelsen and David E. Johnson, "Preface," in *Anthropology's Wake: Attending to the End of Culture*, ed. Scott J. Michaelsen and David E. Johnson (New York: Fordham University Press, 2008), viii.

퍼스의 기호학을 적용하여 설명했다.[9] 이 연구는 경영학 내에서 회자되는 감정브랜딩 담론을 전제로 한 대화들을 나누며 (공동으로) 작업을 진행하는 한 기업의 브랜드 생산자들이 어떻게 소위 '소비자와 만날 수 있는 감정적 지점'을 찾는지, 혹은 다네시의 말을 빌려 소비자의 감정에 호소하는 아이디어를 표상하는 브랜드를 구상하고 형성하는지, 그 '시점(moment)들'에 주목하며 브랜딩이라는 실천의 틀을 분석해 보고자 한다.

2. 민족지적 상황

하와이안랜즈 주식회사(Hawaiian Lands Company, Inc., 가명)는 미국 하와이의 한 섬에 소재하고 있다. 필자가 현지조사를 이행하던 시점, 이 회사는 새로운 CEO를 영입해 새로운 사업 영역을 개척하고 스스로의 낡은 이미지를 새로운 브랜드를 통해 쇄신하고자 했다. 하와이안랜즈사는 두 개의 자회사들—골든파인애플(Golden Pineapple, Ltd., 가명)과 데스티네이션카이(Destination Kai, Ltd., 가명)—로 이루어져 있었고 이 두 회사들은 각각 파인애플 재배와 판매 그리고 골프리조트 사업을 하고 있었다.

하와이안랜즈사는 백년 전통을 자랑하는데 그 출발에는 골든파인애플사가 있었다. 이는 하와이의 경제가 먼저 사탕수수와 파인애플 산업에서 출발했음을 생각하면 자연스러운 것이라 하겠다. 하지만 20세기 중반 하와이안랜즈는 미국 본토와 세계의 경제 동향에 적응해야 했고, 저렴한 노동비로 생산되는 남미 및 동남 아시아권 파인애플 대비 가격 경쟁력 저하, 또 하와이 관광업의 경쟁력 상승의 이유로 20세기 후반부

---

9) Marcel Danesi, *Brands* (New York: Taylor & Francis, 2006), 137.

터는 데스티네이션카이 자회사에서 대부분의 수익을 창출하고 있었다.

하와이안랜즈를 새로 재브랜드(rebrand) 한다는 것은 이 세 회사를 통합하는 새로운 아이디어를 바탕으로 각종 개별 상품들의 제품브랜드와 마케팅 자료들을 다시 만드는 것이었다. 문제는 각기 다른 성격을 지닌 세 개의 기업브랜드들을 어떻게 함께 포장하는 가였고, 또 이렇게 만들어진 새 브랜드 구조 안의 개별 브랜드들의 포장과 해설이 과연 다양한 기업의 이해관계자들(stakeholders)과 교감할 수 있는 가였다.

섬의 로컬 주민들(카마아이나로 지칭, *kamaʻāina*)은 하와이안랜즈사의 조직구조를 잘 알고 있었으며 또 모회사 안의 개별 기업들에 대해서도 각기 다른 느낌들을 지니고 평가하고 있었다. 카마아이나들은 자신들이 거주하는 섬에서 재배되고 역사적으로 섬의 경제를 책임졌으며 또 자신들 혹은 가까운 지인들이 직원으로 고용되었기도 했었던 골든파인애플사에 대해서는 우호적인 감정을 지니고 있었다. 반면 골프리조트를 운영하는 데스티네이션카이사와 두 자회사를 관리하는 하와이안랜즈사에 대해서는 대개 비판적인 평가들을 내렸다. 데스티네이션카이사와 하와이안랜즈사는 여러 가지 관광사업 활동들을 통해 결과적으로 외부인들을 섬으로 끌어들여 왔고, 섬 내 빈부격차 증가에 기여했으며, 또—골든파인애플사와는 달리—주민들을 대대적으로 경제활동에 참여시키고 그들에게 기회를 나누어 주었다기보다는 회사의 이익만을 취했을 뿐이라는 것이다. 이러한 평가는 현 시대 하와이 주에서 주된 상업담론으로 유행하고 있는 백인 주도의 자본주의에 대한 평가 절하와—하와이의 미국합병 전—하와이 왕국에 대한 역사적 낭만주의의 대립이 주요 테마로 작용하는 탈식민지적 담론과도 유사하다고 볼 수 있다.

반면 하와이 주 외부의 이해관계자들(대표적으로 소비자층) 사이에서는 데스티네이션카이사가 널리 알려져 있었고 골든파인애플사에 대한 인지도가 낮았다. 골프리조트 사업을 통해 데스티네이션카이는 스스로를 하와이성(Hawaiianness)을 직접 체험할 수 있는 '곳(place)'으로 포장해왔고 하와이 문화를 소개하는 여러 가지 이벤트 활동 등을 정기적으로 벌여왔다. 반면 골든파인애플사는 외부인들에게 친숙하지 않았는데 이것은 골든 파인애플, 즉 회사의 제품브랜드(product brand)가 기업브랜드(corporate brand)를 잠식했기 때문이다. 이렇게 하와이안랜즈의 대표적인 사업 두 가지를 담당하는 회사들에 대한 인식은 누가 이해관계자이냐에 따라 나뉘었었다.

그렇다면 새로운 브랜드 이미지는 누구, 즉 어느 이해관계자 혹은 이해관계자 그룹의 관점에서 새로운 것이어야 할까? 이 질문은 기업의 주된 이해관계자들(key stakeholders)이 누구인가에 대한 질문이었고, 하와이안랜즈사의 브랜딩에 대한 내부 담론과 실천을 조직화하는 원리(organizing principle)로 작용하고 있었다.

3. 기호 수신자의 파악: 브랜드의 소통 대상에 대한 조사

이해관계자들에 따라 회사에 대한 이미지가 나뉘어져 있다는 것은 브랜딩과 마케팅을 담당하는 고위 임원들과 매니저들에게는 브랜드의 주된 타겟소비자(target customer)가 누구인가의 문제로 다가왔다. 브랜드의 타겟소비자란 브랜드화 된 상품을 소비하는 주된 고객층을 지칭하지만 때때로 향후 고객이 될 수 있는 사회그룹들, 또 브랜드 자체만을 소비하는 그룹들을 포함하기도 한다.[10] 기존 그리고 미래의 소비자들은 상품을 브랜드하고 마케팅 하는 대상이고 그래서 브랜딩 담론에서 "타

10) 상품을 소비하는 고객층과 브랜드를 소비하는 고객층은 반드시 일치하지 않는다. 브랜딩과 마케팅 업무에서는 직접적으로 상품을 소비하는 사람들 이외의 사회 그룹들—예를 들어 인근 커뮤니티, 직원, 잠재적 소비자, 기업행위 감시 단체—도 브랜드의 소비자이기 때문이다.

겟(target)"이라고 하는 것이다.

타겟소비자(target consumer)가 누구인가 또 그들의 속성은 무엇인가라는 조사는 사실—야콥슨(Jakobson)의 커뮤니케이션 모델을 적용해 생각해 보면[11]—기호로서의 브랜드의 타겟수신자(target addressee)에 대한 조사였다. 하와이안랜즈는 이 타겟수신자에 대한 조사를 기존 고객층, 경쟁사의 고객층, 그리고 하와이를 찾는 전반적인 여행객들의 관심에 대한 조사로 시작했다. 미래에 브랜드 기호를 접하고 수요할 것인 '가상의 수신자'들을 기존 수신자들을 바탕으로 상상해 보고자 했다는 것이다.

미래의 브랜드 수신자들에 대한 조사가 어떻게 이루어졌는지 데스티네이션카이사의 예를 들어 살펴보겠다. 우선 양적조사의 사례들이다. 타겟소비자 그룹에 대한 조사는 하와이안랜즈 마케팅 부서가 총괄했다.

[그림 1] 하와이 여행의 목적에 대한 데스티네이션카이사의 조사 자료

(지명과 회사명은 그림에서 빈칸으로 삭제하였음)

Trip Motivation: Guests vs. Non-Guests

For both **guests** and **non-guests** in 2005, "*family travel*" emerged as a key reason to visit . More guests than non-guests cited 's fine weather was more of a reason to make the trip to this year.

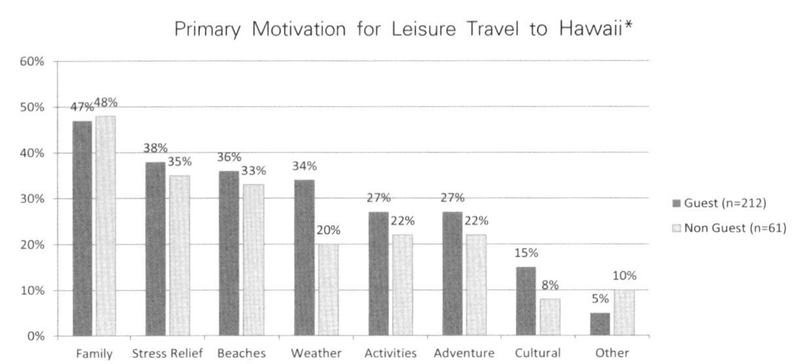

*Percents based on multiple responses.

11) Roman Jakobson, "Closing statements: Linguistics and Poetics," in *Style in Language*, ed. Thomas A. Sebeok (New York: John Wiley & Sons, 1960), 353.

[그림 1]은 기업의 다양한 종류의 고객설문조사(guest survey) 결과와 컨설팅 회사의 외부 조사 자료를 바탕으로 만들어진 하와이 관광객의 여행목적에 대한 통계이다. 여기서 눈여겨 볼 것은 하와이안랜즈사의 손님 대 비손님(guests versus non-guests)의 응답이 대비되어 있다는 것이다. 이 비교에 의하면 하와이안랜즈의 기존 고객들은 (타사 고객 대비) 특히 날씨, 야외활동, 어드벤처, 그리고 하와이 문화 체험 등에 관심이 있다는 것을 알 수 있다. 이러한 분석은 데스티네이션카이의 경쟁력이 타사 대비 어디에 있는지 확인해 주는데 도움을 주었다.

반면 [그림 2]의 통계는 데스티네이션카이사의 기존 고객 의견 수렴에 집중한다. 이 통계는 고객이 자사 상품을 선호 한 이유에 대하여 물었으며 그 답변들을 연도별로 대비시켰다. 결과에 의하면 좋은 서비스, 친절한 사람들, 그리고 세련된 느낌의 숙박시설이 방문객 선호의 이유였다. 이 결과는 브랜드 담당자들에게 데스티네이션카이의—포장 가능

[그림 2] 상품 선호도의 주관적 견해에 대한 데스티네이션카이사의 조사 자료

Tracking Key Resort Attributes

Offering *good service* and having *friendly people* are still the desired attributes of a resort. In 2005, however, fewer visitors felt that *specific activities like golf*, etc. were central to their resort experience than indicated this in 2004.

Most Important Attributes of a Resort (Aided)*
2005 V. 2004

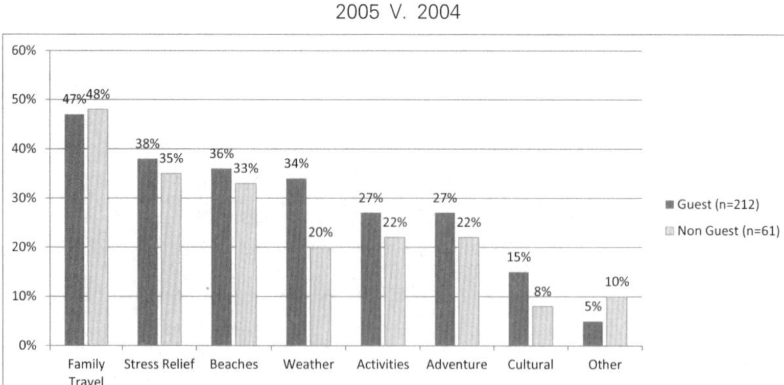

한 여러—특성들 중 어느 특성들이 미래의 브랜드 수신자에게 매력적으로 인식될 수 있을지를 짐작하게끔 도와준다.

위의 그림들과 같은 양적 통계 자료들은 다양한 종류의 고객설문조사(guest survey), 신용카드사용 실적, 고객들의 리조트 내 상점들의 이용실적, 그리고 컨설팅 회사의 각종 조사 내용을 바탕으로 수집되었다. 이 조사 결과들은 러브마크 생산에 간접적으로 영향을 주었다. 이 결과들을 바탕으로 하와이안랜즈는 고객계층에 대한 프로파일링(profiling)을 할 수 있었기 때문이다.

4. 감정에 호소하는 아이디어 찾기: 브랜드속성(attributes)에 대한 예변법(豫辯法, proleptic)적 결정

프로파일링 결과, 데스티네이션카이의 고객은 미국 중산층 이상의 소득을 가진 전문직 부모 중심의 핵가족이었고, 미국 서부에 주로 거주하며 하와이 여행에서—일상에서는 자주 접할 수 없는—야외활동들과 문화를 체험하는 것에 관심을 두는 사람들이라고 판단되었다. 이 대략적인 회사의 주된 고객층에 대한 사회학적 프로파일링이 필요했던 것은 소비자의 취향(taste)을 브랜드 위원회가 예측하려 했기 때문이다. 통계로 짐작된 모델 소비자가 '소비자는 어떤 표상을 어떻게 이해하는가?'의 질문과 연관되어 브랜드 형태 결정에 영향을 주었다는 것이다.

하와이안랜즈 브랜드 위원회는 '소비자의 취향에 대한 의견수렴'과정을 브랜드속성(brand attributes)을 찾는 과정으로 보았다. 이 과정을 좀 더 자세히 살펴보자. 브랜드 위원회는 기업브랜드가 어떤 형태를 띠고 어떤 감정을 일깨우는 아이디어를 대신하는 기호인가에 대한 질문의 답

[그림 3] 브랜드속성 결정과 브랜드 해석체의 관계에 대한 도식

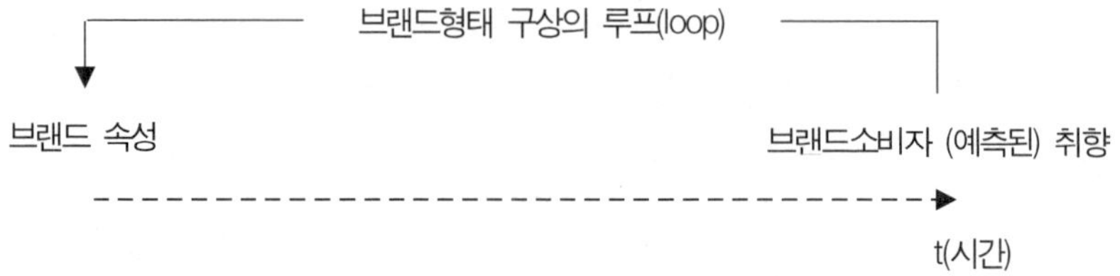

을 찾고자 (1) 잠재적 소비자 그룹들을 대상으로 양적 조사를 시행해 정형화된 고객의 모습을 도출해 내고, (2) 둘째, 그 결과를 바탕으로 브랜드속성을 결정하고자 했다는 것이다.

이를 분석해보면(그림 3) 이것은 궁극적으로—아직—존재하지 않는 실제(즉, 소비)에 대한—예측되는—기호 해석을 바탕으로 소위 브랜드의 에센스(essence)라고 브랜딩담론 내에서 불리는 브랜드속성이 결정된 과정이었다. 브랜드속성은 기업 내부 의견을 종합하여 형성된 것이거나 기업의 총체적 문화를 대신하는 아이디어가 아니었다. 타자로서의 소비자들에게 호감(또는 '사랑')을 받기 위해 생산자들이 소비자들의 예상되는 취향을 조사하고 짐작하여 도출된 아이디어였다는 것이다.

앞장에서 거론한 주된 고객층에 대한 프로파일링 데이터들은 데스티네이션카이의 소비자들의 소비에 대한 취향이 어떤 것인가를 이렇게 정의내리는 데에 사용되었다. 데스티네이션카이를 선택하는—혹을 선택할—가상의 소비자들은 리조트가 (1) 외딴 곳에 자리 잡아 로컬주민과 잦은 접촉이 없고 (2) 하와이 특유의 친근한 후대를 편안히 여기지만 이는 점잖은(reserved) 상호관계를 바탕으로 한 친근함일 때이며 (3) 리조트 행사나 야외활동이 하와이에서만 경험할 수 있는 문화적 활동임을 기대하고 (4) 소란스럽거나 화려한 그래서 세속적이거나 진부할 수 있는 일반적인 휴가를 싫어한다는 것이다. 이러한 소비자들의—짐작되는—취향에 대한 정의내림은 데스티네이션카이의 브랜드속성 결정에 직

접적인 영향을 주었다. 그렇다면 브랜드속성은 "하와이적인 친근함," "가족과 함께 은둔할 수 있는 낙원," "자연스러움"이어야 한다는 것이다. 브랜드속성은 예기적(proleptic)으로—브랜드 소비자 그룹이라고 예상되는 사람들과 그 사람들의 사회적 취향에 대한 짐작을 바탕으로—결정되었고 이것이 브랜드 형태를 결정짓는 소위 '아이디어'가 되었다.

여기서 잠시 첫 장에 소개한 김주호의 인용문을 다시 살펴보겠다. 김주호는 「러브마크 브랜드의 비결 ... 소비자가 원하는 것을 안다」라는 2012년 5월 4일 『중앙일보』 기사에서 다음과 같이 적었다.

> "우리는 소비자가 제품을 통해 자신의 자아를 표현하고자 하는 것을 알고 있다. 즉, 제품이 우리에게 무엇을 해주기 때문에 좋아하는 것이 아니라 그 브랜드가 우리를 가장 잘 표현해주기 때문에 좋아하는 것이다."

이 인용문은 경영학에서 생성되고 있는 감정브랜딩 담론의 한 예이다. 하지만 하와이안랜즈사가 브랜드속성을 도출한 과정을 분석한 결과, 소비자가 제품브랜드를 좋아하는 이유는 그것이 소비자의 잠재적 욕구를 가장 잘 표현하는 표상이기 때문이라고 보기 힘들다. 만약 소비자가 브랜드를 좋아한다면 그것은—역으로—브랜드 생산자가 소비자의 아이디어를 대신하는 표상을 예측하고 그 예측을 토대로 '좋아할 것 같은' 브랜드 형태(brand form)를 만들고 있기 때문이다. 소비자가 브랜드를 통해 자아를 표현하고자 한다는 설명은 러브마크 소비자들의 통속이론(folk theory)일 것이다. 감정브랜딩은 브랜드라는 기호를 통해 무엇을 표현하고자 하는 것이 아니라 다네시(Danesi)의 말과 같이 소비자의 감정에 호소하는 아이디어를 대신하는 기호를 찾는 과정이고 다시 그 아이디어를 찾는 과정이란 소비자의 취향과 욕구에 대한 질적 탐구의 과정이기 때문이다. 이런 맥락에서 앞서 소개한 고베(Gobé)의 감정브랜딩에 대한 소개를 읽어본다.

"인류학, 상상력, 감각적 경험들, 그리고 선지자적 관점이 역동적으로 융합되는 감정브랜딩의 세계에 환영합니다! (Welcome to the world of Emotional Branding, a dynamic cocktail of anthropology, imagination, sensory experiences, and visionary approach to change!)"[12]

감정브랜딩의 권위자로 불리는 고베(Gobé)는 그의 책 서문에서 이렇게 '감정브랜딩이란 어떠한 과정인가'에 대하여 소개하였다. 감정브랜딩이 기존 브랜딩 방법들과 구별되는 이유, 그 과정이 기업에게 "인류학, 상상력, 감각적 경험들, 그리고 선지자적 관점"의 역동적 융합이라는 수수께끼와 같은 경험인 이유는 여기에 있다: 감정브랜딩은 감정에 호소하는 아이디어를 대신할 수 있는 기호를 찾는 과정인데 그 감정에 호소하는 아이디어를 갖고 있는 주체는 브랜드 생산자인 기업이 아닌 소비자인 것이다. 그리하여 감정브랜딩은 양적 그리고 더 나아가 질적 조사를 바탕으로 추정해야 하는 예기적 작업일 수밖에 없고 미지에 발생할 실제 기호 해석에 대한 고민으로 진행되는 과정이며, 그래서 고베는 브랜드가 "소비자를 수신자로 어드레스(address)할 수 있으려면 기업의 문화도 바꾸어야 한다"고까지 주장했던 것이다.[13]

5. 싫음의 제외: 브랜드 형태(brand form)의 결정

지금까지는 하와이안랜즈가 감정에 호소하는 아이디어가 무엇인가를 결정하기 위해 소비자들을 대상으로 조사를 진행하고 그 내용을 바탕으로 브랜드속성들을 결정한 과정에 대하여 설명하였다. 이번에는 브랜딩

12) Gobé, *Emotional Branding*, xv.
13) Maurya Wickstrom, *Performing Consumers: Global Capital and Its Theatrical Seductions* (New York: Routledge, 2006), 121.

에서 소비자들의 취향에 대한 질적 탐구가 어떻게 이루어지고 브랜드 형태의 결정에 적용되었는가를 살펴보고자 한다.

거대 기업이 아닌 대부분의 미국 기업들은 대개 따로 브랜딩 부서를 두고 있지 않고 따라서 질적 조사를 수행할 수 있는 시간적 제한을 받는다. 하와이안랜즈사 역시 중소기업이었고 대대적인 브랜드 조사를 할 수는 없었다. 대신 브랜드 위원회는 다양한 이해관계자들과 꾸준한 대화의 기회를 마련했고 그 기회들을 통해 브랜드 소비자들의 의견에 귀를 기울였다. 이 조사의 과정은 한마디로 이해관계자들의 사회적 "목소리(voice)"의 수렴 과정이기도 했다.[14)]

이번에도 데스티네이션카이에서의 사례를 들어 소비자들의 의견이 브랜드 형태 결정에 어떻게 영향을 주었는지를 분석해 보겠다. [그림 4]는 데스티네이션카이의 마케팅 자료의 초안 중 하나이다.

이 초안을 보면 누군가 하나의 이미지를 제외할 것을 표시한 것이 엿보인다. 초안을 검토한 마케팅 매니저가 하나의 사진을 제외하도록 붉은 펜으로 지시한 것이다. 그 이유는 무엇이었을까? 제외하도록 표시된 사진은 백인 여성이 리조트 내의 공간에서 웃으며 포즈를 취한 사진이었다.

그 이유는 크게 두 가지였다. 첫째는 피사체가 백인이었다는 점이다. 백인 모델이 문제가 되는 것은 하와이 그리고 섬 내의 카마아이나들을 기업의 주요 이해관계자 그룹들 중 하나로 하와이안랜즈가 평가하고 있었기 때문이었다. 하와이 로컬들은 앞서 잠시 언급했듯 데스티네이션카이사와 하와이안랜즈사를 "자본가들(capitalists)," 특히 백인 자본가의 정신을 지닌 기업들이라고 탈식민지적 담론을 사용해 비꼬아 지칭하곤 했다. 이러한 언어 사용은 로컬신문들에서 매주 찾을 수 있었고 필자의

14) Mikhail M. Bakhtin, "Discourse in the Novel," in *The Dialogic Imagination: Four Essays*, ed. Michael Holquist (Austin, TX: University of Texas Press, 1981), 261.

[그림 4] 데스티네이션카이 리조트의 마케팅 자료 제작 과정 중 특정 이미지의 제외

(회사명과 로고는 그림에서 삭제하였음)

인터뷰 중에도 자주 등장했다. 하와이안랜즈의 직원들 또한—그들 자신은 백인이었을지라도—로컬주민들이었고 그들은 이러한 섬 내 이해관계자들의 목소리를 수렴하고자 한 것이다. 브랜드 위원회의 입장에서 데스티네이션카이사는 자본주의 논리를 따르는 기업이었으나—하와이적 자본주의에 반하는—백인 중심의 자본주의를 지향하는 기업일 필요는 없었던 것이다.

두 번째 문제점은 사진이 한 사람, 즉 인간을 피사체로 둔 사진이었다는 점이었다. 첫 번째 이유(즉, 백인의 문제)가 로컬주민을 주된 이해관계자로 두었을 때 그들의 의견을 수렴함으로써 발생된 문제점이라면 두 번째 이유(즉, 인간 피사체의 문제)는 이해관계자가 하와이를 찾는 가상 소비자 그룹이었을 때 발생하는 문제점이었다.

앞장에서 설명한 바와 같이 데스티네이션카이 리조트를 찾는 사람들은 (1) 리조트가 외딴 곳에 자리 잡아 로컬주민과 잦은 접촉이 없고 (2)

하와이 특유의 친근한 후대를 편안히 여기지만 이는 점잖은(reserved) 상호관계를 바탕으로 한 친근함일 때이며 (3) 리조트 행사나 야외활동이 하와이에서만 경험할 수 있는 문화적 활동임을 기대하고 (4) 소란스럽거나 화려한 그래서 세속적이거나 진부할 수 있는 일반적인 휴가를 싫어하는 사람들이었다. 브랜드 위원회는 브랜드 소비자들을 이렇게 이해하였다. 그리고 이러한 소비자들의 개인적 취향에 대한 짐작을 바탕으로 리조트의 브랜드속성을 '하와이적인 친근함을 지닌 자연과 가장 가까운 낙원'으로 내세우고자 했다. 인간 피사체는 이러한 브랜드속성을 대신할 수 있는 아이디어로 내세우기 부적합한 것이었다. 잠재적 소비자들은 백인 중산층 이상의 사람들이었고 그들은 그들의 일상에서 늘 접하는 사람들을 피하고 싶어 섬 내에서도 가장 외딴 곳에 위치한 데스티네이션카이 리조트를 찾을 것이라고 추측했기 때문이다. 이 두 가지 이유로 데스티네이션카이사뿐만 아니라 골든파인애플사, 그리고 하와이안랜즈사는 사람의 형상을 내세우는 그림이나 사진을 브랜딩과 마케팅 자료에 삽입하지 않았다. 그것이 (하와이를 찾는 관광객들의 관점에서) 브랜드가 러브마크가 될 수 있는 방법이라고 판단했기 때문이다.

하나의 브랜드를 만들거나 마케팅 자료를 제작하는 데에는 여러 가지 언어와 그래픽 기호들이 복합적으로 사용된다. 여러 기호를 하나의 텍스트 내에 선택적으로 배열하는 과정은 단순한 결합의 과정이 아니었다. 위의 예와 같이 다양한 이해관계자들의 사회적 입장이나 의견을 수렴하여 기호들을 선택하여 사용하는 과정이었고, 또 특정 요소들을 배제하는 과정이기도 했다. 특정 요소들이 사용되지 않고 배제되는 기준은 기호가 그 기호를 수신하는 수신자들에게 '싫음'의 감정을 일깨우느냐의 여부였다. 결국 브랜딩과 마케팅의 목적은 브랜드화 된 무엇을 통해 그 무엇을 보는 수신자가 스스로 브랜드의 소비자가 되도록 유도함에 있다. '싫음'의 감정을 일깨우는 기호의 사용은 이 전환의 유도를 방해하는 것이다.

6. 나가며

이 연구는 하와이안랜즈라는 한 미국 기업에서의 현지조사를 바탕으로 브랜드 만들기의 과정이라는 실천의 틀을 새롭게 분석해 보았다. 러브마크를 만들기 위한 하와이안랜즈사의 노력은 먼저 브랜드의 수신자에 대한 조사로 시작했고, 그 조사 결과들을 바탕으로 브랜드속성을 결정짓는 것으로 이어졌으며, 또 브랜드속성에 대한 이해를 바탕으로 브랜드를 구성하는 각종 기호들에 대한 삽입 혹은 배제 여부를 결정하는 작업으로 진행되었다. 브랜드의 생산은 어느 한 개인 혹은 몇 명의 개인들이 무에서 유를 창조하는 작업이 아니었다. 실제 존재하는 소비자들과 상상된 소비자들에 대한 조사, 판단, 그리고 취향에 대한 예측을 근거로 생산자가 타겟소비자들을 대상으로 '무엇을 기호로 내세워도 괜찮은가'의 문제에 대한 답을 찾는 과정이었다.

그렇다면 러브마크란 과연 무엇일까? 경영학 중심으로 회자되는 감정브랜딩 담론은 소비자 중심의 '감정에 대한' 메타담론이었고 이 담론에서 러브마크는 소비자들의 강한 애착을 일깨우는 카리스마 있는 브랜드였다. 이 연구는 이러한 메타담론을 그대로 받아들여 감정브랜딩을 실천하는 한 기업의 브랜딩 과정을 해체해보았고 그 결과, 러브마크는—소비자에게 사랑이라는 감정을 일깨우는 기호라기보다—소비자가 '싫어하는' 아이디어들을 내세우지 않고 대신 '사랑할 것이라고 예상되는' 기호들을 사용하는 브랜드라는 의견을 제시한다.

참고문헌

Bakhtin, Mikhail M. "Discourse in the Novel." In *The Dialogic Imagination: Four Essays*. Edited by Michael Holquist. Austin, TX: University of Texas Press, 1981.

Danesi, Marcel. *Brands*. New York, NY: Taylor & Francis, 2006.

Gobé, Marc. *Emotional Branding: The New Paradigm for Connecting Brands to People.* New York: Allworth Press, 2001.

Mazzarella, William. "Branding the Mahatma: The Untimely Provocation of Gandhian Publicity." *Cultural Anthropology* 25, no. 1 (2010): 1-39.

Michaelsen, Scott J., and David E. Johnson. "Preface." In *Anthropology's Wake: Attending to the End of Culture.* Edited by Scott J. Michaelsen and David E. Johnson. New York: Fordham University Press, 2008.

Muehlebach, Andrea. "On Affective Labor in Post-Fordist Italy." *Cultural Anthropology* 26, no. 1 (2011): 59-82.

Roberts, Kevin. *Lovemarks: 브랜드의 미래.* Translated by 양준희. New York: powerHouse Culture Entertainment, 2004.

Roman Jakobson. "Closing statements: Linguistics and Poetics." In *Style in Language.* Edited by Thomas A. Sebeok. New York: John Wiley & Sons, 1960.

Rutherford, Danilyn. "Sympathy, State Building, and the Experience of Empire." *Cultural Anthropology* 24, no. 1 (2009): 1-32.

Wilner, Sarah JS. "Strangers or Kin? Exploring Marketing's Relationship to Design Ethnography and New Product Development." *Ethnographic Praxis in Industry Conference Proceedings,* no. 1 (2008): 286-301.

Wickstrom, Maurya. *Performing Consumers: Global Capital and Its Theatrical Seductions.* New York: Routledge, 2006.

9

언어와 정서
– 언어병리현상을 중심으로

김 강 애

1. 들어가는 말

사람들에게 누군가와 따뜻한 상호이해를 나누며 살아가는 것보다 중요한 것은 없다. 나에게 따뜻하게 말을 걸어오는 사람보다 더 의미 있게 우리에게 호소하는 것은 없다. 타자의 마음으로부터 뚜벅뚜벅 걸어 나온 기호들이 분절된 언어로, 얼굴표정으로, 몸짓으로 우리에게 전해져 해석되어 완전한 소통이 이뤄질 때, 수신인과 발신인 사이에서 정신적인 현악기가 함께 울리는 경험을 하게 된다. 동일한 현을 울리게 되어 그 의미를 공유할 때의 기쁨은 더할 나위 없이 크며 그 의미의 가치와 중요성에 따라 소통의 경험은 오래 오래 간직하고 싶은 기억이 된다. 마음은 언어가 되어 상대방에게 전달되고 상대방의 언어는 내게 도달하여 정서를 유발시킨다. 이때 유발된 정서는 언어를 통해 구체화되며 정교화 되어 정서를 더욱 풍부하고 의미 있게 만든다. 언어는 사람들이 경험하는 정서를 '기쁘다', '슬프다', '두렵다', '화가 난다' 등의 어휘로 규정지으며 정서를 분류하고 정교화시킨다.

정서는 어떻게 분화되며 정서 단어는 어떻게 발달하는 것일까? 장난꾸러기 다섯 살 배기 아이의 머릿속 어휘사전에는 '당혹스러움'이나 '비통'이라는 단어는 아마도 없을 것이다. 그러한 정서를 지칭하는 단어가 없을 뿐 아니라 '당혹스러움'이나 '비통'이라는 정서에 딱 맞는 경험을 아직 해 보지도 못했을 것이다. 좋아하는 장난감을 쥐고 있을 때는 기뻐할 테고 누군가 그 장난감을 빼앗아 갔을 때는 화를 낼 것이다. 한 살 한 살 나이를 먹으며 사람들과 어울려 살면서 다양한 정서를 유발하는 사회적 경험을 하게 되면서 정서는 더 섬세하게 분화되고 아이의 정서 부분 어휘 사전은 그만큼 더 두꺼워질 것이다. 엄마는 아이를 지켜보며 '기분이 좋구나!', '무서워?', '그게 그렇게 슬퍼?', '화가 났구나!' 등의 말을 해 주어 아이가 경험하는 감정 하나 하나에 이름표를 붙여주고, 아이는 자신이 경험하는 감정이라는 의미체와 엄마가 들려주는 단어를 연결하며 정서 어휘를 하나하나 늘려갈 것이다. 정서 어휘가 늘어가면서 정서에 대한 이해와 표현도 함께 증가할 것이고 적절한 정서 통제력을 갖게 되면서 사람은 점점 성숙한 어른이 되어가는 것이다.

정서가 언어를 만들어내기도 하고 어떤 때는 언어가 정서를 유발시키기도 한다. 그런데 만약 언어에 장애가 있다면 어떤 상황이 될까? 언어 발달에 지연이 있는 아이는 정서 어휘를 습득하는 데에서 어려움을 겪을 것이다. '행복하다', '슬프다'와 같은 정서어휘는 '밥'이나 '나무'와 같은 뚜렷한 대상을 지칭하는 단어보다 습득하기 더 어려울 수 있다. '행복'이나 '슬픔'과 같은 정서어휘는 우리가 감각을 통해 보고 듣고 만질 수 있는 구체적 대상물이 아니며 쉽게 관찰하기 힘든 내적 상태를 기술하는 것이기 때문이다. 언어장애아동은 일차적이고 원초적인 정서 어휘를 이해하고 표현하기는 순조로우나 복잡한 정서 어휘를 이해하고 표현하는 데에 어려움을 겪을 수도 있다. 정서 유발 상황은 보통 사회적 상황이므로 정서어휘의 이해와 표현의 어려움은 사회적 상황의 이해와 대처의 어려움으로 연결된다. 이런 이유로 언어발달의 지연이 사회·정서적 문제로 확산되기도 한다. 말이 늦어 엄마를 따라 병원을 찾아온 아이들 중에는 언어발달지연과 함께 행동문제를 보이는 아이들이 있다. 자신의 뜻을 부모나 선생님이 이해하지 못할 때 아이들은 울고 물건을 던지기도 하며, 또래들과 놀이할 때에 갈등이 생기면 친구를 밀치고 때리는 행동을 흔히 보인다. 언어치료를 통해 의사소통문제가 점차로 해결될 경우 아이들의 행동문제도 함께 사라지는 것 역시 흔하다. 언어와 정서의 연결고리는 이와 같은 현상에서도 다시 한 번 확인해 볼 수 있겠다.

기분이 좋지 않을 때 말을 하지 않는 것이 좋을까? 힘들다고 말을 하는 것이 좋을까? 사전적 의미로 볼 때 'emotion'이라는 단어는 '움직이다(to move)'와 '휘젓다(to stir up)'를 의미하는 라틴어에서 유래한 것이다. 평온한 마음을 휘젓는 감정이 생길 때 사람들은 '내 기분이 왜 이렇지?', '무슨 일 때문에 이런 거야?'하며 그 감정은 도대체 무엇이며 어떠한 원인으로 그러한 감정이 생겨난 것인지 정리하려 든다. 특히나 그 감정이 부정적인 감정일 경우 이러한 경향은 강해진다. 스스로 자신의 감정을 읽어내고 그 감정에 언어로 이름을 붙일 수 있을 때 그 감정에 대한 통제력을 가질 수 있다. 부정적인 정서유발상황에서 정서표현은 큰 역할을 한다. 이때의 정서표현이란 자신이 경험한 부적인 정서를 스스로 인지하여 언어화시켜 표현하는 것이다. 적절히 언어화시켜 표현할 때 정서에 대한 통제력을 갖게 되며 스트레스 상황을 극복할 수 있는 실마리를 갖게 된다. 고민 많고 생각 많던 고교 시절, 깨알같이 적어 내려간 서랍 속 비밀스런 일기장과 마음을 나눌 수 있었던 친구와의 대화 장면을 상기한다면 누구라도 정서표현의 기능에 대해 쉽게 수긍할 것이다.

본고에서는 정서가 인지적 개념을 보유하고 있다고 주장한 심리학자 Robert Plutchik(1927-2006)의 관점을 빌어 정서와 언어의 관계를 연결해 본 뒤 유아의 정서 어휘 발달과정을 살펴보고 단순언어장애(Specific

Language Impairment)에 있어서 정서어휘 발달 문제와 관련된 연구결과들을 살펴볼 것이다. 단순언어장애는 지적인 능력에는 손상이 없으나 언어문제를 보이고 있는 아동들을 지칭한다. 단순언어장애 아동은 지적인 능력의 기준으로 본다면 다양한 정서어휘를 이해하고 표현할 수 있어야 하지만 언어영역의 결함으로 인해 정서어휘의 습득에서 어려움을 갖게 되며 이러한 문제는 언어와 정서, 사회성 영역에도 부정적인 영향을 끼치게 된다.

이어 언어의 정서조절기능에 대해 살펴볼 것이다. 언어장애와 정서행동장애가 공존하는 비율은 높다. 의사소통의 단절은 개인을 고립시킬 수 있고 긍정적인 자아존중감을 가질 수 없게 할 뿐 아니라 적절히 표현할 수 없다는 무력감으로 인해 부정적인 정서를 갖게 된다. 또한 자신의 정서를 인지하고 표현하고 조절하는 건강한 회로가 형성되지 못해 부정적 정서가 유발될 때 이를 통제할 수 있는 힘을 갖지 못하게 된다. 그리하여 언어장애는 이차적으로 정서행동장애를 유발할 수도 있다. 모호한 정서적 충동은 언어화될 때 그 실체를 뚜렷이 확인할 수 있으며 명확히 정서를 인지할 때 정서를 통제할 수 있는 여지는 더욱 많아진다. 이 같은 측면에서 언어는 정서를 규제하는 기능을 갖는다.

정서는 표정이나 어조와 같은 비언어적 의사소통을 통해 표현된다. 정서는 시각적으로는 사람들의 얼굴표정으로 전달되며, 청각적으로는 음성으로 전달된다고 볼 수 있다. 우리는 누군가와 의사소통을 할 때 상대방의 표정과 어조로 그 사람의 기분이나 생각을 가늠해 가면서 대화를 듣는다. 얼굴표정이나 어조는 의사소통에서 매우 핵심적인 역할을 한다. 비언어적 의사소통이 대화의 의미전달에 차지하는 비율은 매우 높다. 비언어적 의사소통은 언어의 여러 영역 중 화용적인 영역에서 중요하게 다루는 내용이다. 언어병리의 여러 현상 중 사회적 영역의 손상, 화용론적 의사소통 기능의 손상이 가장 극명한 장애범주는 자폐범주성장애(Autistic Spectrum Disorder)이다. 본문 마지막에서는 비언어적 의사소통으로 주고받는 정서에 대해 살펴본 뒤 자폐범주성장애에서 나타나는 비언어적 의사소통의 손상과 연결 지어 살펴볼 것이다.

2. 언어로 표상된 인지적 집합체로서의 정서 어휘

2.1. 언어와 정서적 상징

언어는 정서를 상징한다. 언어가 사고를 상징하는 바처럼, 언어는 인간의 정서도 상징한다. 역으로 정서는 언어로 상징된다. 정서의 언어를 체계적으로 연구한 정서심리학자는 Robert Plutchik(1927-2006)이다. 그는 정서의 어휘를 어떤 원형의 구조상에서 관계하고 있는 관계적 어휘로 보았다. 정서의 어휘에서 언어학적으로 반대의 의미는 정서적으로도 반대의 차원에 있다고 보았으며, 유사한 의미의 정서적 어휘는 정서의 유사성을 나타낸다고 보았다. 정서의 언어가 언어의 의미의 명암에 따라 구조를 이루고 있기 때문에 언어의 의미의 정교한 차이를 모른다면, 정서의 느낌도 정교하지 못할 수 있다는 결론에 이르게 된다.

그러면 그러한 정서의 언어는 어떤 본질을 소유하고 있는가, 정서적 어휘의 구조는 무엇인가? 하는 질문이 생긴다. 예를 들어 보자. '고요한(calm)'이라는 정서적 어휘를 한번 생각해 보자. 그 '고요한'이라는 어휘는 어떤 본질적 구조를 갖고 있는가? 인지적 사고의 개념처럼 역시 '명제의 집합'인가 아니면 어떤 감정적 느낌의 덩어리인가? 이 질문은 정서가 분석적으로 취급될 수 있겠는가의 질문이다. 정서가 물체처럼 분석이 불가능한 느낌의 덩어리인가, 아니면 정서도 분석이 가능한 '사고'의 속성을 소유하고 있는가? 하는 질문이다.

정서적 언어의 본질은 무엇일까? 분석하기 힘든 감정의 덩어리인가? 분석할 수 있는 사고의 속성을 가지고 있는 것인가? '공허한'이라는 단어를 예로 생각해보자. '인간이 '공허한'이라는 느낌을 갖는다는 사실은 무엇을 의미하는가?' 하는 질문은 "'공허한'이라는 정서적 언어의 의미 구조가 무엇인가?'를 묻는 질문과 같다. 인간이 '공허'하게 느낄 때는 무엇인가 정신적으로 가진 것이 없고 생각하는 내용이 없을 때를 말한다. 그러면 '공허한'이라는 언어의 의미는 어떠한가? 역시 내용이 없는 사고의 본질을 말한다. 그러나 이 '공허한'의 정서적 언어에 사고의 형식은 있다. '공허함'을 인지하는 사고의 형식은 존재한다. 그 사고의 형식에 내용이 없을 때를 '공허한'이라고 인간이 느끼는 것이다. 이 분석에서 나타나는 이론적 개념은 정서적 언어는 사고의 내용과 형식을 본질로 하는 일종의 인지적 언어라는 개념이다. 데카르트는 인간의 느낌을 사고의 일종으로 보았다. 데카르트가 말하는 느낌이 정서와 반드시 일치한다고는 볼 수 없으나 인간의 정서적 언어의 구조도 사고의 본질을 소유하고 있다고 말할 수 있겠다.

정서는 고동치는 심장에서 나오는가? 살아있는 뇌에서 나오는가? William James(1842-1910)는 정서에 대하여 사람들이 눈물을 흘리기 때문에 슬프고 심장박동이 빨라지기 때문에 두려움을 느끼게 된다고 하였다. 즉, 사람들은 생리적 반응을 인식하고 난 뒤 정서를 경험한다고 하였다. 그는 육체적 흥분의 느낌이 곧 정서라고 이야기하였으나 정서적 언어가 육체적 느낌의 상징이라고 보는 것은 극단적이다. '열광적인'이라는 정서적 어휘를 예로 들어 보자. 단순히 생각하면 '열광'하는 실체가 인간의 육체인 것처럼 보인다. 왜냐하면 상식의 수준에서 열광하면 육체가 흥분한다고 보기 때문이다. 그러나 인간이 '열광'한다는 사실은 인간의 '정신'이 열광한다는 의미가 더 사실이다. 마음이 '열광'해야 진실로 열광하는 것이며 육체의 '열광'은 정서의 본질에 속하지 않는다.

축구에 '열광'하는 사람이 있다 치자. 그는 자신이 '열광적'으로 지지하는 팀과 그 팀에 속한 최고의 스트라이커가 축구경기 속에서 보여주는 현란한 개인기를 바라보며 감탄하고 열광할 것이다. 축구 경기를 관전하며 '저 많은 수비수를 제치고 어떻게 저 각도에서 공을 넣나? 천재로구나.'하며 박수치고 환호하는 그의 '열광'을 단순히 높은 심박수로 환원시키는 것에 대해 그는 동의하려 하지 않을 것이다.

Plutchik(1980)는 정서어휘를 142개로 정리하여 제시하였다. 정서어휘의 정서적 언어의 상징을 살펴보면 언어의 의미의 명암 정도에 따라 정서적 느낌의 강도가 달라짐을 느낀다. 예를 들어, '기쁨', '행복', '환희'라는 세 개의 단어를 보자. 각각의 단어가 지시하는 정서의 톤은 사뭇 달라진다. '기쁨'이라는 기분이 좋은 상태를 지나 '행복'이나 '환희'의 상태까지 가면 긍정적 감정의 강도는 더 강해진다.

보다 분석적으로 정서적 언어의 의미의 구조를 분석하면, 정서적 언어도 명제의 집합인 것처럼 보인다. '희망적'이라는 정서적 어휘를 한번 예로 들어 보자. 과연. '희망적'이라는 언어의 의미의 구조는 무엇인가? 국어사전에 의하면, '좋은 일이 일어나기를 기다리는 때의 감정'이라고 한다. 그러면 어떻게 좋은 일이 일어나기를 기다릴 수 있겠는가? 어떤 명제들의 구조적 집합으로, '희망'이라는 사고가 구성되어야 인간의 사고나 정서가 '희망적'이 될 수가 있다. 예를 들면 '노력하면 좋은 보상이 있을 거야' 그리고 '노력의 대가는 기다리면 올 거야'라는 등의 사고의 명제가 존재해야 인간은 '희망적'이라는 정서적 언어를 사용할 수가 있을 것이다. 정서는 사고의 집합이다. 일종의 사고인데, 정서라는 언어가 사용되는 것은 정서적 사고와 James(1884)가 말하는 어떤 육체적 흥분이 동시에 결합되어 존재하는 사고이기 때문에 '정서'라는 언어가 사용되는 것이다.

따라서 정서가 분석이 가능하다는 이론을 펼 수가 있다. 물론, 정서의 분석은 정서적 언어의 의미를 분석함으로써 가능하다. 다시 말하자면 정서적 언어의 인지적 분석이라는 해석이라는 말이 더 적합하다. 정서적 언어가 인지적 분석이 가능한 논리적 실체를 가진 명제의 집합의 구조라는 이론은 Plutchik(1980)이 제시하는 복합적 정서의 언어를 보면 분명해진다. Plutchik은 인간의 정서는 '기초적' 정서를 기초로 '이차적', '삼차적' 정서로 구성된다고 보았다. 인정+공포=종속, 기쁨+인정=사랑, 우정, 놀람+슬픔=당황, 실망, 분노+기대=공격성, 고집이 센과 같이 기초적 정서들이 결합되어 더 복잡한 정서를 이룬다고 하였다.

기쁨, 두려움과 같은 일차적 정서는 인간 뿐 아니라 동물에게서도 나타난다. 그러나 수치심이나 자랑스러움과 같은 복잡한 정서는 사람이 점차 성장하면서 발달되는 정서이다. 복합적인 정서의 발달에는 상황에 대한 기대나 결과 예측과 같은 인지적인 판단이 포함되어 이차적 정서의 발달에는 인지적 사고의 발달이나 사회적 상황에 대한 이해능력이 뒷받침되어야 한다. 그러므로 정서어휘의 발달은 사회적 발달과 인지적 발달과 서로 연관된다고 볼 수 있겠다.

2.2. 정서 어휘의 발달

18개월을 전후하여 영아들이 듣고 이해할 수 있는 단어와 자발적으로 말할 수 있는 단어의 수는 극적으로 증가한다. 영아들이 한 단어를 이해한다는 것은 그 단어가 갖는 의미를 알게 된다는 것이며, 더 나아가 한 단어를 말할 수 있다는 것은 그 단어의 의미를 맥락에 적절하게 사용하는 것으로 볼 수 있다.

영아들이 이 시기 즈음에 사용하기 시작하는 단어의 목록 중에는 일반적인 명칭이나 동작의 서술뿐만이 아니라 정서 상태를 기술하는 단어들 또한 포함된다. 18개월 이후 만 3세에 이르기까지 영아들이 사용하는 정서단어의 수가 급증하고 있음은 이미 여러 연구에서 보고되었다(Bretherton, Fritz, Zahn-Waxler, & Ridgeway, 1986; Dunn, Bretherton, & Munn, 1987). 정서단어의 증가는 영아가 이해할 수 있는 정서적 개념의 수 또한 급격히 증가하고 있음을 반영한다.

정서단어를 습득하는 것은 어린영아들에게 있어 어려운 문제이다. 왜냐하면, 정서단어는 외현적으로 관찰하기 힘든 한 개인의 내적 상태를 기술하는 것이기 때문이다. 이러한 내적상태는 때론 얼굴표정이나 행동으로 드러나기도 하며 때로는 사회적 상호작용 속에서 상황과 한 개인의 내적 상태를 관련시켜 해석하는 것을 배우게 됨으로써 이해할 수 있게 된다(Beckwith, 1991). 즉, 정서 개념을 이해한다는 것은 신념, 열망, 의도, 그리고 목표와 같은 정신 상태와 외현적인 행동을 연결시키는 사회적으로 공유된 이론들 안에서 만들어 지는 것이다. 때문에, 정서단어는 비록 영아의 초기 단어목록에서 발생 빈도는 낮지만 그 의미의 인과성에 대한 이해는 다른 중립적인 단어들에 비하여 더 일찍 이루어진다(Bretherton & Beeghly, 1982).

정서단어를 표현하는 능력은 18-24개월 사이에 극적인 증가를 보이게 되는데, 18개월경에 영아는 정서를 언어로 표현하기 시작하며(Bretherton et al., 1986), 2, 3세에 이르면 자신의 정서적 욕구 충족을 위하여 타인에게 영향력을 줄 수 있는 정서단어를 보다 빈번하게 사용하게 된다(Dunn, Brown, & Beardsall, 1991). 특히, 2세 무렵에는 정서의 원인에 관하여 이야기할 수 있게 되며(Brown & Dunn, 1991; Dunn et al., 1987), 3세를 넘어서면서 아동들은 정서의 목적, 상황적 결과와 같은 인과관계의 맥락에서 정서를 이해할 수 있게 된다(Russell, 1990; Stein & Levine, 1989). 이처럼 영아기에 시작된 정서단어의 발달은 연령이 더 증가하면서 양적으로도 증가할 뿐 아니라 질적으로도 복잡하게 발달해간다.

정서단어의 양적, 질적인 증가는 영아들이 더 나이가 들어가면서 정서의 개인 내적인 의미, 사회 맥락 내에서의 인과관계적인 의미들을 양적, 질적으로 발달시켜가고 있음을 보여주는 것이다. 이러한 발달은 언어와 인지적인 측면뿐만이 아니라 사회적인 측면에서도 중요하게 설명될 수 있다.

2.3. 단순언어장애(Specific Language Impairment)아동의 정서어휘 이해

다양한 정서 상태를 구분하기 위해서, 그리고 자신과 타인의 정서를 올바르게 지각하기 위해서는 각 정서를 나타내는 어휘를 알아야 하며 정서어휘에 대한 지식이 풍부할수록 양적 및 질적으로 더 풍부한 정서경험을 할 수 있다(Joseph& Strain, 2003). 그러므로 정서어휘이해력과 정서이해력은 함께 발달한다.

단순언어장애(Specific Language Impairment) 아동이란 동작성 지능 및 신경학적 손상, 감각, 구강구조 등 기능 문제의 심각한 결함이 없이 전반적인 언어의 이해 및 표현 능력에서 어려움을 갖는 아동들을 말한다(Leonard, 1988). 어휘발달의 결함은 단순언어장애 아동 진단의 전형적인 지표가 된다. 단순언어장애 아동은 어휘발달이 정상발달 아동에 비해 늦게 시작되며 빠른 속도로 낱말 수를 늘려가지 못하거나 제한된 동사를 사용하기도 한다. 낱말조합 역시 늦으며 구문사용에서 많은 실수를 보인다. 조사나 연결어미와 같은 문법적 기능어의 습득에 어려움을 보이며 문장에서 주요 성분을 빠뜨리거나 주동사 자체를 생략하는 일이 빈번하다. 이러한 문법구조에서의 결함은 영어권 이외의 다른 언어권 아동들에게서도 발견되어 언어습득연구자들에게 주요한 쟁점을 제공하고 있다.

Leonard(1998)는 단순언어장애 아동의 어휘습득 곤란에 관한 선행연구들을 종합하여 제시하였다. 첫 낱말의 출현 시기, 어휘 크기, 어휘 다양도, 낱말 찾기, 낱말 재인, 낱말 인출 및 인출 속도와 같은 어휘 발달의 대부분의 측면에서 단순언어장애 아동들이 전반적인 지체를 보이고 있음을 Leonard(1998)는 보고하였다. 단순언어장애 아동의 낱말습득의 제한을 설명하는 여러 가설들이 있다. 최근에는 일종의 기억상의 결함(memory deficiency)으로 간주하기도 한다. 몇몇 연구들은 단순언어장애 아동의 탐색속도(Sininger, Klatzky, & Kirchner, 1989), 인출능력(Gilliam, Cowan, & Day, 1995) 용량(Gathercole & Baddeley, 1990a) 등의 영역에서 언어적 단기기억의 결함을 입증하였다.

몇몇 연구자들은 이들의 어휘결함을 빠른 우연학습(QUIL: Quick Incidental Learning)의 결함으로 보기도 한다. 새로운 어휘를 배우는 상황은 아이들에게 그리 친절한 상황이 아니다. 예를 들어 엄마가 계란 후라이를 한 뒤 "계란 후라이에는 케첩이 있어야지"하며 계란 위에 케첩을 쭈욱 뿌리는 모습을 보며 아이는 '케첩'이라는 단어를 처음 듣는 순간 '케첩'이라는 단어와 빨간색의 길고 걸쭉하게 생긴 대상물을 빨리 연결시킨다. "○○야, 케첩이란 음식을 맛있게 해주는 소스의 일종으로 토마토로 만들었으며 맛은 시큼하면서도 달콤하단다."하고 단어의 의미를 일일이 정확하고도 자세히 전달받아야 단어를 배울 수 있다면 아이들은 그렇게 빠른 속도로 어휘폭발을 일으키며 단어를 배울 수 없을 것이다. 아이들은 낯선 단어를 처음 들을 때 그 단어가 지칭하는 의미를 빠르게 추측하여 단어와 연결시킨다. 대다수의 아동들은 자연스런 발화 속에서 의미적 단서(semantic cue)나 구문적 단서(syntactic cue)를 조합하여 새로이 출현한 단어의 의미를 추론하고 이해하는 과정을 통해 자신이 학습해야 할 어휘를 습득해 나간다. Oetting 등(1995)은 단순하고 친숙한 언어구조로 이루어진 짧은 비디오 이야기 속에 친숙하지 않은 낱말을 삽입하여 제시하고 이를 학습하는 과제를 통해 단순언어장애 아동의 어휘학습능력을 연구하였다. 연구결과, 단순언어장애 아동들은 또래 아동에 비해 새로운 어휘 학습 능력이 또래에 비해 유의하게 낮은 것으로 보고되었다.

단순언어장애 아동은 일반적인 어휘 뿐 아니라 정서어휘습득에서도 어려움을 겪을 것이다. 언어와 사회적 상호작용능력 사이의 명백하면서도 복잡한 관계를 설명하는 모델로 'transactional model'(Prizant & Wetherby, 1990)이 있다. 이 모델로 단순언장애 아동의 정서어휘습득의 어려움을 설명한다면 단순언어장애 아동은 먼저 언어적 능력의 제약으로 양육자가 들려주는 정서와 관련된 언어자극을 이해하는데 어려움을 가질 것이다. 단순언어장애 아동은 어려서부터 성숙한 언어적 자극에 반응하는데 어려움을 보이고, 아동의 빈번한 무반응은 양육자가 아동과 의사소통하는 데 보내는 시간과 노력을 줄일 것이고, 감소된 상호작용은 아동이 사회적 교환에 참여하는 기회를 줄일 것이다. 경험은 사회 및 언어적 기술을 발달시키는데 중요하므로 적은 사회적 상호작용의 양, 거부적인 상호작용 경험의 축적은 아동의 사회 및 언어적 발달에 부정적인 영향을 미칠 것이다. 단순언어장애 아동의 정서어휘 습득 어려움은 사회·정서적 발달에도 부정적 영향을 미치게 된다.

단순언어장애 아동의 정서이해력을 살펴 본 연구들이 있다. 연구는 두 가지로 나누어 볼 수 있다. 첫째, 정서이해력 중 보다 일차적인 표상능력을 요하는 얼굴표정 확인하기, 억양을 통한 정서 이해에 대한 연구가 있고 둘째로 보다 상위 표상 능력을 요하는 과제, 즉 맥락 안에서 제시되는 정서를 추론하도록 한 연구들이 있다. 5, 6세 언어장애아동의 기본정서에 대한 얼굴표정 이름대기 능력을 측정한 연구(Ford & Milosky, 2003)에서는 언어장애아동과 일반또래그룹 간에 유의미한 차이가 나타나지 않았다. 그러나 정서가 유발되는 이야기 안에서 주인공의 정서를 추론하는 능력은 또래 그룹보다 유의미하게 낮은 수행을 보였다. 즉, 언어장애아동은 단순히 얼굴표정을 인지하는 능력에는 어려움이 없었으나 사건 맥락에 대한 지식과 주인공의 정서를 통합하는 사회 추론력에는 어려움이 있다고 결론 내려 이러한 점이 언어장애아동이 겪는 사회적 의사소통의 어려움에 영향을 미친다고 하였다.

Spackman 등(2006)은 단순언어장애집단과 생활연령일치 집단을 고연령군과 저연령군으로 나눠 이야기에서 기본정서를 추론하는 과제를 실시하였다. 그리고 정서지식을 살펴보기 위해 주인공이 그 정서를 느낀 이유, 그 정서가 느껴질 때 어떤 것이 느껴지는 지를 질문하였다. 두 과제 모두에서 단순언어장애 집단은 생활연령일치집단에 비해 더 낮은 수행력을 보였다. 저연령 단순언어장애 아동은 슬픔, 두려움, 화남과 같은 부정적 정서들 간의 이해에 혼동을 보였다.

담화이해과정에서 아동이 얼마나 빨리 정서 추론을 결정할 수 있는지에 초점을 맞춤 '자동적 정서추론력'을 측정한 연구도 있다(Ford & Milosky, 2008). 기쁨, 슬픔, 두려움을 유발하는 이야기를 제공하고 각 이야기 끝에 얼굴표정을 보여주는데 반은 이야기에서 유발되는 정서와 일치하는 얼굴표정을 보여주고, 반은 일치하지 않는 얼굴표정을 보여주었다. 이야기 제시 후 얼굴표정이 나타나는 시간부터 아동이 그 얼굴표정의 이름을 대기까지의 시간을 측정하였다. 그 결과, 일반또래그룹은 이야기내용과 얼굴표정이 일치하는 조건보다 비일치하는 조건에서 표정이름대기 시간이 유의미하게 느렸다. 이는 일반아동들은 이해 과정 동안 정서를 추론하고 있었다는 것을 나타낸다. 그러나 언어장애그룹은 두 조건 간 반응시간 차이가 없었다. 이를 통해 언어장애아동들은 이해과정 동안 정서지식이 활성화되지 않았고 단순히 눈에 보인 얼굴표정이름을 댄 것이라 할 수 있다.

보다 고차원적인 정서이해력에 관한 실험으로 상황에 따라 정서를 숨길 수 있는지를 살펴본 연구가 있다. Brinton 등(2007)은 학령기 단순언어장애 아동에게 기쁨, 슬픔, 무서움, 화남, 역겨움을 유발하는 이야기를 제공하고 주인공의 정서를 추론하는 질문과 실제로 주인공이 사회적 상황에서 해당 정서를 표현하는 것이 좋을지 숨기는 것이 좋을지를 질문하였다. 연구결과, 정서추론 질문에 대한 반응은 기쁨을 제외한 정서에서 단순언어장애 아동과 일반아동 간 유의미한 차이가 없었다. 그러나 사회적 상황에서 주인공이 정서를 숨기는 것이 좋을지 표현하는 것이 좋을지를 판단하는 과제 수행은 단순언어장애 아동이 유의미하게 낮았다. 이를 통해, 단순언어장애 아동은 감정적 지식이 또래에 비해 덜 성숙되어 있다고 연구자들은 제언하였다.

단순언어장애 아동은 단순한 얼굴표정읽기와 같은 과제에서는 또래와 비슷한 수행을 보였으나 사회적 맥락 속에서 정서를 이해하거나 이야기 속 주인공의 정서를 추론하거나 사회적 상황에 따라 정서를 표현하는 것이 좋을지 숨기는 것이 좋을지 판단하는 능력은 또래에 비해 낮아서 단순언어장애 아동은 정서어휘의 양이 부족할 뿐 아니라 사회적 상황에서 자신과 타인의 정서를 이해하고 대처하는 능력에서도 어려움을 보이는 것으로 나타났다.

3. 언어로 표현되고 언어를 통해 조절되는 정서

Salovey와 Mayer(1990)은 '정서 지능'이라는 단어를 처음으로 제시하였다. 정서지능이란 사회적 지능의 한 유형으로 자신과 타인의 정서를 정확하게 알아내고 여러 종류의 감정들을 잘 변별하며, 이를 통한 정보들을 자신의 사고나 행동의 방향을 결정지을 근거로 도출해내는 능력이라 하였고, 정서지능의 구성요소를 정서인식, 정서조절, 정서표현, 정서활용으로 보았다. 정서인식이나 정서표현은 언어를 매개로 하고 있으므로 본 글에서는 정서지능의 구성요소 중 정서인식과 정서표현에 대해 다루어 본 뒤 언어장애와 정서장애 공존율에 대한 논의를 통해 둘 사이의 관계에 대해 간략히 살펴보겠다.

3.1. 정서인식의 명확성

정서인식의 명확성(emotional clarity)은 자기 내부의 정서를 구체적이고 명확하게 인식하고 이해하여 자신의 여러 감정들을 구별해내는 능력이다(Salovey et al., 1995). Salovey 등(1995)에 따르면 정서를 명확하게 인식하는 것은 현재 정서중추에서 일어나는 반응을 언어중추를 통해 확인함으로써 경험하고 있는 정서들을 구체적으로 인식하고 확인해 가는 과정을 의미한다. 정서를 명확하게 인식하는 사람은 인식능력이 낮은 사람보다 자신의 정서를 더 잘 조절하고 부정적인 기분에서 빠르게 회복한다.

Swinkels와 Gulliano(1995)는 정서를 인식하는 과정은 자신의 정서 상태에 스스로 주의를 기울이는 과정이라고 정의하면서 정서를 인식하는 과정을 크게 정서에 대해 모니터하는 과정과 정서를 명명하는 두 가지 과정으로 나뉠 수 있다고 보았다. 정서에 대해 모니터하는 과정은 자신의 기분을 조사하고 점검하며 주의를 집중하는 것이고, 정서를 명명하는 과정은 자신이 경험하는 감정을 명확하게 범주화하고 명명할 수 있는 것을 의미한다. 정서를 명확하게 인식하는 것은 정서를 이해하고 정리하는 데 도움이 되며 경험하는 정서와 상황에 효과적으로 대처할 수 있도록 도와준다.

Salovey(1995)는 정서인식이 자기 내부의 정서를 인식하고 정의하는 능력으로, 정서인식의 과정은 지금 일어나고 있는 정서중추의 반응을 언어중추를 통해 확인함으로써 정서 하나 하나의 상태를 확인해가는 심리적 과정이라고 하였다. 그는 자신의 정서를 잘 인식할수록 정서를 보다 잘 이해하고 이를 대처노력에 적절히 사용할 것이라고 주장하였고, 연구 결과 평상시에 자신의 느낌에 대해 명확하게 인식한다고 응답한 사람들은 유도된 부정적 정서에서 보다 잘 회복되었다고 한다.

Stevens와 Mayer(1994)에 의하면 자신의 정서에 대해 잘 인식하는 개인은 자율적이고 좋은 자아경계를 가지며, 심리적으로 건강하고 긍정적인 관점을 갖는 사람들이라고 하였다. 또한 자신의 정서를 비교적 명확하게 인식하는 사람들은 그렇지 않은 사람들보다 더 적응적이며, 신체적, 심리적 안녕감이 더 높은 경향이 있다(Kring et al., 1994). 그 이유는 정서를 명확하게 인식하는 사람들은 자신의 정서가 무엇인지에 대한 갈등이 적고, 문제를 야기하는 정서에 대해 어떻게 반응해야 할지를 보다 분명하게 알 수 있기 때문이다. 정서를 명확하게 이해하는 사람일수록 적극적으로 사회적 지지를 구하며 자존감이 높고 사회적인 불안이나 신경증이 낮게 나타나고 보편적인 삶의 만족도를 크게 표현하는 경향을 나타낸다(Swinkels & Giuliano, 1995). 반면에 정서를 잘 인식하지 못하는 개인은 신경증, 스트레스 취약성 및 정서표현 갈등과 관련이 있는 것으로 알려져 있다(Salovey 외, 1995). 최근 Extremera와 Fernandez-Berrocal (2005)의 보고에 의하면, 정서인식의 정도는 기분상태나 성격 특질들을 통제했을 때에도 삶의 만족도를 잘 예측하였다.

3.2. 정서표현성

정서를 언어로 표현하지 않고 억압하는 것이 정신건강에 좋지 않다는 것은 프로이트를 비롯한 심리학자들과 일반인들 사이에 널리 알려진 사실이다. King 등(1994)에 의하면, 정서표현성은 정서를 밖으로 표출하는 것으로 정의하고 표현의 내용도 정적 요소나 부적 요소에 상관이 없으며 표현양식 또한 얼굴표정, 음성표현, 제스처에 의한 표현 등 다양할 수 있다고 제안하였다. 또한 정서표현성은 정서를 밖으로 표현하는 정도와 관련된 특성을 일컫는 말로, 얼굴표정을 포함한 모든 언어적 비언어적 행동으로부터 판단되는 정서적 반응의 표현적이고, 개방적이며, 억제적이지 않은 정도를 의미한다. 억제된 고통스러운 경험을 말이나 글을 통해 표현하는 것이 건강과 관련이 있음이 검증되고 있다(Barger & Tiebout, Pennebaker, 1989). 또한 언어적 비언어적 행동으로 정서를 표출하는 비억압적이고 개방적인 정도인 정서표현성이 대인관계에 지대한 영향을 미친다는 연구결과가 있다(Riggio & Friedman, 1982).

여러 연구자들(King, Emmons, 1990; Pennebaker, 1985)은 정서를 얼마나 표현하는가 만으로 개인의 적응적인 정도를 판단하기란 쉬운 일이 아니라고 보았다. 이에 Pennebaker(1989)는 정서 표현이 적다는 사실 자체가 병리적인 현상이 아니라 정서를 표현하고자 하는 욕구를 능동적으로 억제하는 경우 즉, 정서표현에 대하여 갈등하는 경우에 건강에 치명적인 영향을 미치는 것으로 보았다. 정서 표현에 대한 갈등을 느끼지 않을 법한 상황에서도 과도하게 표현을 할지 말지 갈등하고, 정서의 표현이 필요한 상황에서도 표현을 억제하는 방식으로 경직되게 정서 표현을 억누르며, 정서의 표현을 통제하는데 많은 에너지를 소비하게 되면, 개인의 내적 긴장이 점차 고조되면서 충분히 자신의 정서에 접촉할 기회를 잃게 되고 따라서 근본적으로 정서적인 어려움을 초래했던 문제를 해결하지 못하게 된다. 표현을 하지 않게 됨으로써 타인들로부터 지지나 수용을 받을 수 없기 때문에 개인의 내적 긴장은 지속되고 표현에 대한 억압경향도 계속 유지된다(Mongrain & Vettese, 2003). 정신적 충격이 심한 생활사건에 대하여 다른 사람에게 털어놓고자 하는 욕구를 억제한 사람이 이후의 건강문제를 더 많이 나타낸다는 것을 발견하였다(Pennebaker, Hughes & O'Heeron, 1987). 또한 정서 표현성은 긍정적인 대인적 효과와 연결 지어 볼 때, 표현적인 사람들은 표현을 잘 못하는 사람들에 비해 다른 사람들로부터 사랑을 더 받고(DePaulo, 1992) 눈에 잘 띄며(Sullins, 1989), 다른 사람들의 정서에도 많은 영향을 끼친다(Friedman & Riggio, 1981). 모든 정서는 표현하고자 하는 동기를 갖고 있으며 정신적 불건강의 주요 지표가 '무감정'(flat affect)으로 대표되는 것을 보더라도 정서적으로 건강한 사람이라면 적절한 수준의 정서표현은 필수적이라 할 것이다(이수정, 이훈구, 1997). 이처럼 정서표현성은 인간의 신체적 건강, 사회 심리적 적응과 깊은 연관을 가진다. 정서를 언어로 표현할 때 정서는 더욱 잘 조절될 수 있다.

3.3. 언어장애 정서장애 공존율

언어장애와 정서 및 행동장애가 공존하는 경우를 통해서 언어발달에 어려움이 있다면 사회 및 정서 발달에 어려움이 있을 수 있음을 예상할 수 있다(Gallagher, 1999). 언어장애 아동들은 정서어휘습득의 제약으로 정서인식차원에서 자신이 경험하는 정서를 인식하여 범주화하고 명명화 과정에서 어려움을 겪을 것이다. 또한 언어장애 아동들은 언어 및 의사소통기술의 제한으로 사회적 상황에서 자신이 경험하는 정서를 상대방에게 적절히 표현하는데 더욱 많은 어려움을 겪을 수 있다.

Baker와 Cantwell(1987)의 연구에서는 언어치료중인 600명의 아동 중 50%가 정서나 행동장애의 정신과적 진단을 받아 의사소통의 어려움은 심리문제 발달에 기여한다고 보고하였다. 연구자들은 언어장애 아동에게서 빈번히 보고되는 사회 정서적 행동 문제는 이들의 심리적 문제라기보다 제한된 언어력, 주변의 편견, 의사소통환경의 부담 등이 상호작용하여 영향을 미치기 때문일 것이라고 결론내렸다.

의사소통은 사회생활의 활력소로 이 활력소가 흐를 수 없을 때, 거기에 대한 압력은 폭발적으로 증가한다. 원하는 대로 말을 할 수 없을 경우, 또래관계의 재미, 자기존경 및 자부심 등을 얻기 어려울뿐더러 좌절감을 갖게 된다. 무엇보다도 가장 좌절감을 가중시키는 것은 언어를 사용하여 자기표현을 하지 못하는 데서 오는 무력감이다. 언어표현이 되지 못하면 자기 자신을 적게 노출시키려고 하게 되고 사회적 상호작용을 회피할 수 있다. 언어장애인이 경험하는 한 가지 매우 심한 좌절은 상호작용의 상실이다. 언어는 인간이 상호작용을 하는 데 중요한 필요조건이며, 언어는 사람들을 서로 연결시키는 접착제 역할을 한다. 접착제와 같은 의사소통 영역에서 손상이 생긴다면 사회적으로 고립될 수 있으며 이러한 이유로 언어장애인들에게 사회 정서적 문제가 동반될 가능성이 높아진다 하겠다.

4. 비언어적 의사소통으로 주고받는 정서

비언어적 의사소통이란 언어적 음성이 아닌 비언어적 음성이나 신체를 이용하여 자신의 의사나 감정을 나타내는 것을 말한다. 사람들의 감정은 보통 얼굴표정과 같은 시각적 통로와 목소리의 어조와 같은 청각적 통로를 통해 전달된다. 상대방의 얼굴표정이나 어조를 들어보면 그 사람의 생각이나 기분을 가늠해볼 수 있다. 얼굴표정을 통한 정서인식과 청각을 통한 정서인식의 발달을 알아본 뒤 자폐범주성장애(Autistic Spectrum Disorder)에서의 비언어적 의사소통의 손상에 관해 살펴보겠다.

4.1. 얼굴표정을 통한 정서인식

인간은 출생에서 사망에 이르는 전 생애 동안 타인과의 수많은 정서적 교류를 나누며 살아간다. 이런 정서적 교류 중 많은 부분은 얼굴표정을 통해 전달되며 타인의 얼굴표정에 의해 전달되는 정서적 메시지를 정확히 해석하는 것은 유아의 중요한 발달과업이 된다. 신생아들은 어떤 다른 사물보다 사람의 얼굴에 특별한 관심을 갖고 주의를 기울이며 사람의 얼굴을 바라보는 것을 즐긴다. 응시를 통해 사회적 상호작용을 위한 기초적인 방법들을 습득한다. 이러한 사회적 상호작용 속에서 타인의 정서 상태를 파악할 때에는 언어적 정보뿐만 아니라 얼굴표정, 시선방향, 행동, 제스처, 목소리 억양 등의 비언어적 정보도 중요한 단서가 된다(Nelson, 1987; Campbell, Walker & Baron-Cohen, 1995). 언어로 표현된 정보와 비언어적 단서로 전달된 정보가 일치하지 않을 때 비언어적 단서에 더 높은 신뢰도가 부여되는 것으로 보고되고 있다(Cacioppo, Martzke, Petty & Tassinary, 1988).

정서를 인식하는데 중요한 단서가 되는 얼굴표정을 판단하는 능력은 연령에 따라 발달하는 것으로 나타났다. 영아는 생후 3개월에 자기를 보고 있는 사람에게 눈 맞춤하는 행동을 보이며(Wolff, 1969), 화나거나 슬픈 표정에 대한 변별력은 없으나 기쁜 표정과 놀란 표정에 대한 변별은 가능하다(Young-Brown et al., 1997). 4개월 된 영아는 기쁜 표정과 분노와 중립적인 표정에 대한 변별이 가능하고 6개월 된 영아는 불편해서 찡그리고 있는 얼굴과 행복해서 미소를 짓고 있는 얼굴을 구분할 수 있다(Ludemann & Nelson, 1988).

일반적으로 영아들은 여러 가지 자극 중에서 얼굴자극에 가장 높은 선호도를 보이며(Fantz, 1961) 얼굴 자극으로 다른 사람의 감정을 파악할 수 있다. Gibson과 Walk(1960)는 1세 된 영아와 어머니를 대상으로 시각벼랑 실험을 하였다. 영아와 어머니가 반대편에 서 있고, 어머니가 공포, 기쁨, 분노, 호기심, 슬픔과 같은 얼굴표정을 지었을 때 어머니의 얼굴표정이 영아의 행동을 통제할 수 있는가를 알아보기 위한 실험이었다. 실험결과 어머니가 분노, 공포 감정과 관련된 얼굴표정을 지었을 때는 영아는 어머니 쪽으로 기어가지 않은 반면, 어머니가 기쁨이나 호기심 감정과 관련된 얼굴표정을 지었을 때 어머니 쪽으로 기어갔다. 이 실험을 통해 1세 된 영아가 어머니의 감정과 관련된 얼굴표정에 영향을 받음을 알 수 있다.

Michalson과 Lewis(1995)는 아동의 정서 어휘 이해에 발달순서가 있으며 이 순서는 얼굴표정의 변별순서와 일치한다는 사실을 증명하였다. 정서를 변별하는 능력은 일정한 순서로 발달되며 정서 범주별로 차이가 있는데 '기쁨'이 가장 변별이 빠른 정서 범주이며 그 다음이 '슬픔', '분노', '놀람' 순으로 변별하기 어려운 정서 범주로 밝혀졌다.

Ekman과 Oster(1979)의 연구에서 10세 정도에 이르면 얼굴표정을 통한 정서를 변별할 수 있는 능력이 거의 성인과 비슷한 수준까지 발달한다고 하였다. 영아기 때부터 정서와 관련하여 얼굴표정을 인식할 수 있으며 연령의 증가와 함께 더욱 다양하고 복잡한 정서를 변별하고 인식할 수 있게 된다.

4.2. 청각을 통한 정서인식

정서를 인식하는 데 있어 시각적 정보와 더불어 귀를 통해 들어오는 청각적 단서인 목소리의 정보도 중요하다. 듣는 사람의 입장에서는 말하는 사람의 얼굴보다는 목소리의 고저, 멈춤, 주저함 등에서 정서에 대한 정보를 더 많이 얻을 수 있다(Wiseman, 1995). 말의 속도, 음색, 음질, 억양, 강세, 쉼 등과 같은 음성적인 방법을 통해 화자의 태도나 정서가 담겨 상대방에게 전달된다.

Monrad-Krohn(1947)은 처음으로 '운율'이라는 용어를 고안해 냈는데, 이것은 음조나 주파수, 강세와 강도, 그리고 타이밍을 포함하는 목소리의 음색과 관련된 의사소통의 측면을 의미한다. 이러한 말의 운율이 가지는 여러 특징으로 말하는 사람은 자신의 정서를 표현할 수 있고 그 말을 듣는 사람도 말의 운율에서 말하는 사람의 정서를 추론할 수 있다(Bachorowski & Owen, 1995). 예를 들어 행복한 정서의 말의 운율은 빠른 속도와 밝고 높은 음조의 운율로 표현되며 슬픈 정서의 말의 운율은 낮은 음조, 부드럽고 느린 말속도로 표현되는 것이다(Scherer, 1986). 운율을 기능적으로 나누면 언어적 운율과 정서적 운율로 나눌 수 있다(Myers, 1999). 언어적 운율은 평서문, 의문문, 명령문으로 문장의 문형을 구분시킨다. 정서적 운율은 말하는 사람의 정서 상태나 태도를 알 수 있게 해준다.

얼굴표정에서 정서를 파악하는 능력과 마찬가지로 말의 운율을 통해 정서를 파악하는 능력도 생애초기부터 나타난다. 신생아들도 엄마의 목소리를 낯선 사람의 목소리보다 선호하며(DeCasper & Fifer, 1980). 생후 1개월 된 아기도 중성적인 성인언어보다 감정과 관련된 아동 언어에 더 주의를 기울인다(Cooper & Aslin, 1990). 생후 5개월 된 영아는 칭찬이나 허가의 긍정적인 말의 운율을 들려주면 더 잘 웃는 등 긍정적 반응을 보이고 혼내거나 화내는 말의 운율을 들려주면 얼굴을 찡그림과 같은 부정적 반응을 보인다(Fernald, 1993).

말소리에서 다른 사람의 정서를 추론할 때에는 말의 운율만 고려할 수도 있고 말의 내용만 고려할 수도 있고 두 가지 모두를 고려할 수도 있다. 말의 내용과 말의 운율이 상반될 경우 무엇을 정서판단의 기준으로 삼는지 알아본 선행연구에서 10세 미만의 아동은 말의 내용을 기준으로, 10세와 성인은 말의 운율을 기준으로 말하는 사람의 정서를 추론하였다(Friend & Bryant, 2000; Morton & Trehub, 2001). 10세 미만의 아동들이 드러난 내용에 근거하여 판단하였다면 10세 아동과 성인들은 제시된 언어적 내용 이면에 숨겨진 메시지가 정서적 운율에 담겨있다 판단했고 숨겨진 메시지를 더욱 중요하다 판단한 것으로 볼 수 있다.

4.3. 자폐범주성장애(Autistic Spectrum Disorder)의 비언어적 의사소통 손상

자폐범주성장애(Autistic Spectrum Disorder)는 아동기에 발생하는 발달 장애 중의 하나이며 지각, 언어, 인지 장애뿐 아니라 사회, 정서적인 발달 전반에 걸쳐 복합적인 장애를 나타내는 증후군이다(Baron-Cohen, 1987). 자폐범주성장애 아동은 목소리나 얼굴표정으로 상대방의 마음을 읽는 것이 어렵고 감정이입에도 결손을 보인다. 문자 그대로는 이해하기 어려운 은유, 유머, 냉소를 이해하기 어렵고 사람들이 속마음과 다른 말을 할 수 있다는 사실을 이해하지 못한다. 사회적 상황에서 다른 사람의 의도나 생각, 감정을 파악하기 어렵다. 사회적 의사소통은 단지 말을 주고받는 것을 넘어서서 말하는 이의 마음 상태, 목소리의 억양, 얼굴표정, 대화가 일어나는 맥락, 의사소통에서의 사회적 규칙을 이해하는 것을 필요로 하나 이들은 의사소통장면에서 언어적 영역 뿐 아니라 비언어적 의사소통의 이해와 표현에서 손상을 보인다. 자폐범주성장애 아동은 사람의 얼굴이나 사회적 자극보다는 사물 및 기하학적 패턴에 더 관심을 보이며, 다른 사람의 시선을 회피하거나 다른 사람을 뚫어지게 보거나 비정상적인 방식으로 응시하는 경향이 높다.

일반인은 상대방의 느낌이나 의도를 이해하기 위해서 눈이나 얼굴표정을 주요한 단서로 사용하지만 자폐범주성장애 아동은 상대방과의 눈맞춤을 적극적으로 회피한다(Gillberg, 1996). 상대방의 얼굴을 바라보지 않기 때문에 얼굴표정 정보를 얻기가 어려우며 이러한 정보를 얻는다 하더라도 얼굴표정이 의미하는 바를 정확히 인식하기 어렵다. Tigerman과 Primavera(1984)의 연구에 따르면 자폐범주성장애 아동들은 일반 아동과 비교하여 눈맞춤 회피 행동을 많이 보이는 것으로 나타났다. 눈맞춤 회피행동은 사회적 자극에 대한 회피 또는 무관심을 나타내는 행동을 의미하는 것이며, 눈맞춤 회피행동은 자폐범주성장애아동의 사회적 상호작용발달을 제한시킬 수 있음을 주장하였다.

Week와 Hobson(1987)의 얼굴표정, 모자 형태 또는 사람의 성별에 따라 사진을 구분하는 과제에서 자폐범주성장애 아동들은 얼굴 표정 단서보다는 모자 형태 단서를 사용하여 분류하였고 일부는 얼굴 표정 단서를 사용한 분류를 할 수 없었다. Baron-Cohen(1995)은 그림에 나타나는 사람 얼굴의 눈동자 방향만으로 원하는 과자가 무엇인지 찾도록 하는 실험연구를 하였는데 이 연구에서 자폐범주성장애 아동은 눈동자 방향이 다른 사람의 바람, 의도, 관심사를 표현함을 이해하지 못했다. Baron-Cohen 등(1997)의 연구에서 일반 성인, 고기능 자폐성장애와 아스퍼거장애 성인을 대상으로 얼굴인식 능력을 알아보기 위해 눈만 보여주는 조건, 입만 보여주는 조건, 얼굴전체를 보여주는 조건으로 나누어 제시하였다. 고기능 자폐성장애와 아스퍼거장애 성인의 경우 눈만 보여준 조건에서 현저히 낮은 수행능력을 보였다. 자폐성 장애 집단은 일반인 집단에 비해 눈을 통해 정보를 얻기가 어려우며 다른 사람의 마음 상태를 이해하기 위해 상대방의 눈길을 참조하지 않음을 보여주었다.

Phillips 등(1992)은 상대방의 의도가 모호한 상황에서 상대방의 눈을 바라보아 그 의도를 파악하려는 행동은 자폐범주성장애 아동이 거의하지 않음을 밝혔다. Langdell(1981)은 자폐성 장애 아동에게 기쁨과 슬픔의 표정을 지어보도록 했을 때, 이들이 보인 안면 표정이 기쁨을 나타내는 것인지 아니면 슬픔을 나타내는 것인지를 구별하기가 어려웠다고 한다. 자폐범주성장애 아동은 애매한 안면 표정을 보였다. 자폐범주성장애 아동은 타인의 감정을 잘 이해하지 못하므로 타인의 존재 및 타인의 감정에 무관심하게 된다. 이러한 무관심은 양육자와의 관계형성을 어렵게 하며 나아가 다른 사람과 상호 관계에서 얻을 수 있는 감정 경험의 폭을 좁히게 된다. 자폐범주성장애 아동들은 영·유아기 때부터 감정을 이해하고 표현하는 경험이 적으며 일반아동과 같이 자연적으로 학습하지 못하므로 자신 및 타인의 감정 이해와 더불어 감정 표현 능력 발달에도 어려움을 겪게 된다.

자폐범주성장애 아동의 말을 들어보면 어조에서 독특한 특성을 발견하게 된다. 이들의 음성은 대체로 음도가 높고 음도의 범위가 좁아서 단조롭게 들린다. Baltaxe와 Simmons(1985)는 정상아동들이 문장의 형태를 음도의 높낮이로 조절하는 데에 반해 자폐범주성장애 아동들은 강도의 변화로 표현한다고 보고하였다. 운율문제는 지능이 높은 고기능자폐 아동에게서도 나타나며 이들은 감정이 느껴지지 않는 단조롭고 부자연스러운 어조를 사용한다.

자폐범주성장애 아동은 목소리를 통해 정서적 정보를 파악하는데 어려움을 겪는다. Kleiman 등(2001)은 자폐범주성장애 성인에게 배우가 들려주는 문장을 듣고 목소리의 억양을 통해 그 배우가 느끼거나 생각하는 것을 가장 잘 나타내는 두 가지 단어를 선택하는 과제를 실시하였다. 통제집단에 비해 자폐범주성장애 성인은 목소리 억양을 통해 타인의 정서를 파악하는 과제에서 낮은 수행을 보였다. Rutherford 등(2002)의 고기능 자폐 성인과 아스퍼거장애 성인을 대상으로 한 연구에서도 같은 결과를 볼 수 있었다. 연극 공연에 사용된 대화의 한 문장이나 한 구절을 표집하여 제시한 뒤, 그 목소리와 일치하는 정서 상태를 찾도록 한 과제에서 정서 상태를 찾는 능력은 정상성인에 비해 의미 있게 낮았다. 자폐범주성장애 아동은 언어적 운율과 정서적 운율의 이해와 사용 모두에서 어려움을 보인다고 요약할 수 있겠다.

5. 맺음말

이상으로 '언어'와 '정서'라는 거대한 주제 사이의 관계를 언어병리현상을 통해 살펴보았다. 정서적 상징으로서 언어를 조망해 보았고, 정서를 인식하도록 돕고 정서를 조절하도록 돕는 것이 언어의 기능임을 살펴보았으며, 마지막으로는 비언어적인 의사소통으로 주고받는 정서에 대해 살펴보았다. 단순언어장애아동은 정서어휘 습득에서도 결함을 보이는데 언어의 손실이 기계적으로 언어능력의 손실만으로 그치는 것이 아니라 사회 정서적 문제로 연결되기도 하여 언어와 정서 간에 깊은 연관이 있음을 확인해 볼 수 있었다. 정서적 정보는 눈빛, 표정, 어조와 같은 비언어적 의사소통을 통해 주고받게 된다. 자폐범주성장애에서의 비언어적 의사소통의 제약에 관한 연구에서는 동전의 양면과 같이 한 면에서 볼 때는 비언어적 의사소통의 손상이 다른 한 면으로는 사회 정서적 손상으로 나타난다는 사실을 확인해 볼 수 있었다. '언어'와 '정서'간의 복잡하고도 유기적인 상호관련성은 다양한 언어병리현상을 통해 확연히 드러났다. 역으로 정서 영역의 문제들이 언어 및 의사소통 영역에 어떠한 영향을 주는가 하는 주제로 연구해 본다면 '언어'와 '정서'에 관하여 더 깊은 이해를 갖게 될 것으로 생각된다.

참고문헌

김민화, 곽금주, 성현란, 심희옥, 장유경. 2003. 영아기 정서단어의 습득에서 기질과 양육태도의 영향. 『한국심리학회지』 제16권 제4호: 39-55.

김성수. 2004. 단순언어장애 아동의 기능적 작업기억과 낱말 습득 특성.

『언어청각장애연구』 제9권 제1호: 78-99.

남궁정. 2010. 학령기 단순언어장애 아동의 정서어휘이해력 특성. 미간행 석사학위 청구논문. 이화여자대학교 대학원.

윤현섭. 1994. 『언어심리학』. 서울: 박영사.

이수정, 이훈구. 1997. Trait Meta-Mood Scale의 타당화에 관한 연구: 정서지능의 하위요인에 대한 탐색. 『한국심리학회지: 사회 및 성격』 제11권 제1호: 95-116.

이은경. 2012. 고기능 자폐성장애 청소년의 정서인식 능력. 미간행 석사학위 청구논문. 대구대학교 대학원.

황인희. 2008. 정서인식의 정도와 정서조절양식이 중학생의 학교적응에 미치는 영향. 미간행 석사학위 청구논문. 연세대학교 대학원.

조셉 블라이허. 1990. 『현대 해석학』. 권순홍 역. 서울: 한마당.

Bachorowski, J. & Owen, M. J. 1995. Vocal expression of emotion: Acoustic properties of speech are associated with emotional intensity and context. *Psychological Science* 6: 219-224.

Baron-Cohen, S. 1987. Autism and symbolic play. *British Journal of Developmental Psychology* 5: 139-148.

Baron-Cohen, S. 1995. *Mindblindness: an essay on autism and theory of mind.* MIT Press/Bradford Books.

Baron-Cohen, S., Baldwin, D. A. & Crowson, M. 1997. Do Children with Autism Use the Speaker's Direction of Gaze Strategy to Crack the Code of Language? *Child Development* 68(1): 48-57.

Baker L. & Cantwell, D. P. 1987. Comparison of well, emotionally disordered, and behaviorally disordered children with linguistic problems. *Journal of the American Academy of Child Adolescent Psychiatry* 26: 193-196.

Baltaxe, C. & Simmons, J. 1985. Prosodic development in normal and autistic children. In E. Schopler & G. Mesibov (eds.), *Communication problems in autism.* New York: Plenum Press. 95-25.

Beckwith, R. 1991. The language of emotion, the emotions, and nominalist bootstrapping. In D. Frye & C. Moore (eds.), *Children's theories of mind: Mental states and social understanding.* Hillsdale, NJ: Erlbaum. 77-95.

Bretherton, I. & Beeghly, M. 1982. Talking about internal states: The acquisition of an explicit theory of mind. *Developmental psychology* 18: 906-921.

Bretherton, I., Fritz, J., Zahn-Waxler, C. & Ridgeway, D. 1986. Learning to talk about emotions: A functionalist perspective. *Child Development* 57: 529-548.

Brinton, B., Spackman, M. P., Fujiki, M. & Ricks, J. 2007. What should Chris say? The ability of children with specific language impairment recognize the need to dissemble emotions in social situation. *Journal of Speech, Language, and Hearing Research* 50(3): 798-811.

Brown, J. R. & Dunn, J. 1991. "You can cry, Mum": The social and developmental implications of talk about internal states. *British Journal of Developmental Psychology* 9: 237-256.

Cacioppo, J. T., Martzke, J. S., Petty, R. E. & Tassinary, L. G. 1998. Specific forms of facial EMG response index emotions during an interview: From Darwin to the continuous flow hypothesis of affect-laden information processing. *Journal of Personality and Social Psychology* 54: 592-604.

Campbell, R., Walker, J. & Baron-Cohen, S. 1995. The development of differential use of inner and outer face features in familiar face identification. *Journal of Experimental Child Psychology* 59: 196-210.

Cooper, R. P. & Aslin, R. N. 1990. Preference for infant-directed speech in the first month after birth. *Child Development* 61: 1584-1595.

DeCasper, A. J. & Fifer, W. P. 1980. Of human bonding: Newborns Prefer their Mother's Voice. *Science, New Series* 208(4448), 1174-1176.

DePaulo, B. M. 1992. Nonverbal behavior and self-presentation. *Psychological Bulletin* 111: 203-243.

Dunn, J., Bretherton, I. & Munn, P. 1987. Conversations about feelings states between mothers and their young children. *Developmental Psychology* 23: 132-139.

Dunn, J., Brown, J. R. & Beardsall, L. 1991. Family talk about feeling states and children's later understanding of others' emotions. *Developmental Psychology* 27: 448-455.

Ekman, P. & Oster, H. 1979. Facial Expression of Emotion. *Annual Review of Psychology* 30: 527-554.

Extremera, N. & Fernandez-Berrocal, P. 2005. Perceived emotional intelligence and life satisfaction: predictive and incremental validity using the Trait Meta-Mood Scale. *Personality and Individual Differences* 39(4): 937-948.

Fantz, R. L. 1961. The origin of form perception. *Scientific American* 204(May): 61-72.

Fernald, A. 1993. Approval and disapproval: Infant responsiveness to vocal affect in familiar and unfamiliar languages. *Child Development* 64: 657-674.

Friedman, H. S. & Riggio, R. 1981. The effect of individual differences in nonverbal expressiveness on transmission of emotion. *Journal of Nonverbal Behavior* 6: 96-104.

Friend, M. & Bryant, J. B. 2000. A developmental lexical bias in the interpretation of discrepant messages. *Merrillpallmer Quarterly* 46: 342-369.

Ford, J. A. & Milosky, L. M. 2003. Inferring emotional reactions in social situation: Differences in children with language impairment. *Journal of Speech, Language, and Hearing Research* 46(1): 21-30.

Ford, J. A. & Milosky, L. M. 2008. Inference generation during discourse and it's relation to social competence: An online investigation of abilities of children with and without language impairment. *Journal of Speech, Language, and Hearing Research* 51(2): 367-380.

Gallagher, T. M. 1999. Inerrelationships among children's language, behavior, and emotional problems. *Topics in Language Disorders* 19(2): 1-15.

Gathercole, S. E. & Baddeley, A. D. 1990. Phonological memory deficits in language disorderded children: Is there a casual connection? *Journal of Memory and Language* 29: 336-360.

Gibson, E. J. & Walk, R. 1960. The visual cliff. *Scientific American* 202: 67-71.

Gillberg, C. 1996. The long-term outcome of childhood empathy disorders. *European Child and Adolescent Psychiatry* 5: 52-56.

Gilliam, R. B., Cowan, N. & Day, L. S. 1995. Squential memory in children with specific language impairment. *Journal of Speech, and Hearing Research* 38: 393-402.

James, W. What is an emotion? Mind, 9, 1884. pp. 188-205.

Joseph, G. E. & Strain, P. S. 2003. Enhancing emotional vocabulary in young children. *Young Exceptional Children* 6(4): 18-26.

King, H., Aubert, R. E. & Herman, W. H. 1998. Global burden of diabetes, 1995-2025: prevalence, numerical estimates, and projections. *Diabetes Care* 21(9): 1414-1431.

King, L. A. & Emmons, R. A. 1990. Ambivalence over expressing emotion: Physical and psychological correlates. *Journal of Personality and Social psychology* 58: 864-877.

Kleiman, J., Marciano, P. L. & Adult, R. L. 2001. Advanced theory of mind in high-functioning adults with autism. *Journal of Autism and Developmental Disorders* 31: 29-36.

Kring, A. M., Smith, D. A. & Neale, J. M. 1994. Individual differences in dispositional expressiveness: development and validation of the emotional expressivity scale. *Journal of Personality and Social Psychology* 66(5): 934-949.

Langdell, T. 1981. Face perception: An approach to the study of autism. Unpublished doctoral dissertation, University of London.

Leonard, L. B. 1988. *Children with specific language impairment.* Cambridge, MA: MIT.

Ludemann, P. & Nelson, C. A. 1988. The categorical representation of facial expressions by 7-month-old infants. *Developmental Psychology* 24: 492-501.

Michalson, L. & Lewis, M. 1985. What Do Children Know about Emotions and When Do They Know It? In M. Lewis & C. Saarni (eds.), *The Socialization of Emotions.* New York: Plenum Press. 117-139.

Mongrain, M. & Vettese, L. C. 2003. Conflict over emotional expression: Implications for interpersonal communication and depression. *Personality and Social Psychology Bulletin* 29: 545-555.

Monrad-Krohn, G. H. 1947. Dysprosody of altered "Melody of Language." *Brain* 70(4): 405-415.

Morton, J. B. & Trehub, S. 2001. Children's understanding of emotion in speech. Child Development 72(3): 834-843.

Myers, P. 1999. *Prosodic Deficits. Right Hemisphere Damage - Disorders of Communication and Cognition.* San Diego, London: Singular Publishing Group Inc. 73-90.

Nelson, C. A. 1987. The recognition of facial expression in the first two years of life. *Mechanism of Development* 59: 889-909.

Oetting, J., Rice, M. & Swank, L. 1995. Quick Incidental Learning (QUIL) of words by school-age children with and without SLI. *Journal of Speech, and Hearing Research* 38: 344-355.

Pennebaker, J. W. 1985. Traumatic experience and psychosomatic disease:

Exploring the roles of behavioral inhibition, obsession, and confiding. *Canadian Psychology* 26: 82-95.

Pennebaker, J. W. 1989. Stream of consciousness and stress: Level of thinking. In J. Uleman & J. Bargh (eds.), *Unintended Thought.* New York: Guilford. 327-350.

Pennebaker, J. W., Barger, S. D. & Tiebout, J. 1989. Disclosure of traumas and health among Holocaust survivors. *Psychosomatic Medicine* 51: 577-589.

Pennebaker, J. W., Hughes, C. F. & O'Heeron, R. C. 1987. The psychophysiology of confession: Linking inhibitory and psychosomatic processes. *Journal of Personality and Social Psychology* 52: 781-793.

Pennebaker, J. W. & Kitchens, R. 1985. Symptom reduction through clinical biofeedback (review). *American Journal of Family Therapy* 13: 84-85.

Phillips, W., Baron-Cohen, S. & Rutter, M. 1992. The role of eye-contact in the detection of goals: Evidence from normal toddlers, and children with autism or mental handicap. *Development and Psychopathology* 4: 375-383.

Plutchik, R. 1980. *Emotions: A psychoevolutionary Synthesis.* New York: Harper & Row.

Prizant, B. M. & Wetherby, A. M. 1990. Toward an integrated view of early language and communication development and socioemotional development. *Topics of Language Disorders* 10(4): 1-16.

Riggio, R. &Friedman, H. S. 1982. The interrelationships of self-monitoring factors, personality traits, and nonverbal social skills. *Journal of Nonverbal Behavior* 7: 33-45.

Russell, J. A. 1990. The preschoolers' understanding of the causes and consequences of emotion. *Child Development* 61: 1872-1881.

Rutherford, M. D., Baron-Cohen, S. & Wheelwright, S. 2002. Reading the mind in the voice: A study with normal adults 182 Golan,

Baron-Cohen, and Hill and adults with Asperger syndrome and high functioning autism. *Journal Autism and Developmental Disorders* 32: 189-194.

Spackman, M. P., Fujiki, M. & Brinton, B. 2006. Understanding emotion in context: The effects of language impairment on children's ability to infer emotional reactions. *International Journal of Language and Communication Disorders* 41(2): 173-188.

Salovey, P. & Mayer, J. D. 1990. Emotional intelligence. *Imagination, Cognition and Personality* 9(2): 185-211.

Salovey, P., Mayer, J. D., Goldman, S. L., Turvey, C. & Palfai, T. P. 1995. Emotional attention, clarity, and repair: Exploring emotional intelligence using the Trait Meta-Mood Scale. In J. W. Pennebaker (ed.), *Emotion, Disclosure, and Health.* Washington: American Psychological Association. 125-154.

Scherer, K. R. 1986. Vocal affect expression: A review and a model for future research. *Psychological Bulletin* 99: 143-165.

Sininger, Y., Klatzky, R. & Kirchner, D. 1989. Memory scanning speed in language disordered children. *Journal of Speech and Hearing Research* 32: 289-298.

Stein, N. & Levine, L. 1989. The causal organization of emotional konwledge: A developmental study. *Cognition and Emotion* 3: 343-378.

Stevens, A. A., & Mayer, J. A. 1994. An emerging understanding of the reflective (meta-) experience of mood. *Journal of Research in Personality* 28(3): 351-373.

Swinkels, A. & Giulano, T. A. 1995. The measurement and conceptualization of mood awareness: Attention, directed toward one's mood states. *Personality and Social Psychology Bulletin* 21(9): 934-949.

Weeks, S. J. & Hobson, R. P. 1987. The salience of facial expression for autistic children. *Journal of Child Psychology and Psychiatry and Allied Disciplines* 28: 137-151.

Wiseman, R. 1995. Testing the notion that a 'foot shiner' could have been used during the Delmore experiments. *Journal of Parapsychology* 59: 63-65.

Wolff, P. 1969. The natural history of crying and other vocalizations in early infancy. In B. M. Foss (ed.), *Determinants of Infant Behavior* (Vol. 4 1±109). London: Methuen.

Young-Brown, G, Rosenfield, H. N. & Horowitz, F. D. 1997. Infant discrimination of facial expression. *Developmental Psychology* 48: 555-562.

10

사회 관계형 서비스 개발을 위한 연령별 색채 이미지 선호와 심미성

김 혜 령*, 김 지 현**, 김 효 선***, 한 광 희****

1. 서론

현대 사회는 의학 기술의 발전으로 점차 고령화 사회가 되어 가고 있으며 이로 인해 고령에 진입한 이후의 삶의 질에 대한 중요성이 대두되고 있다. 고령자 층의 경우 직장 은퇴와 같은 환경의 변화나 건강상의 변화 등으로 인해 대인 관계의 폭이 급격히 줄어들고 정서적인 고립감을 느끼게 되기가 쉽다. 이때 사회 관계형 서비스(이하 SNS)는 오프라인에서 자주 만날 수 없는 사람들과도 정서적인 교류를 할 수 있다는 면에서 노인들의 주관적 안녕감을 향상시킬 수 있는 방안이 될 수 있다(김선재, 2010).

그러나 SNS와 같은 신기술 기반의 서비스는 IT 기술 수용에 대해 비교적 수동적이고 부정적인 경향을 보이는 고령자 층에게 디지털 소외감을 느끼게 하는 원인이 되기도 하고, 사용에 대한 욕구를 가지고 있다

* SK플래닛, ** 아메바 디자인, *** 충북대학교 인간심리연구소, **** 연세대학교 심리학과. 교신저자: 한광희.

하더라도 시스템 사용법 학습에 대한 두려움 때문에 활성화 되지 못하는 경우가 많다(Laguna & Babcock, 1997; Dyck & Smither, 1994). 이러한 거부감은 아무리 사용성이 좋은 시스템이라고 할지라도 초기 사용 경험을 가지는 것 자체를 기피하게 하여 시스템에 대한 인식을 전환할 기회를 얻지 못하게 만든다. 따라서 고령자 층을 대상으로 한 시스템을 만들고자 할 때에는 시스템과 기기에 대한 초기 인상을 긍정적으로 형성하는 것이 중요하며 이를 위해 고령자 층을 대상으로 인터페이스의 사용 전 인상과 심미성, 감성 측면을 연구할 필요가 있다.

지금까지 고령자 층을 위한 색채 관련 연구는 단색을 기반으로 고령자 층의 지각적 특성을 찾아내거나(Ishiharaa et al., 2001; 이윤재와 이현수, 2006) 고령자 대상의 인터페이스에서 주로 사용된 색상을 나열하는데 그치고 있다(한호석과 이현수, 2009). 그러나 인터페이스 디자인 과정을 살펴보면, 먼저 대상에 대한 컨셉이 정해지고, 그 후에 해당 컨셉의 시각화를 위한 도구로 색채와 이미지 형태 등이 선택되는 순서로 이루어진다(지상현, 2007). 이러한 디자인 프로세스를 고려할 때 단색을 기반으로 특정 색의 명도나 채도 등의 수치의 효과를 밝히는 것은 실제 인터페이스 디자인 프로세스 상에서 고려했을 때 적용하기에 한계가 있다. 또한 특정 색의 효과가 아닌 색채가 가지는 이미지에 대한 주관적 평가의 차이를 밝히는 것은 디자인 초기인 컨셉 단계에서부터 고령자 층을 위한 인터페이스의 방향성과 그 후 이루어질 색채 계획을 세우는 데 있어서 실무적으로 더 유용할 것으로 판단된다. 따라서 본 연구는 색채이미지의 효과가 인터페이스에 대한 심미성과 선호 평가에 어떠한 영향을 주는 지 관찰하고자 한다.

2. 이론적 배경

2.1. 고령자 층의 정서적 변화

사회 감성적 선택 이론(Carstensen, 1995; Carstensen et el., 1999; Corinna & Carstensen, 2007)에 따르면 사람은 자신의 남은 생의 기간을 짧게 지각할수록 더 정서적인 것에 동기 부여를 하게 된다고 한다. 그러므로 동반자 선택에서도 정서적으로 의미 있는 상호관계를 제공할 가능성이 높다고 판단하는 사람을 선택하게 되고 이러한 경향은 관계적 측면 뿐만 아니라 언어 혹은 이미지 자극에 대해서도 일관되게 나타난다. 이와 유사하게 고령자 층은 인간관계뿐만 아니라 이미지나 언어 자극에 대해서도 정서 조절에의 목표에 의해 긍정 정서가의 자극에 대해 더 초점을 두고 부정의 정서가의 자극에 대해서는 회피하는 경향을 보이게 된다. 이를 긍정성 효과(Positivity effect)라고 하며(Mather & Carstensen, 2005) 이 효과는 긍정 정서가의 이미지에 대한 주의나 기억과 같은 객관적 수행과 선호와 같은 주관적 평가에서 두루 일관되게 나타났다 (Isaacowitz et al., 2009; Xing & Isaacowitz, 2006). 그러나 아직까지 이러한 연구들은 대상의 정서가가 명확히 드러나는 이미지 자극을 이용하여 연구되었으며 색채나 그래픽 요소와 같은 인터페이스 구성요인들을 대상으로 인터페이스 개발에 적용하는 것을 목표로 하는 응용 연구는 이루어진 바가 없다. 인터페이스를 구성하는 요소에는 다양한 것들이 존재하지만 그중 색채는 인터페이스의 첫 인상을 결정짓는 중요 요소로 알려져 있으며, 색채는 그 자체로도 감정 묘사의 중요한 요소로 특정 정서를 전달하는 것으로 알려져 있다(조경자 외, 2004). 일반적으로 어두운 색은 두려움, 분노와 같은 부정적 정서나 이미지를 연상시키고 밝은 색, 그리고 채도가 높은 색상은 상쾌함이나 쾌활함 등의 긍정적 이미지를 연상시키는 것으로 알려져 있는데 색채가 이러한 이미지난 정서를 전달한다면, 이미지 자극에서 나타나는 긍정성 효과가 색채에서도 나타날 것을 기대할 수 있으며 따라서 본 연구에서는 인터페이스 구성 요소 중 정서에 가장 큰 영향 주는 색채를 대상으로 하여 인터페이스의 색채가 전달하는 감성에 의한 서비스 선호의 정도가 연령에 따라 다르게 나타나는 지 관찰하고자 한다.

2.2. 관계형 서비스: SNS와 커뮤니티

소셜 네트워크 서비스(Social Network Service, SNS)는 인터넷 상에서 공통의 관심사를 지니고 있는 사용자들 간의 관계형성을 지원하고, 형성된 지인 관계를 바탕으로 인맥관리, 정보 및 콘텐츠 공유 등 다양한 활동을 할 수 있도록 지원하는 서비스를 의미한다. (정유진과 배국진, 2007). 2008년 이후 스마트폰의 보급화와 모바일 커뮤니티 시장의 시장성에 대한 재조명과 함께 SNS가 화두에 올라 있지만 사실 SNS는 새로운 개념이 아니라 기존부터 있어 왔던 개념이다. SNS는 인간 관계 지원이라는 동일한 목적 하에 아이러브스쿨(http://www.iloveschool.co.kr)과 같은 학연 중심 커뮤니티나 대중 커뮤니티를 거쳐 미니 홈피나 블로그와 같은 개인 중심 커뮤니티로, 그리고 또다시 현재의 트위터, 미투데이, 페이스북과 같이 모바일 상황에서 쉽게 이용할 수 있는 형태로 그 외적인 형태를 변모해 가며 발전 해 오고 있다(신호경 외, 2009; 정유진과 배국진, 2007). 한국에서는 근래에 단문 메시지를 이용하여 실시간으로 정보를 교류하는 마이크로 블로그 형태가 주로 언급되고 있긴 하지만 이러한 서비스는 주로 젊은 층의 스마트폰 이용자들 사이에서 활성화되고 있으며 고령 이용자들은 여전히 기존의 학연, 지연 중심의 가입형 온라인 커뮤니티 서비스를 이용하여 동창회 모임 또는 지역 단체 취미 활동을 중심으로 한 모임을 가지고 있다. 고 연령층에게 있어서 마이크로 블로그가 아닌 기존의 커뮤니티가 온라인상에서 SNS의 보편적인 형태로 확산되지 않는 이유로는 먼저 고 연령층에서 나타나는 신기술에 대한 느린 수용 속도가 주 원인이 되나 그 외에도 고 연령층의 다양한 심리적 요인들이 관여한다. 먼저 커뮤니케이션 방식에 있어서 고 연령층의 경우 젊은 층이 빠른 커뮤니케이션을 위해 인터넷 상에서 사용하는 축약이나 띄어쓰기 무시 등의 행위에 대해서 거부감을 느끼며 젊은 층이 즐겨하는 가벼운 커뮤니케이션 보다는 형식을 갖춘 형태의 정성이 들어갔다고 느껴지는 표현의 형태를 선호하는 경향이 있다(김선제, 2010). 마이크로 블로그의 경우 표현 형식에 있어서 정성이 들어간 하나의 글 형태라기보다는 순간의 감정이나 유용한 정보의 링크를 담은 단문의 형태가 대부분이기에 전체적인 글의 구성보다는 핵심을 표현 하거나 정보를 실시간으로 전달한는 데에 집중하기에 속도감이 우선시 된다(Gunther, Riehle, Krasnova & Schondienst, 2009). 현재 상태에 근거하면 이러한 마이크로 블로그의 특성은 표현 방식에 있어서 무게감과 형식을 중시하는 고 연령층에게는 보편적으로 이용될 가능성이 낮다고 판단된다. 또한 고 연령층은 인간 관계에서 직접 대면해 보지 않은 사람과 온라인상에서 관계를 맺는 것을 꺼려하는 경향을 보이며 지인들과 오프라인 상에서 면 대 면으로 관계를 유지하는 것을 선호한다(Andrews, Preece, & Turoff, 2001). 가볍게 새로운 관계를 만들어 나가거나 혹은 다양한 사람들을 만나는 것과 같은 관계의 확장보다는 기존에 이미 친밀함이 쌓여있고 자신에게 정서적으로 의미가 있는 가족이나 친지 친한 친구와 같은 소중한 사람들과의 관계의 공고화를 추구하며 그를 위해 정보화 기기를 이용하는 특성을 지닌다(Kurniawan, 2008). 따라서 고령자 층의 가까운 관계를 공고히 하고자 하는 심리적 특성과 해당 서비스 개념에 대한 이해 정도를 고려하면 비교적 약한 관계 강도의(weak-tie)

트위터나 페이스 북과 같은 형태의 서비스를 대상으로 직접 연구를 진행하는 것 보다는 모바일 기반의 SNS가 아닌 이미 기존의 고 연령층 사용자가 있는 커뮤니티이 인터페이스를 바탕으로 기본적인 연구를 시작할 필요가 있다.

2.3. 고령자 층의 색채 지각과 선호

고령자 층은 나이가 들수록 색채 분별력이 저하하고 근소한 색채 변화를 지각하지 못하게 되며 특히 단파장 색(보라, 남색, 파랑 등)에 대한 분별력이 현저히 저하되게 된다(송춘의 와 김문덕, 2007). 또한 안구의 황화 현상에 따라 마치 노란 안경을 쓰고 주위를 보는 것과 같이 시야가 황색 기미를 띄어 보이게 되는 경향이 있으며, 이에 따라 노란색에 대한 색 순응 현상이 발생되어 노란색을 희색으로 인식하게 되는 현상이 생기게 된다. 따라서 동일한 색이라고 할지라도 젊은 층과 고 연령층이 다르게 지각하고 다른 감성을 느끼게 될 가능성이 높아진다.이러한 고령화에 따라 진행되는 시각 영역에서의 여러 가지 신체적 변화는 색채 분별뿐만 아니라 색채를 통해 느끼는 감성과 선호에도 영향을 미칠 수 있다. 또한 색채 지각의 차이 뿐 아니라 색채 선호에는 생리적인 토대와 성격적 문화적인 토대가 복합적으로 작용한다(Tate and Allen, 1985). 사람들은 일반적으로 칙칙한 회색이나 갈색과 같은 '고상함'을 연상시키는 색채들을 고령자 층이 선호할 것이라 생각하는 경향이 있지만 실제로 고령자 층은 고상한 색상보다는 밝은 원색을 선호하며(Sharpe, 1975) 고령이 될 수록 전반적으로 색상(hue)에 따른 선호 차가 유사해 지는 경향이 나타난 바 있다(Dittmar, 2001). 국내에서는 고령자 대상의 색채 연구가 주로 주거환경 분야 중심으로 이루어 졌는데 고령자 층은 일반적으로 따뜻하고, 부드럽고, 친근감을 느끼게 하는 색상일수록 더 긍정적으로 평가하며 건축 환경에 적용된 색채의 정서적 전달성과 잠재적 연상이 건축 환경 자체에 대한 선호데 영향을 줄 것이라는 연구 결과가 있다(김혜정, 1995).

2.4. 인터페이스에서의 색채와 심미성

과거에는 인터페이스의 사용성 측면이 강조되었으나 근래에 와서 인터페이스의 심미성과 감성 측면이 강조되고 있다. 조경자와 그의 동료들(2004)은 대학생들을 대상으로 웹페이지의 배색과 레이아웃에 따른 감성 평가를 비교함으로써 색채나 레이아웃이 서로 다른 감성을 발생시킨다는 것으로 보여주었다. 젊은 층을 대상으로 한 인터페이스와 색채와 관련된 연구는 그중 심미성에 관련해서는 일반적으로 한색 계열이 사용된 웹 페이지에 대해서 사람들은 심미성을 더 높게 평가하는 경향이 있는 것으로 보고된다(Coursaris et al., 2008). 그러나 앞에서 언급된 것처럼 노인의 생리적 정서적인 변화에 따라 색채 감성과 심미성 평가가 젊은 층과 동일할 것으로 기대하기는 어렵다. 따라서 고령자 층의 난색 선호 경향(김혜정, 1995) 등에 관련된 연구결과들을 고려할 때 오히려 연령에 따라 상이한 결과가 나타날 가능성이 존재한다.

인터페이스 응용을 위한 연구로 한호석과 이현수(2008)는 국내 노인, 아동, 청소년을 대상으로 한 사이트들에서 사용된 색채를 분석한 결과 노인 사이트는 주로 온화한 이미지, 청소년 사이트는 경쾌한 이미지, 아동용 사이트는 귀여운 이미지의 배색이 사용되고 있음을 확인하였다. 현재 사이트들에 대한 배색을 분석하는 것은 색채의 사용 경향을 분석하였다는 면에는 의의가 있으나 이러한 사이트의 배색이 연령별 생리적 심리적 특성을 반영하는 것은 아니다. 그러므로 인터페이스에 고 연령층의 특성을 반영하기 위해서는 고령자 층의 색채 이미지에 대한 선호와 심미성을 실험적으로 검증할 필요가 있다.

2.5. 색채 이미지 분류 기준

배색 및 색채를 나누는 기준은 다양하게 존재하나 색채의 감성 효과라고 할 수 있는 색채 이미지 분류 스케일로는 Kobayashi의 색채 이미지 스케일(Kobayashi, 1981)과 IRI색채 이미지 스케일이(이복신, 1999) 존재한다. 본 연구에서 근간으로 한 Kobayashi의 색채 이미지 스케일은 '부드러운-딱딱한', '따뜻한-시원한', 그리고 '맑은-탁한'의 3차원으로 이루어져 있으며 색채 이미지의 '따뜻한-시원한' 축은 색상, '부드러운-딱딱한'축은 명도, 그리고 '맑은-탁한' 축은 색의 채도와 각각 관련이 있다고 언급되고 있다. 일반적으로 활용될 때는 '부드러운-딱딱한', '따뜻한-시원한'의 두 축을 기준으로 2차원에 나열한 모습으로 이용되고 있다. 한국에서 개발된 IRI 색채 이미지 스케일도 존재하나 노인의 난색 선호 경향(김혜정, 2005)과 젊은이의 한색 계열에 대한 심미적 평가(Coursaris et al., 2008)를 고려할 때 배색을 통한 감성에 있어서도 '따뜻한-시원한' 축을 포함하고 있는 Kobayashi의 기준을 이용하여 연구하는 것이 연령대별 색채 이미지의 차이를 관찰하기에 적합하다고 여겨 본 연구는 Kobayashi가 개발한 색채 이미지 스케일의 두 축을 기준으로 진행하였다.

2.6. 연구 목적 및 가설

본 연구는 고령자층 대상의 인터페이스 개발에 있어서 인터페이스 디자인의 한 요소로서의 배색 이미지의 효과를 밝히고자 하였다. 배색 이미지가 사회 관계형 서비스 인터페이스에 대한 선호와 심미성 평가에 미치는 영향과 연령에 따른 차이를 알아보았다. 고령자 층은 주로 난색 계열의 색채가 많이 사용된 따뜻한 이미지의 배색에 대해서 젊은 층보다 더 선호하고 더 심미적이라고 판단할 것으로 기대되었다. 고령자 층은 딱딱한 이미지의 배색에 대해서도 어두운 명도의 색상이 일으키는 부정적인 정서와 그 색들의 조합에서 일어나는 긴장감에 의하여 고령자 층에게는 더 선호되지 않을 것으로 기대되었다. 또한 특정 배색이 사회 관계형 서비스에 적용이 되면 색채 이미지에 따른 긍정적 인상이 인터페이스의 심미성 평가와 선호에도 전이가 되어 배색 평가와 전반적으로 유사한 패턴의 반응이 인터페이스에서도 나타날 것으로 기대되었다. 특히 관계 목적의 인터페이스에 적용되었을 때는 색채가 가진 부드러운 이미지와 따뜻한 이미지가 시스템에 대한 선호에 더 유리할 것으로 기대하고 실험을 진행하였다.

3. 실험 1: 색채 배색의 선호와 심미성

실험 1에서는 색채 이미지의 '따뜻한-시원한', '부드러운-딱딱한' 정도에 따라 배색에 대한 선호와 심미성 평가에 연령별로 차이가 있는지 관찰하였다.

3.1. 사전 실험

3.1.1. 방법

본 실험에 앞서 각 색채 이미지를 대표하는 자극을 선정하기 위한 사전 실험을 진행하였다. 실험 자극 선정에 있어서 고령자 층이 느낄 실험 피로도가 우선적으로 고려되어야 했기에 각 수준을 대표하는 최소 개수의 배색 샘플을 자극으로 선정하고자 하였다. 사전 실험에는 연세대학교 대학원생 31명(남 10명, 여 21명, 평균 연령 25.97세)이 참가하였다. 사전 실험에 이용된 배색 샘플은 Kobayashi의 색채 이미지 스케일 상에 배치된 3색 배색을 조합의 변경 없이 그대로 웹 안전색으로 변환한 30개의 3색 배색 띠를 이용하였으며 600 × 200px의 크기로 제작되었다. 고바야시의 색채 이미지 스케일 상에 배치된 배색이 회색, 흰색, 검정과 같은 중성색이 포함된 경우도 있었으나 3색 배색이 서로 조합되어 이루어지는 감성 효과에 초점을 두었기에 중성색 사용 역시 자극으로 포함시켰다. 선정된 30개의 배색에 대하여 지각된 부드러움과 지각된 따뜻함을 측정 하였으며 '부드러운-딱딱한'과 '따뜻한-시원한'의 두 문항을 양측 척도로 하여 7점 척도에 평가하도록 하였다(그림 1).

[그림 1] 실험 화면 예시

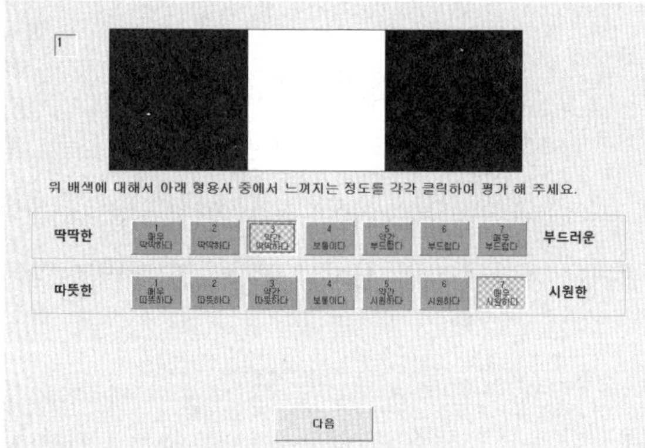

3.1.2. 사전 실험 결과

사전 실험에서 이용된 각 배색 띠의 '따뜻한-시원한', '부드러운-딱딱한'의 평균 점수를 -3에서 3까지의 점수로 변환한 후 맵 상에서 분포시킨 후 분포된 결과에서 각 조건 당 2개의 대표 배색을 선정하여 총 4개의 조건을 대표하는 (따뜻한-부드러운, 시원한-부드러운, 따뜻한-딱딱한,

시원한-딱딱한) 8개의 배색 자극을 추출하였다(표 1). 추출된 배색 자극의 적합성을 검증하기 위해 2 × 2 Repeated ANOVA 를 사용하였고 그 결과 두 차원 간에 지각된 부드러운 정도와 지각된 따뜻한 정도에서 모두 유의미한 상호작용이 관찰되지 않아 실험 자극의 적합성이 검증되었다, 따뜻한-시원한 수준에 따른 주효과가 지각된 따뜻한 정도에서만 유

〈표 1〉 자극으로 선정된 배색 샘플의 색상 값

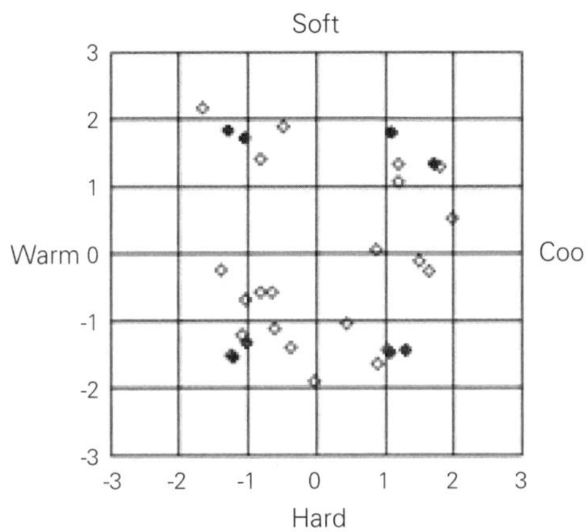

		배색 샘플	색상 값 (R,G,B)
부드러운	따뜻한		255,204,153 / 255,255,255 / 255,204,255
			255,153,153 / 255,255,204 / 204,204,102
	시원한		204,255,255 / 255,255,255 / 204,204,255
			153,255,255 / 255,255,255 / 153,204,255
딱딱한	따뜻한		51,0,0 / 204,153,0 / 0,0,0
			0,0,0 / 255,204,0 / 153,0,0
	시원한		0,51,102 / 255,255,255 / 0,0,0
			102,204,255 / 0,51,153 / 0,0,0

의미하게 나타나고, $F(1,61) = 365.327$, $p < .001$, 지각된 부드러운 정도에서는 유의미한 차이가 없었다. '부드러운-딱딱한' 수준에 따른 주 효과 역시 지각된 부드러움에서만 유의미한 차이를 보이고, $F(1,61) = 617.899$, $p < .001$, 지각된 따뜻함에는 차이가 없었다.

3.2. 본 실험

사전 실험을 통해 선정된 배색을 대상으로 색채 이미지에 따라 배색에 대한 선호와 심미성 평가가 연령에 따라 차이를 보이는 지 관찰하였다.

3.2.1. 실험 방법

본 실험에는 연세대학교 학부생 31명(남: 17, 여: 14, 평균연령: 20.7)과 60세 이상의 고 연령 층 17명(남: 7, 여: 10, 평균연령: 70.2)이 참가하였으며 두 집단 모두 정상시력 또는 교정시력을 가지고 있었다. 참가 대상 모집 시 기초적인 컴퓨터 능력을 가지고 마우스를 조작할 수 있는 사람을 참가 대상으로 하였고 고령자 층 참가자의 경우 서울과 인천 지역의 노인 문화센터의 컴퓨터 과목 수강생들과 교회를 통해 모집이 이루어졌다. 젊은이들에게는 실험 참가 사례로 1 크레딧을 지급하였고, 노인 참가자들에게는 문화상품권 5000원권을 지급하였다.

실험 화면은 사전 실험과 마찬가지로 화면 상단에 600 × 200px 크기의 배색 띠가 제시되고 하단에 문항들이 배치되었다. 실험은 연세대학교 인지공학 실험실과 경기 지역 노인복지회관의 컴퓨터실의 LCD모니터로 각각 해상도 1280 × 1024에 색 온도 9300k(적: 47, 녹: 50, 청: 45), 밝기 50, 명도 50으로 설정된 환경에서 진행되었다.

종속 변인은 선호와 심미성으로 고령자 층을 대상으로 한 실험임을 고려하여 측정을 위한 최소 문항으로 구성하였다. 구성된 문항은 표 2와 갈고 모든 문항에 대해 1은 '매우 그렇지 않다', 7은 '매우 그렇다'로 된 7점 척도에 응답하게 하였다. 총 8 개의 배색 자극 중 배색이 나오는 순서가 모든 피험자들 간에 동일하지 않도록 무선화된 프로그래밍을 통해 총 설문 시행에서 하나의 배색이 두 번씩 섞여서 나타났다. 배색의 순서를 무선화하는 것은 앞에서 본 배색이 다음 배색에 줄 수 있는 영향의 순서 효과를 최소화하기 위한 방법이며, 하나의 배색에 대해 두 번씩 평정하게 한 것은 평가의 타당성을 높이기 위한 것이다.

〈표 2〉 실험 1의 설문 문항

구분	문항	관련연구
선호	맘에 든다	김혜정(1995)
지각된 심미성	전통적 심미성 깔끔하다 아름답다 장식적 심미성 세련되다 독창적이다	Lavie & Tractinsky (2004)

3.2.2. 결과

수집된 데이터는 2(부드러운-딱딱한) × 2(따뜻한-시원한) × 2(젊은이/노인) Mixed ANOVA 로 분석되었다. 먼저 연령에 따른 주 효과는 선호와 심미성에서 모두 유의미하지 않았고 이는 두 연령층의 평가 범위가 유사했음을 의미한다. '부드러운-딱딱한' 차원에 따른 주 효과는 배색에 대한 선호, F (1,46) = 40.671, p 〈 .001, hp2 = .469 와 지각된 심미성, F (1, 46) = 47.319, p 〈 .001, hp2 = .507 모두에서 통계적으로 유의미했다. 부드러운 이미지의 배색(M = 4.47, SE = .148)은 딱딱한 이미지의 배색(M = 3.18, SE =.138) 보다 더 선호되었고 지각된 심미성 역시 유사한 경향을 보였다(부드러운(M = 4.3, SE = .128), 딱딱한(M = 3.1, SE = .128)) 배색의 '따뜻한-시원한' 차원에 따른 주 효과는 '부드러운-딱딱한'차원의 주 효과만큼 크진 않았지만 선호와, F (1,46) = 9.400, p 〈 .01, hp2 = .17, 지각된 심미성, F(1,46) = 18.692, p 〈 .001, hp2 = .29, 모두에서 유의미했다. 따뜻한 이미지의 배색에 대한 선호는 3.60 점으로 낮은 수치를 보였으나 시원한 이미지의 배색에 대한 선호는 4.06 점으로 중간 정도였고 심미성 평가에 대해서도 유사했다(따뜻한(M = 3.5, SE = .12, 시원한(M = 3.9, SE = .093). 또한, 배색의 '부드러운-딱딱한'차원과 연령의 상호작용이 선호, F (1,46) = 8.001, p 〈.05, hp2 = .088, 와 지각된 심미성, F (1,46) = 5.386, p 〈 .05, hp2 = .082, 모두에서 유의미하게 관찰되었다. 구체적으로는 부드러운 이미지의 배색에 대해서는 연령에 관계없이 유사한 정도의 선호를 보인 반면 딱딱한 이미지의 배색에 대해서는 노인들의 선호 평가는 젊은이들의 선호에 비해 훨씬 못 미쳤다. 이러한 양상은 배색에 대한 지각된 심미성에서도 유사하게 나타났다(그림 3).

'따뜻한-시원한' 차원과 연령의 상호작용 효과는 선호에 대해서만 유의미했다, F (1,46) = 6.071, p 〈 .05, hp2 = .18 따뜻한 이미지의 배색은 두 집단 모두 선호하지 않았으나 시원한 배색에 대한 선호는 노인 집단과 젊은이 집단의 반응이 엇갈렸다. 젊은 층은 시원한 배색을 따뜻한 배

[그림 3] 배색에 대한 '부드러운-딱딱한'차원과 연령에 따른 선호와 지각된 심미성

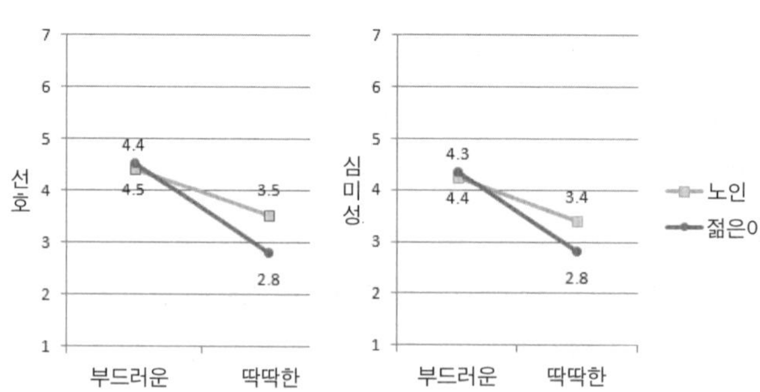

[그림 4] 배색에 대한 '따뜻한-시원한'차원과 연령에 따른 선호

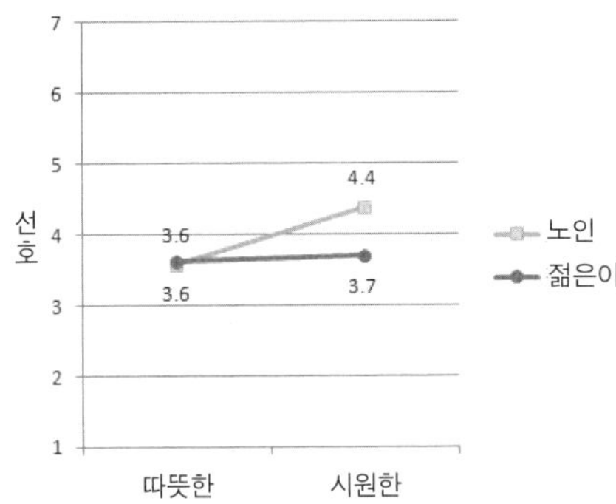

색에 비해 명확하게 선호한 반면 고령자 층은 따뜻한 배색과 시원한 배색에 대한 선호가 크게 달라지지 않았다(그림 4). 심미성에 있어서는 유의미하진 않았지만 따뜻한 배색보다 시원한 배색에 대한 심미성에 있어서 연령에 따른 차이가 더 크게 나타나는 경향을 관찰할 수 있었다.

4. 실험 2: 커뮤니티 인터페이스에 대한 선호와 심미성

실험 2는 커뮤니티에 적용된 색채 이미지에 따라 인터페이스에 대한 선호 패턴이 달라지는 지, 그 패턴은 연령에 따라 차이가 있는지 알아보고자하였다. 실험 1과 마찬가지로 '부드러운-딱딱한', '따뜻한-시원한'이라는 색채 이미지의 두 축과 참가자의 연령을 독립 변인으로 삼았고, 실험 1에서 사용된 8개의 배색을 적용한 커뮤니티 인터페이스에 대한 선호와 지각된 심미성을 종속변인으로 하여 연구를 진행하였다. 실험 자극을 제외한 전체적인 실험 진행 방식은 실험 1과 유사하였다.

4.1. 실험 방법

실험 2에는 젊은이 31명 (남: 19, 여: 12, 평균연령: 21.5)과 노인 20명 (남: 7, 여: 13, 평균연령: 62.3)이 실험에 참가하였다. 기존의 고령자 층 이용자들의 커뮤니티 개설 현황을 보면 친목 도모 성격의 커뮤니티와 산악회, 그리고 컴퓨터 모임이 주를 이루고 있기에 본 실험에서도 친목 도모 성격의 산악회와 정보 공유 성격의 컴퓨터 모임 커뮤니티의 첫 화면을 프로토타입으로 제작하여 실험 자극으로 이용하였고 실험1에서 선정한 배색을 커뮤니티의 첫 페이지 프로토타입에 적용하여 실험하였다. 프로토타입은 800 × 560px크기로 제작되었으며, 커뮤니티 이름과 커뮤니티 첫 페이지의 상단에 위치한 공지사항들을 산악회와 컴퓨터 관련 내용으로 구성하였다. 커뮤니티 이름은 무의미 철자의 이름이(예: '차라바산악회') 이용되었으며 커뮤니티 첫 화면에 제시되는 공지사항, 한 줄 게시판, 가입 인사의 내용은 무선화 되어 제시되었다. 외적 타당도를 고려하여 컨텐츠 영역을 제외한 나머지 영역, 즉 배경과 메뉴 바와 좌측 영역에 각각 배색을 적용하였고 배색 적용 면적에 따른 효과를 상쇄하기 위해 하나의 배색 당 세 가지 종류로 조합하여 총 24개의 커뮤니티 프로토타입을 제작하였다(그림 5). 설문 문항은 실험 1과 동일하였고 한 화면에 커뮤니티 프로토타입과 문항이 함께 제시되도록 하였다.

실험 시작 전, 제시될 커뮤니티가 본인이 회원으로 활동하고 있거나 혹은 가입하기 위해서 커뮤니티를 탐색하는 상황이라고 가정하고 문항에 응답할 것을 지시하였다. 총 24개의 커뮤니티가 반복 없이 한 번씩 무선화 되어 제시되었다. 실험이 끝난 후 제시되었던 자극들에 대한 인상과 의견을 묻는 인터뷰를 진행하였다.

[그림 5] 커뮤니티 프로토타입 예시

4.2. 결과

4.2.1. 색채 이미지에 따른 선호와 지각된 심미성

면적 색채 이미지 분류에 따른 효과를 관찰하기 위하여 한 조건 당 6개 자극의 평균 점수를 이용하여 2(부드러운/딱딱한) × 2(따뜻한/시원한) × 2(젊은이/노인) 혼합 변량 분석(Mixed ANOVA)방법으로 데이터를 분석하였다.

실험 1과는 달리 연령에 따른 주 효과가 선호와, F (1,49) = 15.18, p 〈 .001, hp2 = .24, 지각된 심미성, F (1,49) = 22.13, p 〈 .001, hp2 = .31, 모두에서 관찰되었다. 선호와 지각된 심미성 모두 고령자 층은 호의적인 평가를 한 데 반해(선호(M = 4.6, SE = .18), 심미성 (M = 4.5, SE = .17)), 젊은 층은 전반적으로 4점 아래의 낮은 평가를 하는 경향을 보였다(선호(M = 3.7, SE = .15), 심미성(M = 3.5, SE = .14)). 커뮤니티에 적용된 색채 이미지의 '부드러운-딱딱한' 차원에 따른 주 효과 역시 선호와, F (1,49) = 15.35, $p < .001$, hp2 = .24, 심미성에서, F(1,49) = 15.55, $p < .001$, hp2 = .24, 모두 통계적으로 유의미하였으며 선호와 심미성에서 모두 부드러운 배색이 사용된 커뮤니티가 4점보다 높게 평가되었다(선호도: 부드러운(M = 4.5, SE = .13), 딱딱한(M = 3.8, SE = .16), 심미성: 부드러운(M = 4.3, SE = .12), 딱딱한(M = 3.7, SE = .14))

실험 1의 결과와는 다르게 실험 2에서는 '부드러운-딱딱한' 차원과 연령간의 상호작용이 관찰되지 않았다. 도메인이 정해지지 않은 배색 띠에 대해서는 딱딱한 배색에 대해서 젊은이에 비해 명확히 비 선호를 나타냈던 고령자 층이(실험 1) 커뮤니티 인터페이스에 적용되었을 때는 '부드러운-딱딱한' 차원에 대해 젊은이와 유사한 정도로 반응하였다. 구체적으로는 고령자 층이 부드러운 배색의 커뮤니티를 선호하는 것으로 나타났지만(M = 5.0, SE = .201), 딱딱한 배색의 커뮤니티에 대해서도 크게 부정적으로 생각하지 않는 것으로 나타났고(M = 4.2, SE = .25) 지각된 심미성에서 역시 유사한 반응 패턴을 볼 수 있었다(부드러운(M = 4.8, SE = .19), 딱딱한(M = 4.3, SE = .22)).

'따뜻한-시원한'차원과 연령간의 상호작용 효과는 선호와, F(1, 49) = 8.74, $p < .01$, hp2 = .15지각된 심미성, F(1,49) = 10.07, $p < .01$, hp2 = .17, 모두에서 발견되었다. 젊은이의 경우 전반적으로 4점 이하의 비교적 낮은 평가를 하긴 했지만, 선호와 지각된 심미성에서 모두 시원한 배색의 커뮤니티가 따뜻한 배색의 커뮤니티보다는 높게 평가 되었다. 고령자 층은 선호와 지각된 심미성에서 모두 근소하게 따뜻한 이미지의 커뮤니티를 시원한 이미지의 커뮤니티보다 약간 더 높게 평가를 하긴 했지만 그 차이는 적었다(그림 6).

[그림 6] 커뮤니티에 대한'따뜻한-시원한'과 연령에 따른 선호와 지각된 심미성

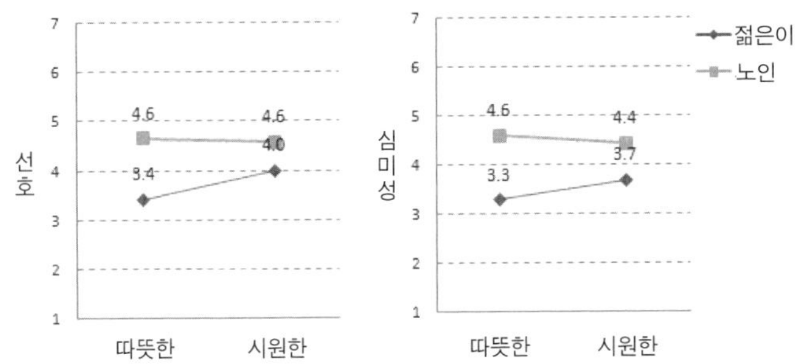

4.2.2. 각 자극에 대한 선호와 사후 인터뷰

당초 예상과 달리 커뮤니티에 대한 심미성과 선호에 있어서 '부드러운/ 딱딱한' 축과 연령의 상호작용이 관찰되지 않았기에 추가적으로 각 24개의 커뮤니티 자극에 대한 선호 점수의 평균을 각각 비교 하였다(그림 7).

전체적으로 고령자 층이 전반적으로 제시된 프로토 타입에 대한 선호를 높게 평가하였고 사후 인터뷰에서 역시 그래프에서 나타난 바와 같이 젊은 층이 더 제시된 자극들에 대해 확연히 부정적으로 평가하였다. 이에 반해 고령자 층은 크게 불만족스럽지 않다는 반응이 대다수였다.

[그림 7] 각 24개의 커뮤니티 자극에 대한 연령에 따른 선호

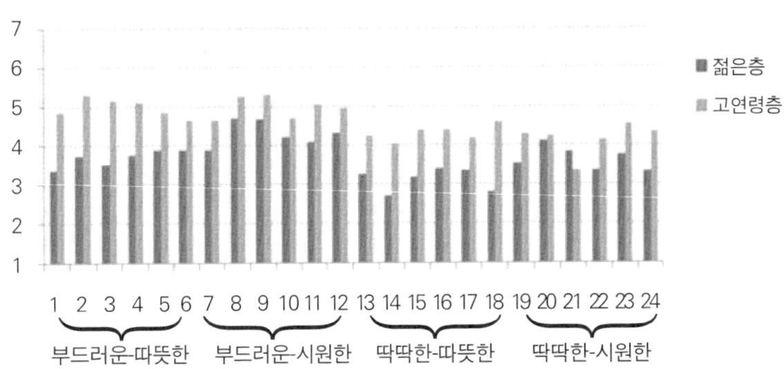

"뭔가 테두리도 없고 관리 안하고 진짜 막 방치된 그런 느낌?" (여, 22세)
"뭐... 괜찮은 것 같은데?" (남, 58세)

또한 실험 1과 달리 부드러운 이미지에 속하는 배색이 적용되었다 하더라도 젊은 층과 고령자 층의 선호 차가 큰 자극이 있었고, 딱딱한 배색이 적용 되었음에도 불구하고 젊은 층과 고령자 층의 선호 차가 적은 자극도 있었다. 먼저 젊은 층의 커뮤니티 선호는 실험 1과 유사하게 딱딱하고 따뜻한 이미지의 배색이 적용된 자극들을 가장 선호하지 않는다고 응답하였다(가장 낮은 선호 자극 3개: 14번 = 2.7, 18번 = 2.8, 13번 = 3.3). 반면에 고령자 층에게서 가장 비 선호된 커뮤니티 자극은 딱딱한 배색에 적용된 자극들 중에서도 배경 영역이 검정색이 적용된 커뮤니티 자극들 이었다(가장 낮은 선호 자극 3개: 21번 = 3.4, 14번 = 4.1, 22번 = 4.2). 이는 색채 이미지군에 대해서 부정적인 반응을 보인 저 연령층과는 다른 반응 패턴이었다. 연령 간에 가장 큰 선호 차이를 보인 자극은 18번 자극(젊은 M = 2.8, 고령자 층 M = 4.6, 선호 차 = 1.79)으로 빨강색이 배경으로 이용된 자극이었는데 이 커뮤니티 자극(18번)에 대해 사후 인터뷰에서 상반된 언급을 들을 수 있었고 색채에 따라서 그것을 사용하는 사람들에 대한 인상을 가지는 것을 알 수 있었다.

"이런 느낌의 커뮤니티는 폐쇄적이고 오타쿠 같은 애들이 자기네들끼리만 사용할 것 같아요. 사회적으로 널리 수용되지 않는 의견 공유하고" (여, 24세)

"색이 붉어서 기분을 업 시키는 것 같아. 카페도 이렇게 활동적인 느낌인게 첫 인상이 더 좋지." (여, 58세)

반대로 대부분의 자극에 대해서는 고령자 층이 저 연령층 보다 더 높게 평가했지만 예외적으로 21번 자극에 대해서만은 고령자 층이 저 연령층보다 낮게 평가했는데(고령자 층 = 3.4, 젊은 층 = 3.8, 선호 차 = - 0.49) 사후 인터뷰에서 그 이유에 관하여 구체적인 언급을 들을 수 있었다.

> "심플하고 배색이 잘 어울리는 것 같긴 한데 자동차나 전자제품 동호회 느낌이 나요. (배경이 검정인 건 괜찮나요?) 배경이 검정이면 전문적인 느낌이 들죠."(남, 25세)
>
> "딱 봤을 때 가고 싶은 채팅 사이트는 아니야. 다른 것보다 까만색이 눈에 확 들어와." (여, 63세)

또한 커뮤니티 선택 시 전체적인 이미지나 분위기가 자신의 사회적 지위 등의 측면을 고려한다는 언급도 있었다.

> "카페 이런 거 쓸 때 난 이미지 중요하다고 봐. 나는 카페나 딱 봤을 때 분위기가 맘에 들어야 쓰거든." (여, 60세)
>
> "그냥 (커뮤니티가) 이런 느낌이면 대충 여기 사람들은 이런 사람들이겠구나 싶은 게 있잖아." (여, 58세)

5. 논의

본 연구는 고령자 층 대상의 SNS의 활성화를 위한 방안으로서 노인의 감성적인 측면에 초점을 두어 색채 이미지가 인터페이스에 대한 선호에 미치는 영향을 검증하였다. 그 결과 색채 이미지에 따라 배색 자체와 인터페이스에 대한 평가가 달라짐이 나타났으며, 고령자 층과 저 연령층간에 선호와 심미성 평가에 있어서 각기 다른 색채 이미지 축에 반응을 하는 것을 발견할 수 있었다.

실험 1에서는 색채 이미지 분류의 두 축인 '부드러운-딱딱한', '따뜻한

-시원한'이 모두 배색에 대한 심미성 평가와 선호에 유의미한 효과가 있었지만 그중에서도 '부드러운-딱딱한' 축에 의하여 더 크게 변화가 발생함을 확인하였다. 또한 연령에 따라 더 크게 영향을 받는 축이 다름을 확인하였는데 고 연령층은 '따뜻한-시원한' 축에는 선호와 심미성 변화가 크게 달라지지 않았지만 20~30대의 젊은 층은 시원한 이미지에 대해 긍정적인 반응을 보였다. 반대로 '부드러운-딱딱한 축에 대해서는 젊은 층보다 고 연령층이 지각하는 선호와 심미성의 변화가 큰 것으로 나타났다. 이는 고 연령층의 긍정성 효과와 관련하여 색채 이미지에 대해서도 긍정성 편향을 보인다는 것을 의미하며 노인의 난색 선호 경향과 관련한 이전 연구(김혜정, 1995)를 부분적으로 지지하는 결과라 할 수 있다.

배색을 커뮤니티 인터페이스에 적용하여 실험한 실험 2에서는 '따뜻한-시원한' 축과 관련된 패턴에 있어서 실험 1과 유사한 경향성을 발견할 수 있었다. 커뮤니티 사이트의 배색에서도 젊은 층은 따뜻한 이미지의 배색보다 시원한 이미지의 배색을 더 심미적이라고 느끼고 선호하는 것으로 나타났는데, 이는 젊은이의 한색 인터페이스에 대한 선호 및 신뢰성 등에 대한 평가가 긍적적이었던 이전의 연구결과들(McManus, Jones, & Cottrell, 1981; Coursaris et al., 2008)과 일치한다. 그러나 실험 1에서 보여졌던 '부드러운-딱딱한' 축과 연령과의 상호작용이 나오지 않은 것은 특정 색과 면적의 상호작용 효과의 가능성을 고려해 볼 수 있을 것이다. 또한 실험 2에서 전반적으로 고 연령층이 느끼는 지각된 심미성과 선호에 미치는 색채 이미지의 효과가 감소되었는데 이는 커뮤니티 인터페이스에서 사용성, 가독성 등의 요인이 개입되기 때문에 고 연령층이 상대적으로 판단에 더 어려움을 겪었을 가능성이 있기 때문인 것으로 해석될 수 있다. 추후 실험 조건의 수를 늘리고 생리적인 측정을 병행한다면 인터페이스 구성 요인의 효과를 더 명확히 파악할 수 있을 것으로 기대된다. 또한 배색에 대한 선호는 배색을 구성하는 색 간의 지각된 조화감 보다는 배색을 구성하는 특정 색상에 대한 선호와 색간의 명도 차와 더 큰 상관이 있는 것으로 밝혀진 바 있다(Schloss와 Palmer, 2010). 비록 이러한 연구가 고령자 층을 대상으로 이루어진 바는 없지만, 고령자 층의 정서 조절 동기에 따른 긍정성 편향과 사후 인터뷰에서 언급된 내용을 고려했을 때 특정 색에 대한 선호가 배색 전체에 대한 선호에 영향을 주는 정도에 있어 나타난 연령차 때문인 것으로 해석될 수 있다.

오프라인 상의 인간관계에서 의상이나 외관으로 인하여 형성된 첫인상의 영향력이 큰 것과 마찬가지로(Adams, 1982) 인터페이스에 대한 첫 인상 역시 빠르게 형성되고 그 영향력이 지속된다(Tractinsky et al., 2006). 본 연구에서는 인터페이스가 여러 사람이 사용하는 관계형 서비스의 인터페이스일 경우 디자인이나 색채와 같은 외적 요인에 따라 형성된 첫 인상이 해당 서비스를 사용하는 사용자 집단에 대한 인상 형성에 영향을 미칠 가능성이 있음을 확인하였으며, 이와 관련하여 추가적인 연구가 필요하다고 보여진다.

본 연구 결과를 바탕으로 볼 때 커뮤니케이션을 기반으로 한 관계 목적의 서비스는 정서적인 교감과 친교를 목적으로 하기에 정보이용을 목적으로 하는 사이트보다 감성적인 측면이 더 중요시 될 수 있으며 따라서 인터페이스에서는 전 연령에 걸쳐 부드러운 이미지의 배색을 사용하는 것이 제안된다. 단 젊은 층의 경우에 심미성 평가와 선호가 한색 계열에 대해 더 높게 평가 되는 것이 전 연구들을 통해 밝혀진 바 있고 커뮤니티 인터페이스에서 검증한 본 연구 결과 역시 이전 결과들을 지지하므로, 젊은 층을 위한 SNS 인터페이스는 시원한 이미지를 가지는 것이 더 바람직할 것으로 판단된다. 반면에 고령자 층 대상의 관계형 인터페이스의 경우 고 연령층의 눈의 피로와 저하된 색채 분별력을 고려하여 하면이 너무 밝게 제작되지 않도록 해야 하고 화면 밝기와 색상

간 명도차와 같은 기본적인 지각적 요인들을 충족한다면 감성적인 측면에서 부드러운 이미지를 컨셉으로 제작하는 것이 긍정적인 감성을 전달하는 데에 더 효과적이되 이미지의 따뜻함 정도에 대해서는 비교적 자유롭게 디자인 되어도 괜찮을 것이다. 단, 실험 2에서 특정 색과 면적에 따른 효과가 고령자 층에서 강하게 나타나는 것이 발견되었으므로 젊은 층과는 달리 색 선정에 있어서 고령자 층이 선호하는 혹은 혐오하는 특정 색상에 유의할 필요가 있다.

본 연구는 IT 기술에 대해서 비교적 친숙하지 않은 고령자 층에 초점을 맞추어 색채와 감성 요인이 서로 어떻게 관여하는 지를 살펴보고 이때 색채가 단순히 컬러 칩이나 혹은 배색 띠로 존재할 때와 그것이 제품 혹은 서비스에 적용되었을 때 그 효과가 연령에 따라 달리 나타날 수 있음을 밝혔다는 데에 의의가 있다.

본 연구에서는 변산성을 고려하여 성별에 따른 차이를 변인으로 고려하지는 않았으나 색채에 대한 감성과 선호 차이에 있어서 성별은 큰 영향을 줄 수 있는 요인이다. 따라서 추후에는 성별에 따른 차이 역시 관찰할 필요가 있다. 또한 실험 자극으로 사용된 커뮤니티 서비스는 인간관계를 맺고 정서적인 교류를 하는 도메인이지만 모든 다양한 형태의 SNS들에 대해서 대표성을 지닌다고 판단하기엔 무리가 있으므로 추후 휴대폰 문자 인터페이스나 메신저, 혹은 소셜 게임 인터페이스와 같은 다른 도메인에서 연구 될 필요가 있다.

본 연구는 사용 전 초기 사용의도를 이끌어 내기 위한 부분으로서 사용전 인상에 초점을 두어 연구하였으나 좀 더 장기적인 관점에서 서비스에 대한 긍정적 경험을 제공하기 위해서는 실제 과제를 통한 수행도 포함된 실험 설계를 통하여 추가적으로 검증하는 것이 요구된다.

참고문헌

김선재. 2010. “노인을 위한 휴대폰 사용자 경험 요소 도출 및 검증을 통한 손주와 조부모간의 Intergeneration Communication System에 대한 실증적 연구.” 석사학위청구논문, 연세대학교.

김혜정. 1995. “노인 건축 환경의 색채계획을 위한 우리나라 노년층의 색채지각에 관한 연구.” 『대한건축학회논문집』 11(2): 19-32.

송춘의, 김문덕. 2007. “노인의 색지각적 특성을 고려한 유료 노인주거 실내공간의 설계지침에 관한 연구.” 『디자인학연구』 71: 247-256.

신호경, 하나연, 이기원. 2009. “마이크로블로그 서비스에서 사용자 행동에 미치는 플로우와 정체성의 영향에 대한 연구.” 『한국 데이터 베이스 학회』 16(4): 59-77.

이복신. 1999. “색채 이미지에 관한 분석 도구의 개발.” 한국색채학회동계학술대회.

이윤재, 이현수. 2006. “시각의 노화에 따른 Yellow와 Blue에 대한 색 지각 특성.” 『인포 디자인 이슈』 9: 73-83.

정유진, 배국진. 2007. “소셜 네트워킹 서비스(SNS)의 동향과 전망.” 『Emerging Issue Report』: 1-59.

지상현. 2007. 『디자인의 법칙』. 서울: 지호.

조경자, 선지현, 한광희. 2004. “웹 디자인에서 배색과 레이아웃에 대한 감성효과.” 『디자인학 연구』 17(2): 209-220.

한호석, 이현수. 2008. “노인, 청소년, 아동 웹사이트에 나타난 색채감성 및 주조색.” 『인포 디자인 이슈』 15: 3-12.

Adams, G. R. 1982. “Physical Attractiveness.” In *In the Eye of the Beholder: Contemporary Issues in Stereotyping,* ed. A. G Miller, 253-304. New York: Praeger.

Andrews, D., J. Preece, and M. Turoff. 2001. “A Conceptual Framework for Demographic Groups Resistant to Online Community Interaction.” In

IEEE Proceedings of the HICSS 2001. (Hawaii, Jan. 3-6 2001.)

Carstensen, L. L. 1995. "Evidence for a Life-Span Theory of Socioemotional Selectivity." *Current Directions in Psychological Science* 4: 151-156.

Carstensen, L. L., D. M. Isaacowitz and S. T. Charles. 1999. "Taking Time seriously: A Theory of Socioemotional Selectivity." *American Psychologist* 54: 165-181.

Corinna, E. L. and L. L. Carstensen. 2007. "Socioemotional Selectivity Theory, Aging, and Health: The Increasingly Delicate Balance Between Regulating Emotions and Making Tough Choices." *Journal of Personality* 72(6): 1395-1424.

Coursaris, C., S. J. Swierenga, and E. Watrall. 2008. "An Empirical Investigation of Color Temperature and Gender Effects on Web Aesthetics." *Journal of Usability of Studies* 3(3): 103-117.

Dittmar, M. 2001. "Changing Colour Preferences with Ageing: A Comparative Study on Younger and Older Native Germans Aged 19-90 Years." *Gerontology* 47: 219-226.

Dyck, J. L. and J. A. Smither. 1994. "Age Differences in Computer Anxiety: The Role of Computer Experience, Gender and Education." *Journal of Educational Computing Research,* 10(3): 238-248.

Fung, H. H., L. L. Carstensen, and M. A. Lutz. 1999. "Influence of Time on Social Preferences: Implications for Life-Span Development." *Psychology and Aging* 14: 595-604.

Gunther, O., D. Riehle, H. Krasnova, and V. Schondienst. 2009. "Modeling Microblogging Adoption in the Enterprise." *Americas Conference on Information Systems,* 2009. 1-9.

Isaacowitz, D. M., K. Toner and S. Neupert 2009. "Use of Gaze for Real-Time Mood Regulation: Effects of Age and Attentional Functioning." *Psychological Aging* 24(4): 989-94.

Ishiharaa, K., S. Ishiharaa, M. Nagamachia, S. Hiramatsub, and H. Osakic.

2001. "Age-Related Decline in Color Perception and Difficulties with Daily Activities–Measurement, Questionnaire, Optical and Computer-Graphics Simulation Studies." *International Journal of Industrial Ergonomics* 28: 153-163.

Kurniawan, S. 2008. "Older People and Mobile Phones: A Multi-Method Investigation." *International Journal of Human-Computer Studies* 66(12): 889-901.

Laguna, K. and R. L. Babcock. 1997. "Computer Anxiety in Young and Older Adults: Implications for Human-Computer Interactions in Older Populations." *Computers in Human Behavior* 13(3): 317-326.

Lang, F. R. and L. L. Carstensen. 1994. "Close Emotional Relationships in Late Life: Further Support for Proactive Aging in the Social Domain." *Psychology and Aging* 9: 315-324.

Lavie, T. and N. Tractinsky. 2004. "Assessing Dimensions of Perceived Visual Aesthetics of Web Sites." *International Journal of Human-Computer Studies* 60(3): 269-298.

Mather, M. and L. L. Carstensen. 2005. "Aging and Motivated Cognition: The Positivity Effect in Attention and Memory." *Trends in Cognitive Sciences* 9(10): 496-502.

McManus, I. C., A. L. Jones & J. Cottrell. 1981. "The Aesthetics of Colour." *Perception* 10(6): 651-666.

Sharpe, D. 1975. *The Psychology of Color and Design*. New Jersey: Adams.

Tate, F. B. and H. Allen. 1985. "Color Preferences and the Aged Individual: Implications for Art Therapy." *Arts in Psychotherapy* 12: 165-169.

Tractinsky, N., A. Cokhavi, M. Kirschenbaum, and T. Sharfi. 2006. "Evaluating the Consistency of Immediate Aesthetic Perceptions of Web Pages." *International Journal of Human-Computer Studies* 64: 1071-1083.

Xing, C. and D. M. Isaacowitz. 2006. "Aiming at Happiness: How

Motivation Affects Attention to and Memory for Emotional Images." *Motivation and Emotion* 30: 249-256.

찾아보기

[ㅇ]

[ㅈ]

[ㅊ]

[ㅋ]

[ㅍ]

[ㅎ]

[T]

필자(가나다 순)

강병창

한국외국어대학교 독일어과를 졸업하고 같은 대학 대학원에서 독일어의 정보구조에 대한 논문으로 박사학위를 받았다. 현재 한국외국어대학교 세미오시스 연구센터의 HK교수로 재직하고 있다. 주요 논문으로는 「관용구에서의 의미-형태 동기부여 관계」(2012), 「언어-이미지 텍스트로서의 인쇄광고에 나타나는 다중기호양식 은유」(2012), 「세미오시스와 인지의 관점에서 본 완곡어법」(2013), 「죽음의 수사학」(2013) 등이 있고, 역서로는 『거짓말의 언어학』(공역, 2010), 『번역이론 입문』(공역, 2011) 등이 있다.

고경난

미국 펜실베니아 대학교(University of Pennsylvania)에서 인류학 박사학위를 받았다. 현재 한국외국어대학교 세미오시스 연구센터의 HK교수로 재직하고 있다. 대표논문으로는 「'No carry-over parts': Corporations and the metaculture of newness」(공저, Journal of Finnish Anthropological Society, 2007), 「Corporate social responsibility and the transformation of American corporate capitalism: An ethnographic study」(박사학위논문, 2010), 「Ethnographic research on modern business corporations」(공저, Annual Review of Anthropology, 2013) 등이 있다.

김강애

이화여자대학교 대학원 언어병리학과를 졸업했다. 현재 강북삼성병원 정신건강의학과 언어치료실 언어치료사, 나사렛대학교 언어치료학과 겸임교수, 로뎀나무발달연구소 소장으로 재직하고 있다. 대표논문으로는 「일반아동과 정신지체아동의 새로운 명사와 동사에 대한 초기낱말습득(fast mapping)능력 비교」(이화여대 미간행 석사학위청구논문, 1999), 「정서·행동장애학생의 이해와 교육」(미간행, 광주광역시 교육연수원, 2007) 등이 있으며, 2011년에는 서울시 지역사회투자 사업 아동발달지원서비스 품질관리를 위한 매뉴얼 개발 전문위원을 역임했다.

김은정

한국외국어대학교에서 국문학 박사를 받았다. 현재 한국외국어대학교 세미오시스 연구센터의 HK교수로 재직하고 있다. 대표 업적으로는 저서 『사적 기록성과 미적거리의 길항』(2013)과 편저 『북한의 언어와 문학』(2006), 『북한문학의 지형도』(2008), 외저 『총서 '불멸의 력사' 용어사전』(2009), 『총서 '불멸의 력사' 해제집』(2009), 『북한의 문화정전 총서 '불멸의 력사'를 읽는다』(2009) 등이 있다.

박치완

프랑스 부르곤뉴대학(Univ. de Bourgogne)에서 앙리 베르그송의 방법론 연구로 박사학위를 받았다. 현재 한국외국어대학교 철학과 및 대학원 글로벌문화콘텐츠학과 교수로 재직하고 있다. 공저로는 『100개의 키워드로 읽는 문화콘텐츠 입문사전』(꿈꿀권리, 2013), 『상상력과 문화콘텐츠』(한국외국어대학교 출판부, 2013)이 있으며, 논문으로는 「글로컬 시대의 철학」, 「지식의 세계화에 대한 재고」, 「글로벌시대의 문화, 어떻게 해석할 것인가?」 등이 있다.

안미경

한국외국어대학교 영어학과를 졸업하고 2009년 같은 대학 대학원에서 영어학 박사학위를 취득하였다. 현재 한국외국어대학교 세미오시스 연구센터의 HK연구교수로 재직 중이다. 대표 업적으로는 저서 『Emergence of Causality in Grammar: Causal Complex Prepositions in English』, A&HCI 저널 논문 「From favor to cause: the English adposition thanks to and its Korean counterpart tekpwuney」, 「Negotiationg common ground in discourse: a diachronic and discourse analysis of maliya」 등이 있다.

안혁

The University of North Carolina at Chapel Hill에서 2006년 슬라브어 인지언어학 전공으로 박사학위를 취득했다. 현재 한국외국어대학교 세미오시스 연구센터의 HK교수로 재직하고 있다. 대표업적으로는 논문 「The Semantics of Intensiveness in the SJA Circumfix in Russian」(Slavic and East European Journal, 2009), 「Semantic Defocusing: Semantically Motivated Syntax of Russian SJA constructions」(Russian Linguistics, 2012), 역서 『슬라브어 역사-비교언어학 연구』(공역, 2011) 등이 있다.

윤유석

2010년 한국외국어대학교 대학원에서 문화콘텐츠학으로 박사학위를 취득했다. 현재 같은 대학교 글로벌문화콘텐츠학 연계전공 강사로 재직 중이다. 대표 논문으로는 「스토리텔링을 통한 지역 역사인물의 대중화: 안산 최용신 문화콘텐츠를 중심으로」, 「농촌 활성화를 위한 문화콘텐츠 개발 방안」(공저) 등이 있으며, 저서로는 『사진으로 보는 최용신의 삶과 정신, 내 몸뚱이는 조선과 샘골을 위한 것이다』, 『이야기를 활용한 향토 상품 광고마케팅』(공저) 등이 있다.

이윤희

2007년 고려대학교 대학원 언어학과에서 기호학으로 박사학위를 취득했다. 현재 한국외국어대학교 세미오시스 연구센터의 HK연구교수로 재직하고 있다. 인지 서사학, 퍼스 기호학이 주요 연구 분야이고, 대표 논문으로는 「죽음의 카타스트로프와 사랑의 자기부정: 죽음과 사랑의 엑스터시 - 몽테뉴의 <에세>를 중심으로」(2012), 「Narrative Cognition and Modeling in New Media Communication from Peirce's Semiotic Perspective」(2012), 「The Creative Activity of Imagination: the Power of Story and a Quest for Meaning」(2011) 등이 있다. 역서로는 『퍼스 기호학의 이해』(2013)가 있다.

한광희

연세대학교 문과대학 심리학과 교수로 재직 중이다. 주요 논문으로는 「공감-체계화 유형에 따른 얼굴 표정 읽기의 차이-정서읽기와 정서변별을 중심으로」(공저, 2008), 「음악적 사용자 인터페이스: 음악이 가전제품에 미치는 정서적 효과 감성과학」(공저, 2008) 등이 있고, 저서로는 『인지공학심리학: 인간-시스템 상호작용의 이해』(공저, 2007), 『컬러리스트: 이론편』(공저, 2002) 등이 있다.

감정의 코드, 감정의 해석

초판 인쇄 2013년 5월 15일
초판 발행 2013년 5월 25일

지 은 이 세미오시스 연구센터
발 행 인 박 철
발 행 처 한국외국어대학교 출판부
130-791 서울특별시 동대문구 이문로 107
전화 02)2173-2495~7
FAX 02)2173-3363
홈페이지 http://press.hufs.ac.kr
전자우편 press@hufs.ac.kr
출판등록 제6-6호(1969. 4. 30)
편집·디자인 (주)이환디앤비 02)2254-4301
인쇄·제본 SM C&P 02)468-6100

ISBN 978-89-7464-835-0 94170 정가 15,000원
ISBN 978-89-7464-831-2 94080 (총서)

〈세미오시스 학술총서〉

* 잘못된 책은 교환하여 드립니다.